START/INSIGHT
STRATEGIC ANALYSTS AND RESEARCH TEAM

In collaborazione con

Gaza Underground: la guerra sotterranea e urbana tra Israele e Hamas
Storia, strategie, tattiche, guerra cognitiva e intelligenza artificiale

CLAUDIO BERTOLOTTI
Photo credit: Israel Defense Forces Editorial Team

Collana "Insight", Volume n. 10

The views expressed in this book are those of the author and do not necessarily represent those of the Editor - START InSight.

1ª edizione, MAGGIO 2024
© Copyright 2024 by START InSight Sagl editore, Lugano (Svizzera)

4ª ristampa aggiornata, GIUGNO 2025

Impaginazione e servizi editoriali:
START InSight Sagl editore, Lugano (Svizzera)

ISBN 9788832294231

Riproduzione vietata ai sensi di legge
Opera tutelata ai sensi dell'articolo 2 della legge federale sul diritto d'autore e
sui diritti di protezione affini (Legge sul diritto d'autore).

Senza regolare autorizzazione,
è vietato riprodurre questo volume
anche parzialmente e con qualsiasi mezzo,
compresa la fotocopia, anche per uso interno
o didattico

www.startinsight.eu
info@startinsight.eu

Claudio Bertolotti

Gaza Underground
La guerra sotterranea
e urbana tra Israele e Hamas

Storia, strategie, tattiche, guerra cognitiva
e intelligenza artificiale

A Marco Cochi,
caro amico.

INDICE

Biografia dell'Autore

Claudio Bertolotti

 Direttore di START InSight e ricercatore associato ISPI (Istituto per gli Studi di Politica Internazionale), docente di "Analisi d'area" in corsi di alta formazione e master universitari. Già ricercatore senior per la "5+5 *Defense iniziative*" dell'*Euro-Maghreb Centre for Research and Strategic Studies* (CEMRES), di cui è stato rappresentante unico per l'Italia dal 2015 al 2023, è stato capo dei ricercatori presso il Ce.Mi.S.S.

Laureato in Storia contemporanea, specializzato in Sociologia dell'Islam con Renzo Guolo presso l'Università degli Studi di Torino, è Dottore di Ricerca (PhD) in Sociologia e Scienza Politica, indirizzo Relazioni Internazionali e ha difeso la sua tesi di Dottorato dal titolo: *Attacchi suicidi in Afghanistan. Tattica militare e strategia politica tra fallimento e successo*, presso l'Università di Torino.

Collabora con l'Università di Torino e con l'Università "La Sapienza" di Roma in qualità di esperto in *Conflict, security e state building*.

In tale veste è stato chiamato in numerose occasioni a relazionare e discutere di terrorismo islamico, radicalismo e sicurezza nazionale presso istituzioni governative, commissioni parlamentari, la NATO e la Commissione europea.

Ha sviluppato il percorso formativo di "*Cultural awareness: società, culture e conflitti*" a favore dei contingenti italiani impegnati all'estero, dal 2009 al 2016, ed ha operato e opera come esperto a favore di organizzazioni governative e della NATO, in particolare per il Centro di Eccellenza NATO "*Human intelligence*" per il quale ha contribuito allo sviluppo della linea guida sugli aspetti umani dell'ambiente operativo. È impegnato in attività di ricerca e analisi su Maghreb, Mashreq e Afghanistan.

Ha operato e svolto attività di ricerca sul campo in Afghanistan, nei Balcani, in Libano, in Tunisia, Marocco, Mauritania, Algeria.

Opinion-maker e autore di oltre duecento tra monografie, saggi e articoli scientifici e divulgativi tra cui "*Shahid. Analisi del terrorismo suicida in Afghanistan*" (Franco Angeli ed.), è chiamato a intervenire in conferenze e dibattiti nazionali e internazionali, collabora con i principali Think Tank, è stato ed è, inoltre, opinionista per la radio, la televisione e la stampa italiana e straniera.

Ha introdotto il metodo analitico di "triplice lettura alla minaccia asimmetrica" e il concetto di "Nuovo Terrorismo Insurrezionale" (NIT, *New Insurrectional Terrorism*) adottato nel 2015 dall'iniziativa internazionale "5+5" per la difesa del Mediterraneo.

Introduzione

Nel cuore della terra, sotto il confine tra Israele e Gaza, si è sviluppata una guerra invisibile, tanto silenziosa quanto pericolosa. Questa è la storia della guerra sotterranea combattuta da Israele contro Hamas. La lotta contro l'uso strategico dei tunnel da parte del movimento islamista rappresenta un capitolo oscuro e complesso del conflitto israelo-palestinese, un fronte di battaglia che si è esteso ben al di là della vista e della percezione pubblica.

Mentre il mondo guarda le immagini di distruzione e ascolta i racconti di chi è colpito dalla violenza in superficie, pochi comprendono la portata e la complessità della guerra svolta nel ventre della terra: la dimensione sotterranea della nuova guerra. Ma i tunnel di Gaza non sono semplici passaggi sotterranei; sono arterie di un vasto organismo vivente, pulsante di armi, di strategie e di intenti terroristici. Sono la manifestazione fisica di un conflitto che ha abbracciato una nuova dimensione, quella sotterranea, dove il buio e il silenzio nascondono operazioni di infiltrazione, attacchi a sorpresa e tattiche di guerriglia.

Questo libro esplora questa guerra nascosta, partendo dalle origini dell'utilizzo dei tunnel nella storia del conflitto israelo-palestinese, analizzando come Hamas li abbia trasformati in uno strumento chiave della propria strategia militare. Attraverso la ricerca d'archivio, documenti ufficiali, nonché testimonianze dirette, cercheremo di capire come Israele abbia risposto a questa minaccia, sviluppando tecnologie e tattiche per rilevare, distruggere o neutralizzare queste via di attacco nascoste.

La guerra sotterranea tra Israele e Hamas a Gaza è una lotta continua di ingegno, risorse e determinazione. È una dimostrazione di come il campo di battaglia si sia evoluto, richiedendo a entrambe le parti di adattarsi a nuove realtà. L'obbiettivo posto a premessa di questo studio consiste nell'analizzare e comprendere le sfide, le strategie e le conseguenze di questa guerra invisibile, offrendo al lettore una comprensione più profonda di uno degli aspetti più inquietanti e meno conosciuti del conflitto israelo-palestinese, aprendo la prospettiva sui futuri scenari di guerra che, per ragioni demografiche, sociali, economiche e tecnologiche, vedranno le città e le loro dimensioni sotterranee assumere un ruolo sempre più determinante.

La svolta urbana negli affari militari e strategici

Nessun ambiente è più sfidante per le forze militari di una città. Nessuna forma di combattimento è intrinsecamente più distruttiva della guerra urbana. Eppure, troppo spesso, le forze militari sono sia impreparate di fronte alle sfide imposte dai campi di battaglia ad alta densità di popolazione, sia incapaci di evitare di essere trascinate in brutali combattimenti urbani. Nel libro *Understanding urban warfare*, gli Autori Liam Collins e John Spencer hanno posto l'attenzione sulla prospettiva della guerra urbana in termini di sfide uniche: dagli effetti limitanti del terreno tridimensionale su molti sistemi d'arma, alla molteplicità di punti di fuoco nemici all'interno delle vie di comunicazione urbane (strade, vicoli, viali), alla necessità fondamentale di minimizzare le vittime civili, proteggere le infrastrutture critiche e il patrimonio culturale.[1] Città, intese come terreno di scontro, che offrono opzioni di manovra differenti – e spesso con una limitata prevedibilità – a seconda della tipologia di area urbana (megalopoli, città metropolitane, città periferiche, conurbazioni e persino *smart city*), le cui caratteristiche peculiari sono in grado di influenzare le operazioni militari nel loro complesso.

Molte le battaglie urbane più recenti – dalla Battaglia di Mogadiscio del 1993 alla Seconda Battaglia di Falluja in Iraq nel 2004, alla Battaglia di Shusha nel 2020 nella Seconda Guerra del Nagorno-Karabakh, e, ancora, Mariupol nel 2022 e Bakhmut nel 2023 nella guerra russo-ucraina – ci consegnano tendenze e lezioni apprese per comprendere meglio la guerra urbana poiché in un mondo sempre più urbanizzato, il futuro carattere del conflitto sarà anch'esso sempre più urbano.

Negli ultimi anni, in relazione allo sviluppo dei più recenti conflitti, si è consolidato un dibattito, all'interno delle comunità accademica e militare, sulla cosiddetta "svolta urbana negli affari militari e strategici", sebbene vi siano differenti interpretazioni su ciò che stia accadendo, del perché e del probabile impatto sul più ampio panorama della sicurezza.

Nel merito della discussione su ciò che sta accadendo, la tendenza maggiormente consolidata è la teoria di una "nuova urbanistica militare",[2]

---

[1] Collins L, Spencer J. (2022), *Understanding Urban Warfare*, Howgate Publishing Limited, pp. 392.

[2] Graham S. (2011), *Cities Under Siege: The New Military Urbanism*, Paperback, Verso Books, pp. 432.

descritta da Stephen Graham nel suo saggio intitolato *Cities under siege: the new military urbanism*. Nel libro, l'autore sostiene, in primo luogo, che c'è tra i principali eserciti del mondo un nuovo (o talvolta caratterizzato come rinnovato) interesse per la guerra negli ambienti urbani. Inoltre, l'Autore rileva come sia stata sviluppata una serie di nuove tecnologie e tecniche per il combattimento nei centri abitati pur ponendo l'accento su un aspetto di rilevante interesse, ossia che tali tecnologie, unitamente a tecniche, tattiche e procedure, starebbero già facendo la loro comparsa, dopo essere state testate nei teatri operativi più recenti – dalla Siria, all'Afghanistan all'Iraq –, tra le forze di sicurezza interna, e non solo tra le forze armate.[3]

La letteratura accademica in tale ambito, non scevra da rilevanti critiche, tende ad identificare in tre Paesi in particolare – Israele, Stati Uniti e Regno Unito – gli attori principali di un progetto di acquisizione di capacità militari in ambito urbano. Il geografo Stephen Graham, a cui abbiamo fatto cenno, nel suo libro *Cities under siege* ha descritto quello che sarebbe un processo di rapida implementazione di un «sistema ombra di ricerca urbana militare»[4] volta ad acquisire competenze nella gestione e nel controllo delle aree ad alta densità di popolazione e delle crisi che in esse dovessero emergere.

Le più recenti preoccupazioni per la sicurezza delle città, in particolare quelle associate alle minacce asimmetriche emergenti, evidenziano l'adattamento delle tecniche militari agli ambienti urbani. Nel 2015, Londra fu teatro di una massiccia esercitazione antiterrorismo che simulava attacchi simili a quelli di Mumbai o Parigi, riconoscendo la gravità della minaccia in contesti urbani. Nonostante le critiche, la condivisione di strategie e ammaestramenti tra forze militari internazionali si è progressivamente estesa e aperta, coerentemente con una visione improntata alla *realpolitik*, coinvolgendo anche accademici in seminari e *wargame*.

Ma la "nuova urbanistica militare" rimane un concetto ancora sfuggente; esperti e militari concordano sulla mancanza di una visione chiara in questo ambito. I *wargame* e le simulazioni, pur tentando di affrontare il combattimento urbano, spesso si rivelano inefficaci, mentre il timore e il tentativo di evitare la guerriglia urbana sono aspetti storicamente consolidati

---

[3] Betz D., *Peering into the past and future of urban warfare in Israel*, Commentary War on the Rocks, 17 dicembre 2015, in https://warontherocks.com/2015/12/peering-into-the-past-and-future-of-urban-warfare-in-israel/.
[4] Graham S. (2011), *Cities Under Siege*, cit.

e ben radicati negli *staff* degli stati maggiori militari, riecheggiati da Sun Tzu, che consigliava di «combattere in città solo come ultima risorsa».[5]

I dilemmi della guerra urbana sono numerosi e complessi, spaziando dalla gestione del comando in un ambiente frammentato, alla manovra sicura delle forze, fino al mantenimento della capacità *intelligence* in aree densamente popolate. La sfida è bilanciare la necessità tattica con l'obiettivo strategico generale, evitando danni ai civili e alle infrastrutture. Con le città che diventano sempre più interconnesse, ignorare gli ambienti urbani non è una strategia sostenibile a lungo termine: un fattore dinamico che solleva questioni rilevanti su capacità di controllo, rischio di crisi umanitarie e gestione della comunicazione.

In relazione alla necessità di identificare la posizione di elementi nemici, un contributo sempre più significativo è dato dall'uso crescente dell'intelligenza artificiale (AI, *Artificial Intelligence*) che ha il potere di trasformare le operazioni militari, specialmente nelle complesse aree urbane, migliorando il *targeting* e riducendo i danni collaterali tramite algoritmi avanzati che processano dati da diverse fonti. Innovazioni come il riconoscimento facciale e l'analisi comportamentale predittiva consentono di identificare minacce specifiche, mentre l'AI facilita la distinzione tra obiettivi civili e militari. Ma nonostante il suo potenziale, l'uso dell'AI in ambito militare solleva però questioni etiche, sottolineando l'importanza della supervisione umana per assicurare che le operazioni rispettino i principi etici e umanitari. La guerra Israele-Hamas a Gaza lo ha dimostrato con violenta evidenza, come avremo modo di descrivere nel libro, così come ha dimostrato di essere, da un punto di vista militare, il primo evento di una "nuova epoca" in termini di strategie, tecniche di combattimento e tecnologie applicate al campo di battaglia, in particolare in relazione all'impiego massiccio dell'intelligenza artificiale attraverso il *software Lavender*, dove la macchina ha imparato a combattere grazie all'uomo, che con un algoritmo l'ha addestrata a discernere quale sia un obiettivo nemico da quelli che non lo sono. L'operazione *Iron Swords*, avviata da Israele in conseguenza dei tragici eventi del 7 ottobre 2023, ha plasmato un pezzo di questa nuova epoca, definendo un nuovo "anno zero" dei conflitti armati. Sebbene l'AI non

---

[5] Sun Tzu, *L'arte della guerra*, (a cura di) Jialin H., J., Luraghi R (1995), Stato Maggiore dell'Esercito, Roma 1995, p. 43.

abbia ancora innescato una rivoluzione negli affari militari (Rma, *Revolution in Military Affairs*), ha indubbiamente portato cambiamenti significativi: dall'abilitazione di capacità multidominio e sistemi di sistemi alla riduzione di spazio e tempo, l'AI detiene un potenziale immenso.

I conflitti e le guerre propriamente dette si stanno dunque trasformando ed è difficile dare un contorno definito e chiaro di ciò che ci aspetterà in futuro, sul come e dove si svilupperanno le guerre, quali saranno i campi di battaglia primari e, ancora, quali saranno le dinamiche di spazio e tempo che determineranno la condotta delle operazioni militari. Eppure, dalle montagne dell'Afghanistan al deserto della Siria passando per le pianure ucraine, la direzione sembra essere quella di un significativo prevalere degli scontri all'interno delle aree urbane ad alta densità di popolazione, con particolare riferimento alle metropoli che si stanno formando in conseguenza di tendenze sociali e demografiche ormai ben definite: l'aumento della popolazione, la crescente urbanizzazione, lo sviluppo costiero e la sempre più rilevante connettività globale.

È in tale tipologia di scenario che i conflitti del futuro prenderanno forma, con attenzione alle metropoli costiere, alle periferie urbane sempre più fuori dal controllo statale, in particolare nel continente africano, in Medioriente, America Latina e Asia. Le città, più che le nazioni, costituiranno l'elemento centrale per l'analisi dei futuri conflitti e la resilienza, anziché la stabilità, sarà il fine primario da perseguire. In tali realtà assumeranno un ruolo sempre più forte e determinante i *Non-State Armed Groups* (NSAGs) in una competizione sempre più accesa con lo Stato e con altri gruppi non statali per il controllo del territorio, delle popolazioni e delle risorse spesso illegali. Tra questi attori si imporranno i cartelli della droga, le bande e i signori della guerra, sfruttando il supporto delle comunità locali, offrendo opportunisticamente sicurezza e servizi, anche sociali, così da rispondere alle istanze delle popolazioni *target* e affini creando un rapporto di fiducia e dipendenza.[6]

Le città sono dunque in procinto di divenire oggetto primario della dottrina militare come nuovo campo di battaglia in un mondo sempre più urbano: dalle baraccopoli del Sud globale alle aree ad alta densità del

---

[6] Kilcullen D. (2015), *Out of the Mountains: The Coming Age of the Urban Guerrilla*, Oxford University Press, pp. 352.

Medioriente, ai ricchi centri finanziari dell'Occidente. Un quadro, in fase di definizione, in cui le forze armate e di sicurezza occidentali tendono sempre più a percepire il terreno urbano come una zona di conflitto abitata da nemici ombra pronti a colpire. Gli abitanti delle città si trasformano così in bersagli che devono essere tracciati, scansionati e controllati. In questo senso alcuni tra i più lungimiranti eserciti occidentali hanno iniziato un processo di trasformazione in forze urbane di contro-insurrezione ad alta tecnologia, coerentemente con gli obiettivi e le ambizioni dei rispettivi governi.

Oggi stiamo osservando i prodromi di ciò che sarà. La guerra Israele-Hamas sta ponendo all'attenzione di analisti e militari le numerose sfide che una guerra in un contesto urbano imporrà in maniera sempre più rilevante agli eserciti impegnati in guerra. E la dimensione sotterranea – l'altro fronte urbano – è forse quella più pericolosa poiché, a fronte delle criticità nel riuscire a identificare la presenza di tunnel, vie di accesso occultate, depositi e *bunker* sotterranei, si impone la difficoltà nel riuscire a decifrare la possibile azione del nemico, la direzione dell'attacco e la sua dimensione.

L'uso dei tunnel nelle guerre non è nuovo. La ricerca di vantaggi attraverso l'utilizzo di spazi naturali o artificiali nel sottosuolo è antica quanto la guerra stessa: dalle storie di tunnel utilizzati per vincere enormi battaglie nella Bibbia, alla guerra "di caverna" della Grande Guerra, agli spazi sotterranei che diventano fattori chiave per le battaglie urbane contemporanee, come Mariupol e Bakhmut nella guerra in Ucraina. Le nazioni moderne, tra cui gli Stati Uniti, la Cina e la Corea del Nord, investono miliardi in *bunker* militari e complessi di tunnel sepolti in profondità. E, infatti, si valuta che la Cina abbia cinquemila chilometri di tunnel e *bunker* in grado di resistere agli attacchi nucleari in una rete che è stata chiamata la "Grande Muraglia sotterranea"; alcune stime confermano che la Corea del Nord avrebbe oltre cinquemila tunnel e infrastrutture che includono più basi aeree sotterranee con piste, siti radar e porti sottomarini all'interno delle montagne costiere.[7]

Ma ciò che Israele ha affrontato a Gaza rappresenta una novità unica nella guerra, vale a dire, un caso in cui i tunnel costituiscono uno dei due pilastri,

---

[7] Spencer J., *Gaza's underground: Hamas's entire politico-military strategy rests on its tunnels*, Modern War Institute at West Point, 18 gennaio 2024, in:
https://mwi.westpoint.edu/gazas-underground-hamass-entire-politico-military-strategy-rests-on-its-tunnels/.

insieme al tempo, della strategia politico-militare di un combattente. Un complesso che per vastità, struttura, complessità e "potere impeditivo intrinseco" rappresenta un qualcosa che un esercito moderno non ha mai affrontato nella storia. Ma più che per le dimensioni dei tunnel, la guerra tra Israele e Hamas è la prima guerra in cui un combattente ha fatto della vasta rete sotterranea un fulcro della propria strategia politico-militare complessiva.[8] Tutti aspetti, e minacce, che le *Israel Defense Forces* (Idf, Forze di difesa di Israele) hanno dovuto affrontare nella condotta delle operazioni terrestri nella Striscia di Gaza, con maggiore intensità a partire dall'ottobre 2023.

Parallelamente, e in maniera inestricabilmente associata, si sono imposti e si imporranno sempre più gli effetti mediatici, comunicativi e di propaganda associati alla presenza di civili sul campo di battaglia e ai pericoli ai quali sono soggetti. Pericoli che sono indubbiamente concreti, ma che vengono sfruttati dalla parte in difficoltà per additare all'opinione pubblica globale la condotta di azioni non rispettose del diritto umanitario.

La guerra che ha travolto la Striscia di Gaza e, in particolare, l'area urbana ad alta densità di popolazione della città di Gaza, è paragonabile ai combattimenti osservati nella guerra russo-ucraina iniziata nel 2022, in particolare nella città di Mariupol, nel sud dell'Ucraina, o nella battaglia per Mosul tra le forze irachene e il cosiddetto Stato islamico nel 2016 e 2017. Un parallelismo che ovviamente non si limita all'osservazione dei combattimenti veri e propri, ma che si estende alla sfera della comunicazione e dell'informazione dove la capacità militare di muovere unità sul terreno e di conquistare capisaldi difensivi passa in secondo piano rispetto agli effetti della propaganda e delle false informazioni diffuse in maniera virale attraverso il Web.[9]

Sul fatto che Israele abbia dimostrato di avere la capacità di vincere sul piano tattico la guerra ci sono pochi dubbi: almeno sul piano convenzionale la conquista di Gaza ha anticipato la sconfitta militare di Hamas, nonostante le difficoltà intrinseche della dimensione sotterranea della guerra urbana.[10] Ma fino a che punto Israele è stato in grado di limitare gli effetti collaterali di una guerra concentrata in una città ad altissima densità di popolazione, e

---

[8] *Ibidem.*
[9] Hofmann F., *How Israel is training for urban warfare*, Deutsche Welle, 18 ottobre 2023, in https://www.dw.com/en/how-israel-is-training-for-urban-warfare/a-67134424.
[10] *Ibidem.*

caratterizzata da una minaccia intrinseca nella dimensione sotterranea, dove la stessa popolazione è stata indotta o obbligata da Hamas a rimanere in funzione di "scudo umano" in prossimità di obiettivi militari spesso coincidenti con infrastrutture sanitarie, scolastiche e religiose? E ancora, in quanto tempo e a fronte di quali sacrifici Israele ha raggiunto l'obiettivo di eliminare, ancorché solo parzialmente, la minaccia di Hamas attraverso la condotta di un'operazione militare molto impegnativa e onerosa? Quali gli insegnamenti storici e le lezioni apprese che condizioneranno la revisione della dottrina militare per la guerra urbana e sotterranea?

Queste sono le domande alle quali daremo risposta nel libro, scritto utilizzando fonti di archivio, in particolare gli studi del genio statunitense relativi alla guerra dei tunnel in Viet Nam, e di pubblicazioni tecniche di esperti e funzionari del Ministero della Difesa israeliano, testimonianze dirette e la, seppur non ampia, specifica letteratura scientifica, con particolare attenzione alle dinamiche e ai fattori rilevanti a livello tattico, operativo e strategico.

Capitolo 1
Dalla "Prima Intifada"
alla guerra Israele-Hamas

Israele fonda la propria sovranità su un'interpretazione flessibile del concetto "westfaliano" di sovranità territoriale statale, utilizzandolo per rivendicare le risorse economiche e garantire la propria sicurezza dentro e fuori dai suoi confini. L'evoluzione di questa gestione territoriale ha attraversato diverse fasi, a partire dalla guerra arabo-israeliana del 1948, anno di fondazione dello Stato di Israele. Nel 1967, durante la guerra dei sei giorni, le Idf conquistò la penisola del Sinai e Gaza dall'Egitto. Il Sinai fu restituito all'Egitto nel 1982 come parte della strategia israeliana "terra per pace", in linea con l'accordo del 1979 tra Begin e Sadat, anche se l'Egitto rinunciò alle sue pretese su Gaza. Dalla creazione dell'Autorità Nazionale Palestinese (Anp) e il ridisegno dei territori nella Cisgiordania in seguito agli Accordi di Oslo del 1993, poco è cambiato nella condizione territoriale di Gaza come parte dello stato israeliano. In risposta alla *Seconda Intifada* iniziata nel 2000, Israele ha imposto severe restrizioni ai movimenti dei palestinesi da e verso Gaza.

Dalla *Prima Intifada* al 7/10

Il feroce attacco terroristico di Hamas del 7 ottobre 2023, che ha provocato la morte di 1.194 israeliani e stranieri, tra cui 859 civili, e ha portato al rapimento di 248 persone, ha attirato ancora una volta l'attenzione internazionale sulla causa palestinese che, per varie ragioni e opportunità, sia le cancellerie occidentali sia i paesi arabi, avevano opportunisticamente archiviato. La stessa cosa accadde all'inizio degli anni Settanta con gli attacchi internazionali di "Settembre Nero", l'organizzazione terroristica specializzata in dirottamenti aerei (legata a Fatah e all'Organizzazione per la Liberazione della Palestina, Olp). In quell'occasione il mondo intero prese coscienza della "questione palestinese". In termini propagandistici, fu un successo; in termini strategici, un disastro. Meno di un decennio dopo, con l'invasione israeliana del Libano, l'Olp dovette rifugiarsi in Tunisia, incapace di continuare la lotta armata al di là di sporadici attacchi terroristici internazionali.

Dovettero passare diciassette anni per riaccendere l'attenzione internazionale sulla questione palestinese. Nel 1987 ebbe inizio la *Prima Intifada*, nota anche come l'*Intifada delle Pietre*, evento che segnò la rinascita del movimento palestinese. Per la prima volta, proveniva dall'interno dei confini di Israele e non dall'esterno: fu una ribellione su vasta scala iniziata nei territori occupati da Israele, dalla Cisgiordania alla Striscia di Gaza. Questo movimento di protesta durò fino alla Conferenza di Madrid del 1991, sebbene alcuni considerino il suo termine nel 1993 con la firma degli Accordi di Oslo. L'*Intifada* fu la risposta palestinese alla frustrazione collettiva per la ventennale occupazione militare israeliana, che proseguiva dalla fine della "Guerra dei Sei Giorni" del 1967.

L'incidente scatenante fu l'uccisione di quattro lavoratori palestinesi in un violento incidente stradale, il 9 dicembre 1987, che i palestinesi interpretarono come un atto deliberato in risposta all'uccisione di un israeliano a Gaza pochi giorni prima. Questo evento portò a proteste, disubbidienza civile e violenze. Le azioni palestinesi si estesero a scioperi generali, ostruzionismo alle istituzioni dell'Amministrazione Civile Israeliana nei territori occupati, boicottaggi economici, rifiuto di lavorare negli insediamenti israeliani e di pagare le tasse, e rifiuto di guidare automobili palestinesi con targhe israeliane. La reazione israeliana portò allo schieramento di circa 80.000 soldati e all'uso della forza minima contro i rivoltosi; una decisione che fu da più parti criticata come sproporzionata ed eccessiva. Durante l'*Intifada*, le forze israeliane uccisero almeno 1.087 palestinesi, tra cui 240 bambini, mentre i palestinesi uccisero circa cento civili e sessanta soldati israeliani e provocarono il ferimento di oltre 1.400 civili e 1.700 soldati israeliani. Anche la violenza intra-palestinese fu un aspetto di notevole rilevanza, con l'esecuzione di un numero stimato di 822 palestinesi accusati di essere collaboratori di Gerusalemme.

L'evento fu visto anche come una protesta contro la repressione israeliana caratterizzata da maltrattamenti, sparatorie, uccisioni, demolizioni di case, espropriazioni di terreni, deportazioni, detenzioni prolungate e arresti senza processo. La crescita economica e demografica, con una popolazione in rapida espansione e un'economia dipendente dal lavoro in Israele, contribuì al malcontento che alimentò l'*Intifada*. La tensione fu ulteriormente aggravata da una politica di trasferimenti forzati e da un aumento degli insediamenti israeliani nei territori che portarono molti palestinesi a temere una possibile espulsione dalle loro terre. Questi eventi furono interpretati come un segnale del desiderio palestinese di autodeterminazione e di un movimento nazionale palestinese alla ricerca di una fine all'occupazione israeliana con lo scopo di creare uno stato indipendente. L'*Intifada* contribuì così a cambiare la percezione dell'opinione pubblica internazionale sul conflitto israelo-palestinese e a richiamare l'attenzione sulla questione dei diritti dei palestinesi. Nel concreto, si trattò di una massiccia campagna di resistenza e protesta che non fece ricorso alla violenza armata organizzata (il che non equivale all'assenza di violenza come dimostrano i numeri). La repressione israeliana, tuttavia, come abbiamo accennato, fu energica.

Hamas (*Haraka al-muqawama al-islamiyya*, acronimo che significa Movimento di resistenza islamica, ma anche sinonimo di "zelo" o "entusiasmo") nacque quello stesso anno, il 1987, come organizzazione ispirata al movimento politico islamista dei "Fratelli musulmani", e svolse un importante ruolo di supporto durante l'*Intifada*. Con l'indebolirsi del ciclo di proteste, Hamas tese progressivamente a guadagnare maggiore importanza. Nel 1992 creò un gruppo terroristico clandestino, le brigate *Izz ad-Din al-Qassam*, che l'anno successivo, in segno di rifiuto degli Accordi di Oslo, iniziò a compiere attentati suicidi a danno degli israeliani.

La *Seconda Intifada*, conosciuta anche come "*Intifada di al-Aqsa*", fece razionalmente uso della violenza organizzata, concentrandosi principalmente sull'uso del terrorismo suicida. Tra il 2000 e il 2008, i gruppi palestinesi uccisero 1.063 israeliani, 728 dei quali civili. Per rappresaglia, le forze di sicurezza israeliane condussero una serie di operazioni al termine delle quali i morti palestinesi furono 4.861, quasi cinque palestinesi per ogni israeliano ucciso. Inoltre, per fermare l'offensiva, Israele diede inizio alla costruzione del muro di separazione, isolando la Cisgiordania e annettendone parte del suo territorio. Vista in Israele come uno dei periodi più difficili e tragici della storia nazionale, ebbe inizio con i primi attacchi suicidi e attacchi esplosivi sui bus civili a partire dal settembre del 2000. In questo contesto, gli attentatori suicidi palestinesi portarono a compimento numerose operazioni che colpirono profondamente la società israeliana, lasciando cicatrici durature sulla popolazione e incidendo sulla percezione della sicurezza interna.

La reazione di Israele agli attacchi palestinesi portò alla condotta di importanti operazioni di sicurezza e l'applicazione di misure anti-terrorismo stringenti. La tensione durante questo periodo fu acuita dalla fallita conferenza di pace di Camp David nel luglio 2000, quando il *leader* palestinese Yasser Arafat e il primo ministro israeliano Ehud Barak non riuscirono a raggiungere un accordo di pace, in particolare riguardo a questioni critiche come lo *status* di Gerusalemme e il diritto di ritorno dei rifugiati palestinesi.

L'innesco della *Seconda Intifada* fu conseguenza dell'ingresso del *leader* israeliano Ariel Sharon nell'area sacra di Haram al-Sharif, scortato da centinaia di agenti di polizia antisommossa: un atto che fu percepito come provocatorio dai palestinesi, che lo interpretarono come un'affermazione del controllo israeliano sul sito, con ciò dando inizio a tensioni e conflitti. Gli scontri furono caratterizzati da azioni armate da parte palestinese e *raid* israeliani, mentre i piani di contenimento del fenomeno da parte israeliana inclusero il tentativo di rafforzare le forze di polizia dell'Autorità Nazionale Palestinese in città chiave come Jenin e Nablus, mirati a ristabilire il controllo dell'Autorità e ridurre l'attrito con i civili palestinesi. Tuttavia, il tentativo non diede i risultati sperati, a causa della crescente frustrazione pubblica nei confronti dell'Autorità.

Nel 2005 Israele si decise a ritirarsi dalla Striscia di Gaza e avviò, negli anni successivi, alterni sforzi diplomatici per risolvere il conflitto; ma la situazione rimase tesa, con momenti persistenti di attrito.

Due anni dopo il ritiro da Gaza, nel 2007, il braccio armato di Hamas cessò di essere un gruppo clandestino, trasformandosi in una formidabile milizia che, dopo una feroce battaglia contro le forze di Fatah, prese il controllo di Gaza, portando a un progressivo e inesorabile peggioramento delle condizioni di vita all'interno della Striscia. Gli abitanti di quel territorio – i *gazawi* – furono da allora oggetto di forti e mirate reazioni da parte dell'esercito israeliano in risposta al progressivo intensificarsi del lancio di razzi e ad altri atti ostili anti-israeliani da parte di Hamas. Quel momento segnò l'inizio di un periodo di trasformazione del gruppo palestinese che ne consacrò la natura ibrida: in parte organizzazione terroristica e in parte pseudo-stato.[11]

Da allora, la storia di Hamas è stata caratterizzata da una serie di eventi significativi e controversi. Dopo aver preso il controllo della Striscia, il gruppo impose una gestione del territorio in maniera autoritaria, sostenendo numerosi conflitti con Israele e affrontando sfide interne. Uno degli aspetti

---

[11] Cohen R. S., Johnson D. E., Thaler D. E., Allen B., Bartels E. M., Cahill J., Efron S. (2017), *Lessons from Israel's Wars in Gaza*, Santa Monica, CA: RAND Corporation, in https://www.rand.org/pubs/research_briefs/RB9975.html.

salienti del periodo post-2007 fu l'incremento e l'aggiornamento dell'arsenale di armi di Hamas, utilizzate per colpire Israele. La gestione di Gaza da parte di Hamas fu anche contrassegnata dall'utilizzo strutturale e strumentale delle infrastrutture civili per scopi militari: ciò portò, come diretta conseguenza, a gravi distruzioni durante i conflitti con Israele, con attacchi mirati a siti militari situati in aree densamente popolate e spesso coincidenti con infrastrutture ospedaliere, scuole e moschee.

Nonostante gli sforzi dell'esercito israeliano per contrastare dall'esterno della Striscia di Gaza le capacità militari di Hamas, l'organizzazione continuò a lanciare razzi, sebbene la maggior parte di questi venne intercettata dal sistema di difesa contraerea *Iron Dome* di Israele. Hamas utilizzò queste azioni principalmente come strumento per guadagnare influenza e riscrivere le regole del confronto con Israele, piuttosto che per un obiettivo militare diretto.

È evidente come Hamas, sul piano politico e di governo della Striscia, abbia dimostrato un'evidente noncuranza delle necessità dei suoi cittadini, non apportando miglioramenti significativi sul piano infrastrutturale, limitando la fornitura di servizi di base e, parallelamente, dirottando parte delle finanze e degli aiuti umanitari in favore della creazione di arsenali e infrastrutture militari destinate allo scontro con Israele. Ciò provocò fin dai primi momenti numerose proteste da parte dei cittadini palestinesi, spesso represse duramente da Hamas utilizzando la forza bruta per disperdere i manifestanti e arrestare gli attivisti e gli oppositori al regime.

Operazione Pillar of Defense (Pilastro di difesa)

Per venti mesi dopo la conclusione dell'operazione *Cast Lead* (*Piombo Fuso*, 2008-2009) le tensioni tra Israele e Hamas continuarono ad aumentare. Tra l'11 e il 13 novembre 2012, più di duecento razzi e colpi di mortaio vennero lanciati da Gaza contro Israele, ferendo decine di civili. In risposta, il 14 novembre Israele diede inizio all'operazione *Pillar of Defense*, che portò all'uccisione mirata dell'allora capo militare di Hamas, Ahmed Jabari, concomitantemente ad attacchi mirati contro altri obiettivi militari.

Negli gli otto giorni di conflitto, Hamas e Jihad islamico palestinese (Pij) spararono 1.456 razzi su Israele, colpendo Tel Aviv per la prima volta dopo gli attacchi con i missili Scud iracheni in occasione della "Guerra del Golfo" del 1991. In risposta, l'aviazione israeliana colpì oltre 1.500 obiettivi a Gaza, tra cui lanciarazzi, depositi di armi e infrastrutture governative di Hamas. In quell'occasione Israele mobilitò 57.000 riservisti e schierò le forze di terra lungo il confine con Gaza, evitando però l'invasione di terra. Il breve conflitto fu interrotto dal cessate il fuoco del 21 novembre 2012, mediato dal governo egiziano guidato dai *Fratelli Musulmani* di Mohamed Morsi.[12]

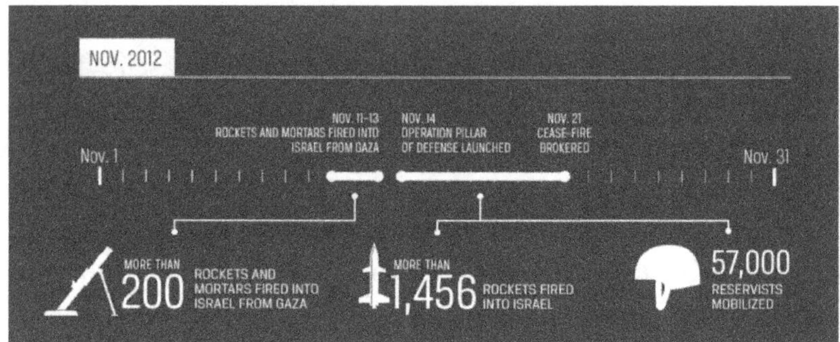

Figura 1. Cronologia dell'operazione Pillar of Defense (Fonte RAND).

La crisi di Hamas e l'operazione Protective Edge

Nel 2014, Hamas dovette affrontare una forte crisi economica e politica. Il nuovo presidente egiziano, Abdel Fattah al-Sisi, data la vicinanza tra Hamas e la *Fratellanza Musulmana*, impose una rigida chiusura dei tunnel di contrabbando dall'Egitto a Gaza, negando così a Hamas una delle sue principali fonti di reddito. Una situazione che, data l'incapacità di gestione da parte di Hamas, portò a crescenti livelli di violenza che, a loro volta, crearono le premesse per l'avvio dell'operazione israeliana *Protective Edge* (*Margine Protettivo*).

Iniziata l'8 luglio 2014, l'operazione si compose di tre fasi. La prima fu una campagna aerea (8-16 luglio), simile alla precedente operazione *Pillar of Defense* (*Pilastro di Difesa*), con azioni tese a eliminare militanti e infrastrutture di Hamas. Tuttavia, la campagna aerea da sola non riuscì a distruggere la rete di tunnel; così, in una seconda fase, fu lanciata un'incursione di terra (17 luglio-4 agosto), spingendo le truppe dentro Gaza con l'intento di trovare e distruggere gli estesi tunnel transfrontalieri di Hamas. Qui le Idf incontrò sporadiche ma feroci sacche di resistenza, in particolare a Shuja'iya, dove la brigata *Golani* delle Idf combattè una delle

---

[12] Cohen R. S., et. Al.(2017), *Lessons from Israel's Wars in Gaza*, cit.

battaglie più intense di tutta la guerra. Dopo due settimane di operazioni, le Idf si ritirarono e *Protective Edge* entrò nella sua fase finale (terza fase, 5-26 agosto) che fu segnata da una serie di cessate il fuoco temporanei interrotti da lanci di razzi palestinesi e attacchi aerei israeliani in risposta.[13]

Risultati dell'operazione Protective Edge

L'operazione *Protective Edge* richiese un tributo sia in termini di sangue che di risorse materiali. Da parte israeliana, morirono nel conflitto almeno sessantasei soldati e sei civili. Secondo l'autorità fiscale israeliana, l'operazione ebbe un costo di quasi cinquantacinque milioni di dollari in termini di danni diretti alle infrastrutture private e pubbliche e altri 443 milioni di dollari di danni indiretti a causa delle interruzioni economiche causate dal conflitto.

Da parte palestinese, la United Nations Relief and Works Agency for Palestine Refugees (Unrwa) stimò un numero di morti pari a 2.133, di cui 1.489 civili: un dato che Hamas ha utilizzato per accusare Israele di uso sproporzionato della forza ma che, non trovando conferme terze, si contrappone un dato difforme rispetto a quello fornito da Israele, pari a 1.598 vittime palestinesi, delle quali il settantacinque percento combattenti di Hamas. Inoltre, sempre secondo l'Unrwa, circa 500.000 palestinesi – il ventotto percento della popolazione di Gaza – sarebbero stati sfollati all'interno della Striscia di Gaza (info-grafica in *Figura 2*).

Per molto tempo Israele cercò di mantenere un difficile equilibrio nei confronti del gruppo palestinese: da un lato, avrebbe voluto punire in maniera decisa Hamas per i suoi attacchi; dall'altra non volle eliminare il gruppo palestinese poiché temeva che l'organizzazione sarebbe stata sostituita da un'altra, molto più violenta. Una scelta che, spostando il problema in avanti nel tempo, non ha però avuto ragione, lasciando di fatto ampio margine di manovra a Hamas per organizzarsi e prepararsi allo scontro diretto con Israele.[14]

---

[13] *Ibidem.*
[14] *Ibidem.*

Figura 2. Le Nazioni Unite hanno stimato il numero di morti palestinesi a 2.133, di cui 1.489 civili, un punto che Hamas ha usato per accusare Israele per l'impiego di una forza sproporzionata (Fonte RAND).

Nel lasso di tempo considerato la relazione tra Hamas e gli altri attori palestinesi rimase tesa, in particolare con l'Autorità Nazionale Palestinese in Cisgiordania. Le divisioni politiche e ideologiche tra Hamas e l'Anp ostacolarono gli sforzi per un processo unificato di pace e lasciarono i palestinesi privi di una *leadership* unita. In un clima di crescente degrado, senza alcuna speranza di una soluzione accettabile, il 7 ottobre 2023, Hamas commise il brutale e indiscriminato attacco che portò a una dura risposta israeliana.

7/10 e la reazione israeliana: l'operazione "Iron Swords"

Il 7 ottobre 2023, cinquantenario dell'inizio della guerra arabo-israeliana del 1973, Hamas diede il via all'operazione *Alluvione Al-Aqsa*, presentata dal gruppo e dai *media* simpatizzanti come la risposta a presunte provocazioni delle forze israeliane nella Moschea al-Aqsa e a violenze nei campi profughi in Cisgiordania: un'offensiva su larga scala contro il territorio israeliano strutturata su un'ampia gamma di operazioni militari, lanci di razzi, azioni terroristiche, stupri, decapitazioni e massacri, sia di civili che di militari. Un'azione aggressiva, orchestrata da Hamas con il supporto di altri gruppi militanti palestinesi, che provocò la morte di 859 civili israeliani, almeno 278 soldati e 57 membri delle forze dell'ordine, oltre al rapimento di 248 persone, inclusi trenta bambini, portati come ostaggi nella Striscia di Gaza.

L'operazione vide un massiccio impiego di razzi da Gaza contro Israele: 5.000 secondo Mohammed Deif, capo militare delle brigate *Izz ad-Din al-Qassam* di Hamas; 2.500, stando alle fonti israeliane, con la morte accertata di cinque persone. Esplosioni furono segnalate in varie aree, comprese città come Gedera, Herzliya, Tel Aviv e Ascalona.

In quell'occasione, Mohammed Deif chiamò i musulmani di tutto il mondo a unirsi al conflitto a supporto di Hamas e contro Israele. Un appello raccolto dai gruppi militanti palestinesi che presero parte alle operazioni contro le postazioni militari israeliane al confine, infiltrandosi in Israele con diverse modalità e catturando veicoli militari israeliani, colpendo abitazioni civili e infrastrutture dell'esercito. Gli attacchi palestinesi ebbero luogo in varie località, incluso un festival musicale a Re'im, dove più di 260 persone furono uccise. I combattenti di Hamas superarono le difese israeliane attraverso terra, mare e cielo. Diverse località vicino a Gaza, come Nir Oz, Be'eri e Netiv Hasara, furono rapidamente occupate, con attacchi a case e civili. A Kfar Aza, più di duecento civili, compresi bambini, vennero uccisi in quello che è stato poi definito il massacro di Kfar Aza. E ancora, in una parallela operazione anfibia, i *commando* palestinesi conquistarono la base militare Bahat vicino a Zikim, perdendo nel combattimento alcune unità equipaggiate con barchini d'assalto. Diversi gruppi palestinesi, incluse le *Brigate della Resistenza Nazionale* e il *Fronte Popolare per la Liberazione della Palestina*, espressero sostegno all'operazione terroristica di Hamas, aderendo attivamente al conflitto.

In risposta, il primo ministro israeliano Benjamin Netanyahu dichiarò lo stato di guerra e avviò la controffensiva denominata operazione *Iron Swords* (Spade di ferro), finalizzata a liberare i prigionieri israeliani e a smantellare le capacità militari e amministrative dell'organizzazione terroristica Hamas, segnando così l'inizio della guerra Israele-Hamas e definendo, infine, i prerequisiti per la pace tra Israele e i palestinesi: «Hamas deve essere distrutta, Gaza deve essere smilitarizzata e la società palestinese deve essere deradicalizzata».[15]

Fino al 7 ottobre, l'obiettivo di Israele non fu mai di rimuovere Hamas dal potere, ma di colpire le sue capacità offensive. Quello che accadde dopo quel tragico evento impose un cambio paradigmatico nel rapporto tra Israele e la Striscia di Gaza.

Quali, dunque, gli obiettivi dell'operazione militare di Israele? L'operazione *Iron Swords* si è inserita nel perimetro della legittima difesa di Israele dalla minaccia diretta alla sicurezza nazionale, in conformità con il diritto e l'obbligo di proteggersi e proteggere i suoi cittadini e con l'obiettivo immediato di liberare gli ostaggi israeliani catturati il 7 ottobre 2023 e detenuti a Gaza da Hamas e dagli altri gruppi terroristi palestinesi.

Sul piano operativo, la campagna militare è stata impostata fin dal principio su un meccanismo di pressione da nord verso sud con concentrazione finale su Rafah dove sarebbero confluiti i *leader* di Hamas a Gaza assieme agli ostaggi israeliani.

Sulla scia dell'obiettivo immediato si colloca l'obiettivo strategico, teso a negare a Hamas e agli altri gruppi armati a Gaza la capacità di continuare ad attaccare lo Stato di Israele, i suoi cittadini e il suo territorio, di fatto impedendo che l'*enclave* palestinese possa servire come base sicura per il terrorismo.

Nel lungo termine, Israele persegue pertanto la collaborazione con partner globali e regionali per creare una realtà in cui la popolazione palestinese nella Striscia di Gaza abbia il potere di governarsi da sola ma non la capacità di minacciare Israele.

---

[15] Reuters, *Israel's Netanyahu says military pressure needed to free hostages*, 25 dicembre 2023, in: https://www.reuters.com/world/middle-east/israels-netanyahu-says-military-pressure-needed-free-hostages-2023-12-25/.

La ragione e la prospettiva di Israele

La guerra in Medioriente ci dimostra come le dinamiche delle relazioni internazionali si intersechino con le ambizioni locali di un gruppo terrorista jihadista, Hamas, i cui obiettivi principali sono la distruzione di Israele (come sancito dallo statuto di Hamas del 2017, Premessa e artt. 1, 2, 11, 20, 27), l'istituzione di uno stato islamico (statuto di Hamas del 1988, art. 11), il contrasto alle iniziative di pace (art. 13/1988) e la contrapposizione, non riconoscendola, all'Organizzazione delle Nazioni Unite (art. 22/1988) e a tutti gli accordi internazionali che hanno consentito la nascita dello Stato di Israele (artt. 18, 19, 21, 22, 23 dello statuto del 2017). A tali minacce si è sommato il rischio di un'*escalation* orizzontale associata al cosiddetto "Asse della resistenza",[16] con un coinvolgimento degli altri attori regionali, statali e non statali, *in primis* l'Iran interessato a destabilizzare Israele, le incursioni del gruppo Jihad islamico palestinese, di Hezbollah dal Libano e, ancora, il lancio di razzi dalla Siria e attacchi con razzi e droni aerei di *Ansar Allah* degli Houti dallo Yemen. Uno scenario tutt'altro che ipotetico visti gli sviluppi del conflitto che hanno portato al, seppur fallimentare, attacco iraniano a danno di Israele la notte tra il 13 e il 14 aprile 2024 e la successiva contro-rappresaglia israeliana del 18 aprile; e, ancora, all'operazione *"Rising Lion"* avviata il 13 giugno 2025 da Israele contro le infrastrutture nucleari iraniane.

Fino al tragico 7 ottobre 2023 le forze armate israeliane non avevano mai dovuto affrontare tutte queste sfide insieme, pur essendosi preparate per gestire tale "scenario peggiore" – come dimostrato dalla capacità di difesa aerea contro i *droni* e i missili balistici lanciati da Teheran su Israele. Lo hanno fatto in seguito all'avvio dell'offensiva di Hamas, in un'ottica di sopravvivenza poiché alla risposta e all'esito della guerra sono associati il futuro e l'esistenza dello Stato di Israele. È un punto di non ritorno. La

---

[16] Alleanza non convenzionale che l'Iran ha coltivato in Medioriente da quando la Repubblica Islamica è salita al potere nel 1979. Questa coalizione transnazionale è composta da attori statali, semi-statali e non statali che cooperare tra loro per garantire i propri interessi collettivi. Teheran, che si considera *leader* dell'alleanza, fornisce a tali gruppi molteplici forme di sostegno, finanziario, militare e politico, in cambio di un certo grado di influenza o controllo. I membri dell'"Asse della Resistenza" sono uniti dai loro grandi obiettivi strategici, che includono l'erosione e infine l'espulsione dell'influenza americana dal Medioriente, la distruzione dello Stato israeliano, o entrambi. Perseguire questi obiettivi e sostenere l'"Asse della Resistenza" a tali fini sono i pilastri della strategia regionale iraniana.

ragione prima di questa guerra è stata dunque, per Israele, esistenziale. Ed è una ragione basata su un assunto inderogabile. Imprescindibile è stato dunque il perseguimento di una vittoria decisiva, non per una ragione limitata all'andamento della guerra, bensì per l'esistenza stessa di Israele che, se non fosse stato in grado di imporre con la forza la propria superiorità su Hamas, avrebbe lasciato spazio a un pericoloso precedente a cui sarebbero potute seguire altre azioni offensive, e non solo da parte palestinese.

Sul piano politico, a fronte delle esigenze domestiche di accogliere le istanze dell'opinione pubblica israeliana – da un lato la priorità di liberare i prigionieri rapiti dai palestinesi, dall'altro la volontà di colpire Hamas – si sono imposte ragioni pratiche concretizzatesi nella fase condotta di una guerra che si è imposta fin dal principio come risolutiva e volta ad ottenere l'obiettivo di eliminare Hamas, militarmente e politicamente.

Queste ragioni pratiche si sono manifestate nella ricerca di un perimetro di difesa della sicurezza nazionale e dei civili israeliani, integrato da misure precauzionali e una narrativa di autodifesa tese a sottolineare sia gli aspetti militari che umanitari dell'operazione in corso.

In tale quadro, l'operazione militare è stata improntata sul principio di contenere i danni ai civili nella Striscia di Gaza, attraverso un approccio basato su misure essenziali per ridurre l'uso della forza minima, garantendo e incentivando l'evacuazione dei civili dalle aree di combattimento e facilitando l'ingresso di aiuti umanitari. Un approccio che ha previsto misure di comunicazione strategica e operative volte a separare i civili dai combattenti di Hamas.

Altro aspetto pratico caratterizzante l'operazione militare israeliana è stata la non facile costruzione, nell'area di operazioni, di una cornice di sicurezza intesa a contrastare l'accaparramento degli aiuti umanitari: Israele ha evidenziato a più riprese le preoccupazioni riguardo al fatto che Hamas distogliesse gli aiuti destinati alla popolazione civile per scopi militari. Ciò rimanda all'esigenza strategica di garantire che gli aiuti raggiungessero coloro che ne avessero veramente bisogno e non che potessero contribuire alle capacità operative di Hamas.

A questo si è associato il rifiuto a concedere un "cessate il fuoco" permanente sotto minaccia, poiché ciò avrebbe permesso a Hamas di prepararsi per ulteriori attacchi. Israele ha dunque valutato come insostenibile e inefficace un cessate il fuoco data la natura e il pregresso storico di Hamas, che già in passato si è dimostrato inaffidabile con la violazione degli accordi temporanei, poi sfruttati per attaccare le forze israeliane. In tale quadro si sono inserite le pause temporanee concesse da Israele. Concessioni che, con il cessate il fuoco temporaneo del novembre 2023, si sono dimostrate un'opzione vantaggiosa dal punto di vista politico e di ricerca di consenso, poiché hanno ottenuto la liberazione di alcuni dei prigionieri israeliani detenuti da Hamas; per contro, lo svantaggio per Israele si è materializzato a livello tattico e operativo, perché ha lasciato le truppe schierate sul terreno in una posizione di relativa vulnerabilità, dando a Hamas il tempo per riorganizzare parzialmente la propria capacità di comando, controllo e logistica, fortemente compromessa dalle azioni israeliane incentrate sull'eliminazione dei comandanti di medio-alto livello nelle prime settimane di guerra.

Perché Israele ha continuato nel suo oltranzismo durante le negoziazioni con Hamas di febbraio e marzo 2024? Perché Gerusalemme è sempre stata consapevole, e convinta, del fatto che non avrebbe potuto esserci alcuna negoziazione senza una soluzione finale alla questione degli ostaggi. Vivi o morti – evidenzia il giornalista Nino Orto in un suo commento – «tutti i prigionieri devono tornare in Israele come premessa a una tregua duratura».

Per il gruppo palestinese, sebbene l'aver ottenuto il cessate il fuoco temporaneo di novembre 2023 possa apparire come un risultato politico, non dobbiamo dimenticare che quella non fu una concessione da parte di Hamas, bensì il risultato di un'operazione controffensiva israeliana che mise sotto pressione la *leardership* palestinese, sia quella politica che quella militare. Va però rilevato che lo stesso Hamas ha saputo trarre grande vantaggio sul piano militare poiché, oltre alla riorganizzazione, una consistente parte degli aiuti umanitari, in particolare il carburante, fu dirottata prioritariamente a sostegno dei combattenti e non della popolazione civile. In questo senso si è collocata la necessità di impedire il rafforzamento militare di Hamas, anche negando o limitando l'accesso all'organizzazione terrorista delle risorse, anche quelle donate per scopi civili, utili a rafforzare l'estesa rete di tunnel volutamente costruita da Hamas sotto i quartieri residenziali.

Perché allora, in relazione ai negoziati per il cessate il fuoco di marzo 2024, Hamas ha continuato nel suo oltranzismo, proseguendo sulla linea della lotta ad ogni costo? «Perchè Hamas» – rileva ancora Nino Orto – «ha avuto la necessità strategica di entrare nel mese sacro di Ramadan da vincitore (ovvero da resistente rispetto ad Israele) e così facendo ha giocato il tutto per tutto sperando di trascinare nella guerra gli arabi-israeliani, i palestinesi della Cisgiordania - West Bank ma, anche e soprattutto, legare le sorti delle operazioni israeliane su Rafah a Hezbollah libanese con l'obiettivo di fare esplodere un conflitto regionale». Insomma l'*escalation* orizzontale tanto temuta da Israele e paventata in conseguenza dell'attacco aereo iraniano dell'aprile 2024 a danno di Israele.

Infine, e questo è l'aspetto maggiormente rilevante in un'ottica di equilibri e alleanze, l'importanza dell'operazione militare israeliana va letta in un'ottica di salvaguardia dei valori occidentali e del diritto di Israele di esistere, in pace, libero dalla brutalità del terrorismo che minaccia sia gli israeliani che i cittadini di Gaza. Un aspetto spesso tenuto in secondo piano nei dibattiti sul tema della questione mediorientale, in cui molti giornali e trasmissioni televisive hanno spostato l'attenzione sulla reazione anziché sull'azione che ha provocato la guerra Israele-Hamas.

Lo scontro con Hamas e la sfida sul piano comunicativo

I tunnel di Gaza simboleggiano un nuovo paradigma di guerra, dove ogni attacco nella dimensione sotterranea ha implicazioni in superfice. Israele è stato chiamato a sostenere due battaglie: una contro un nemico trincerato nei tunnel e un'altra nello spazio dell'informazione globale.

Sul piano politico e militare, Hamas non ha più un futuro all'interno della Striscia di Gaza perché Israele ne ha decretato la fine. Come abbiamo evidenziato, l'obiettivo israeliano è di eliminare *in toto* l'organizzazione terroristica, sia nella componente politica che militare, sia all'estero sia nella Striscia. È una scelta razionale e logica che sintetizza l'obiettivo di questa guerra: distruggere la minaccia che si è palesata con gli attacchi del 7 ottobre. Come e con quali tempi dipende dagli sviluppi sul campo di battaglia urbano, sia nella fase condotta della guerra, sia nella fase successiva. In poche parole, dal tempo necessario a Israele per prendere il controllo di Gaza e avviare un processo di transizione politica, pur con la consapevolezza di un impegno a lungo termine.

Perché Gaza è sempre stata riconosciuta come una trappola, ma fin dal primo momento non vi era alternativa a un'operazione dentro la Striscia. E lo scenario peggiore si è concretizzato nella dimensione sotterranea, in quel labirinto di tunnel – il vero asso nella manica di Hamas – obiettivo dei *raid* israeliani. E, forte di questa consapevolezza, lo stato maggiore israeliano si è preparato a combattere per un anno a Gaza; secondo un rapporto militare pubblicato da *Times of Israel*, non sarebbero mai state identificate ragioni per imporre un rapido ritmo di battaglia: la priorità per l'esercito israeliano è sempre stata di operare lentamente e in modo sicuro.

E questo perché l'operazione terrestre è una dura prova per le forze armate israeliane. A parte i tunnel, i soldati israeliani a Gaza hanno dovuto affrontare, fin dal primo giorno, le condizioni più estreme in combattimento: case trappolate con ordigni esplosivi, installazioni militari nascoste sotto le scuole e armi immagazzinate nelle moschee. E ancora, l'utilizzo indiscriminato da parte di Hamas dei civili palestinesi come "scudi umani" e gli ospedali come centri di comando. A tutto questo si è aggiunto un nemico trincerato nel sottosuolo, con gli ostaggi israeliani tenuti al loro fianco: un altro livello di complessità all'interno di una serie di condizioni inimmaginabilmente insidiose.

A fronte dell'unica certezza, ossia che per Israele la presa del controllo di Gaza sia stato fin dal principio un obiettivo imprescindibile, sono due le opzioni che Hamas avrebbe potuto perseguire: fuggire, lasciando il campo attraverso la fitta rete di tunnel, o tentare di trasformare l'area urbana di Gaza in un infermo, sfruttando quei tunnel come linee di accesso occulte al campo di battaglia.

La risposta di Hamas è stata eterogenea: sul piano convenzionale molte unità hanno combattuto e sono state sconfitte, altre si sono nascoste tra la popolazione e poi fuggite, altre ancora si sono arrese, chi dopo una debole resistenza chi dopo scontri cruenti. Sul piano non convenzionale invece è stata molto attiva l'attività di guerriglia, con azioni mordi e fuggi, di cui un numero significativo attraverso i tunnel e con singoli miliziani o piccoli gruppi di questi nascosti tra la popolazione. Un risultato che, nel complesso, ha rivelato le difficolta intrinseche della guerra urbana e che, in termini numerici e guardando al bilancio dei primi cento giorni di guerra, suggerisce una perdita di capacità operativa di Hamas prossima al trenta percento.[17] Una capacità residua ancora elevata anche dopo sei mesi di impegno militare – si

---

[17] Youssef N.A., Malsin J., Keller-Lynn C., *Hamas Toll Thus Far Falls Short of Israel's War Aims, U.S. Says*, The Wall Street Journal, 21 gennaio 2024, in: https://www.wsj.com/world/middle-east/hamas-toll-thus-far-falls-short-of-israels-war-aims-u-s-says-d1c43164.

è valutato intorno al cinquanta percento –, forse più di quanto i militari israeliani si sarebbero aspettati; ma sono stime che confermano la difficoltà di operare all'interno di un'area urbana ad alta densità di popolazione.

Una difficoltà che è il punto di forza della resistenza di Hamas e del Jihad islamico palestinese, razionalmente capaci di sfruttare le abitazioni civili, le infrastrutture pubbliche quali scuole, ospedali, moschee, in modo da ridurre la propria vulnerabilità infliggendo danni alle forze israeliane, di fatto obbligandole al *close combat*, il combattimento ravvicinato che, inserito in un ambiente di guerra urbana (*urban warfare*), si è proposto come lo scenario peggiore che tutti gli *staff* militari impegnati nel processo di pianificazione operativa cercano di evitare nell'impiego delle truppe sul terreno. E quando lo si deve fare si mette in conto un numero di perdite elevato e tempi operativi molto lunghi.

Il problema a Gaza è che la dimensione sotterranea è conosciuta solo in parte e ciò è stato un elemento a favore di Hamas, perché ha consentito al gruppo di muoversi sul campo di battaglia scomparendo dal tiro degli israeliani e ricomparendo in aree che si pensavano messe in sicurezza. Parallelismi storici come la guerra del Vietnam e i combattimenti urbani in Iraq offrono spunti significativi, ma non riescono a cogliere appieno ciò che ci aspetta. Già dalle sue prime fasi, la guerra di Israele a Gaza ha riproposto alcune dinamiche e difficoltà operative già viste con l'esercito e i *marines* degli Stati Uniti in Iraq, tra cui i combattimenti casa per casa a Falluja nel novembre 2004 e l'assedio delle forze irachene durato nove mesi per liberare Mosul dallo Stato Islamico nel 2016 e nel 2017. Queste analogie possono offrire un'idea delle estenuanti complessità della guerra urbana a Gaza, che già dal principio si è dimostrata più dura e più lunga della seconda battaglia di Falluja e più violenta dell'offensiva di Mosul.

La presenza di civili, in particolare donne, bambini e anziani, così come di operatori umanitari e giornalisti, rende qualsiasi operazione militare su larga scala irta di insidie morali, etiche e politiche. Non è chiaro quanti tra la popolazione palestinese a Gaza fossero miliziani di Hamas. I destini dei combattenti e dei civili si sono intrecciati, rendendo il costo di ogni decisione operativa da parte degli israeliani drammaticamente più alto.

La lotta sul piano della narrazione e della comunicazione è stata tanto impegnativa quanto lo sono stati i combattimenti, con ogni evento scrupolosamente e opportunisticamente sezionato da analisti, figure internazionali e gruppi per i diritti umani. Come dimostrato dall'iniziale errata informazione da parte delle principali agenzie di stampa internazionali sul presunto attacco del 17 ottobre 2023 all'ospedale arabo Al-Ahli – sulla base delle false dichiarazioni dell'autorità sanitaria controllata da Hamas che ha incolpato Israele – è ora facile utilizzare e modificare fatti, statistiche e immagini per confondere o fuorviare un vasto pubblico. Dall'episodio emerge la pericolosità di dar credito a informazioni non verificate in grado di incidere in maniera significativa, sia sull'opinione pubblica, sia sui processi decisionali, politici e militari. In quel caso in particolare, così come in molti altri, la percezione ha prevalso sulla realtà: e questo è l'effetto della guerra cognitiva, volta a indirizzare il nostro pensiero. Una guerra che Hamas ha condotto in maniera estremamente abile e che ha portato a definire i tempi e le modalità delle relazioni internazionali, annullando o posticipando gli incontri negoziali tra le parti. Sul caso specifico, è fuor di dubbio che la responsabilità di Israele sia esclusa. E questa, da un lato è la sconfitta del giornalismo che non è stato in grado di verificare, prestandosi alla propaganda di un gruppo jihadista, e, dall'altro è stata la grande vittoria della disinformazione di Hamas, che è così riuscita a spingere le masse arabe nelle piazze e, al contempo, ha smosso la mole di "attivisti" che in Occidente è caduta nel tranello, o meglio nell'operazione di *"cognitive warfare"*, la guerra cognitiva.[18]

Optando per una campagna terrestre a Gaza, con conseguenti ripercussioni politiche a livello regionale, Israele è entrato in un conflitto già molto complesso, in cui un ruolo rilevante lo hanno svolto le formali e scontate condanne alla guerra a Gaza da parte de Il Cairo, Amman, Riyadh, Abu Dhabi e Doha a cui, nel tempo, si sono aggiunte quelle di politici, gruppi extra-parlamentari, associazioni per i diritti umani, organizzazioni umanitarie. In tale contesto, certamente non favorevole in cui le immagini provenienti da Gaza sono state sfruttate a favore di una propaganda anti-israeliana e di una violenta e crescente campagna anti-semita in Occidente, per Gerusalemme è stato prioritario mantenere il forte sostegno dei suoi principali *partner*, gli Stati Uniti e l'Unione europea.

---

[18] START InSight, *L'informazione "dettata" da Hamas: la guerra cognitiva dei terroristi. Dal commento di C. Bertolotti a Start (SKY TG24)*, 19 ottobre 2023, in
https://www.startinsight.eu/linformazione-dettata-da-hamas-bertolotti-tocci/.

Date queste sfide e la potente macchina propagandistica di Hamas e delle associazioni vicine a gruppi islamisti e all'organizzazione dei *Fratelli musulmani*, le Idf hanno dovuto lavorare molto in termini di tempestività comunicativa attraverso la sua sofisticata organizzazione di pubbliche relazioni, giustificando ogni azione militare e ogni incidente di fronte al mondo. I tunnel che corrono sotto le aree popolate hanno reso entrambi i compiti – limitare le vittime civili e rimanere al passo con la narrazione – ancora più impegnativi. Questo ha imposto un'estrema cautela nella pianificazione delle operazioni, spesso aumentando il livello di rischio dei propri soldati al fine di ridurre la possibilità di coinvolgere i non combattenti.

In tale quadro estremamente dinamico e precario, i 2,2 milioni di abitanti palestinesi di Gaza, la maggior parte dei quali sono civili, hanno sopportato a lungo difficoltà a causa di blocchi, sfide economiche e frequenti esplosioni di violenza. In gran parte disoccupati e impoveriti, essi, come tutte le persone, aspirano alla sovranità e all'autodeterminazione, nonché a una vita libera da conflitti. La rete di tunnel, pur essendo militarmente strategica per Hamas, è anche emblematica di quanto alcuni palestinesi sentano di dover fare per garantire la loro sicurezza e resistenza.

Capitolo 2
Gaza e Hamas

Striscia di Gaza: storia, geografia e demografia

L'etimologia del nome Qita' Ghazzah discende il nome dalla più grande città dell'*enclave*, Gaza, il cui insediamento risale al XV secolo a.C. (come "Ghazzat").

L'area attualmente compresa tra Israele, la Striscia di Gaza e la Cisgiordania è stata dominata da molti popoli e imperi diversi nel corso della sua storia. Terra strategica lungo le rotte commerciali tra Medio Oriente e Nord Africa, ha vissuto una storia incredibilmente turbolenta: la stessa città di Gaza è stata assediata innumerevoli volte nell'arco del tempo. Inglobata nell'Impero Ottomano all'inizio del XVI secolo, passò sotto il controllo delle forze britanniche durante la prima guerra mondiale, con la denominazione di "Mandato britannico della Palestina". Dopo la guerra arabo-israeliana del 1948, l'Egitto occupò e amministrò la neonata Striscia di Gaza; Israele la conquistò nella "Guerra dei Sei Giorni" nel 1967. In base a una serie di accordi noti come "Accordi di Oslo", firmati tra il 1993 e il 1999, Israele trasferì alla neonata Autorità Nazionale Palestinese (Anp) la responsabilità civile e di sicurezza di molte aree popolate da arabi della Striscia di Gaza e della Cisgiordania.

Nel 2000 iniziò una violenta rivolta (*Intifada*), in risposta alle presunte provocazioni israeliane, che, nel 2001, determinò l'interruzione dei negoziati per definire lo *status* permanente della Cisgiordania, di Gerusalemme Est e della Striscia di Gaza. I successivi tentativi di riavviare tali negoziati di fatto fallirono, con ciò vanificando gli sforzi per la determinazione di uno status definito e la risoluzione del conflitto israelo-palestinese.

Alla fine del 2005 Israele ritirò unilateralmente tutti i coloni e i soldati dalla Striscia di Gaza e smantellò le proprie strutture militari e gli insediamenti civili, pur continuando a controllare i confini terrestri della Striscia, le acque territoriali marittime, il cyberspazio, le telecomunicazioni e lo spazio aereo.

All'inizio del 2006, il *Movimento di Resistenza Islamico* (Hamas) ottenne la maggioranza nelle elezioni del Consiglio legislativo palestinese. Fatah, la fazione politica palestinese dominante in Cisgiordania, e Hamas fallirono nel tentativo di mantenere un governo di unità nazionale e, in seguito a violenti scontri tra i rispettivi sostenitori, nel giugno 2007, Hamas occupò con la violenza tutte le istituzioni militari e governative dell'Anp nella Striscia, ponendola sotto la propria autorità di governo *de facto*, a cui seguì un periodo caratterizzato da conflitti, povertà e crisi umanitarie.

La risposta di Israele ed Egitto si concretizzò nell'imposizione di rigide restrizioni al movimento e all'accesso di merci e individui dentro e fuori dalla Striscia. Da allora Fatah e Hamas avviarono, senza successo, una serie di negoziati e accordi volti a ripristinare l'unità politica tra la Striscia e la Cisgiordania.

Dal 2018, Hamas coordinò anche le manifestazioni di protesta lungo la barriera di sicurezza costruita da Israele sul confine con Gaza. La violenza di tali proteste, acuitasi con il tempo, provocò la morte e il ferimento di diversi soldati israeliani, oltre a più di duecento morti e migliaia di feriti tra i palestinesi, la maggior parte dei quali durante le proteste settimanali della "Marcia del Ritorno", dal 2018 alla fine del 2019.

Tra i militanti palestinesi nella Striscia di Gaza e le Idf furono numerosi gli scontri, dal lancio di razzi alla risposta con attacchi aerei, con il rischio permanente di un allargamento del conflitto. Nel maggio 2021, Hamas lanciò centinaia di razzi contro Israele, scatenando un conflitto di undici giorni che coinvolse anche altri gruppi militanti presenti a Gaza. L'Egitto, il Qatar e il coordinatore speciale delle Nazioni Unite per il processo di pace in Medio Oriente negoziarono un cessate il fuoco, scongiurando un conflitto più ampio.

Nell'agosto 2022 e nel maggio 2023, parallelamente all'attivismo di Hamas, altri gruppi militanti, come il Jihad islamico palestinese, condussero brevi operazioni e attacchi a danno di Israele, fino al 7 ottobre 2023, quando i militanti di Hamas lanciarono il noto attacco combinato di razzi e operazioni terrestri contro Israele.[19]

Geografia

La Striscia di Gaza è una pianura costiera pianeggiante o ondulata, ricoperta di sabbia e dune, che occupa una superficie totale di trecentosessanta chilometri quadrati; il punto più alto dell'area è Abu 'Awdah (Joz Abu 'Awdah), posto a un'altezza di centocinque metri, mentre il punto più basso è a zero metri, coincidente con il Mar Mediterraneo. I suoi

---

[19] Central Intelligence Agency. *The world factbook*, 31 gennaio 2024, in: https://www.cia.gov/the-world-factbook/countries/gaza-strip/.

confini terrestri sono condivisi con l'Egitto, lungo un tratto di tredici chilometri, e con Israele, per cinquantanove chilometri. La costa marittima, che si affaccia sul Mar Mediterraneo e ha un'estensione di quaranta chilometri, fu chiusa a tutto il traffico marittimo il 3 gennaio 2009 ed è da allora sotto blocco imposto dalla Marina israeliana.

L'area è soggetta al fenomeno della siccità e presenta sfide come il degrado del suolo, la desertificazione e l'inquinamento delle acque.[20] Le risorse naturali presenti nella zona consistono in terreni idonei alla coltivazione, di cui centocinquantuno chilometri irrigui (inclusa la Cisgiordania) e nel gas naturale presente nel sottosuolo. I prodotti agricoli e di allevamento prevalenti sono: pomodori, cetrioli, olive, pollame, patate, latte vaccino e di pecora, melanzane, zucche.

Demografia

Nel 2023, la popolazione della Striscia di Gaza e della Cisgiordania è stata stimata in circa 2,2 milioni di persone, con una concentrazione significativa nelle grandi aree urbane, in particolare la città di Gaza nel nord. La popolazione è costituita da un'ampia maggioranza di arabi palestinesi di lingua prevalentemente araba, ebraica e inglese. La religione dominante è l'islam sunnita, con una piccola percentuale di cristiani e altri gruppi.

La struttura anagrafica per età rivela una popolazione giovane, con quasi il quaranta percento degli individui sotto i quattordici anni e una piccola percentuale di anziani. L'età media è di circa diciannove anni. Il tasso di crescita della popolazione è del 2,07 percento, con un alto tasso di natalità. La distribuzione della popolazione mostra un'urbanizzazione significativa, con oltre il settantasette percento della popolazione residente in aree urbane e un tasso di urbanizzazione annuo del 2,85 percento. La regione affronta anche questioni transnazionali, come i confini chiusi con l'Egitto e Israele, e un notevole numero di rifugiati e sfollati interni.

---

[20] *Ibidem.*

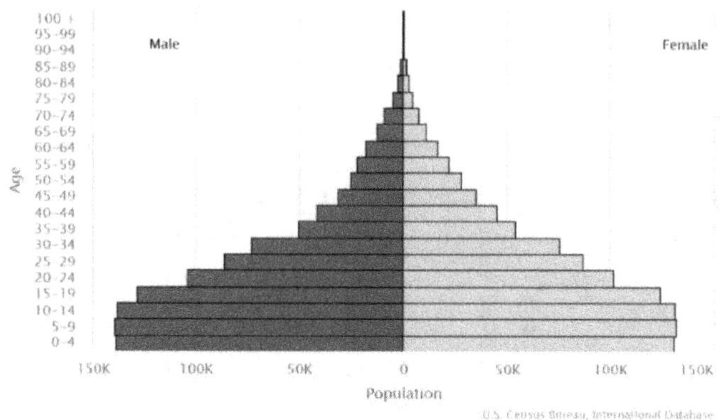

Figura 3. La piramide della popolazione illustra la struttura per età e sesso della popolazione di Gaza. La popolazione è distribuita lungo l'asse orizzontale, con la fascia maschile inserita a sinistra e quella femminile a destra. Le popolazioni maschili e femminili sono suddivise in gruppi di età quinquennali rappresentati come barre orizzontali lungo l'asse verticale, con i gruppi di età più giovani in basso e i più anziani in alto. La forma della piramide della popolazione evolve gradualmente nel tempo in base alle tendenze di fertilità, mortalità e migrazione internazionale. Fonte CIA FactBook, agg. 31 marzo 2024.

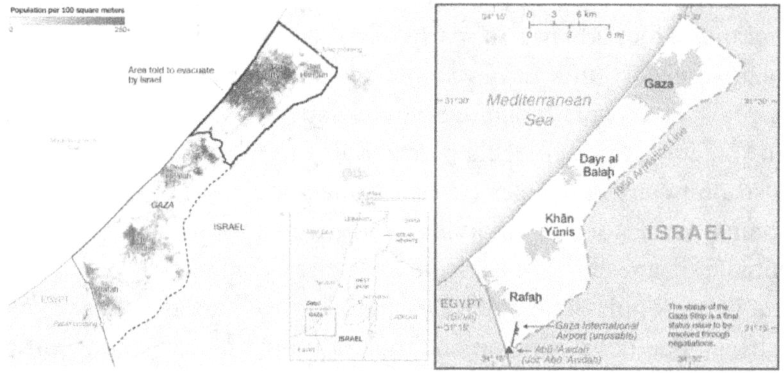

Figura 4. Fonte: European Commission, United Nations Office for the Coordination of Humanitarian Affairs, Israel Defense Forces, Central Intelligence Agency FactBook.

In termini di salute, la regione mostra un tasso di mortalità materna relativamente basso e un tasso di mortalità infantile in diminuzione. La speranza di vita alla nascita è di circa settantacinque anni.

L'accesso all'acqua potabile e ai servizi igienico-sanitari è generalmente buono.

La disoccupazione rimane alta, soprattutto tra i giovani, e circa il trenta percento della popolazione vive sotto la soglia di povertà.[21] Nel settore

---

[21] *Ibidem.*

dell'istruzione, la spesa è pari al 5,3 percento del Pil, con alti livelli di alfabetizzazione e un'aspettativa di vita scolastica di circa tredici anni.[22]

---

[22] *Ibidem.*

L'evoluzione di Hamas: tra islamismo e jihadismo

Hamas è un'organizzazione terrorista palestinese[23] al governo *de facto* della Striscia di Gaza. Dal punto di vista di Israele, sul piano dottrinale militare, è "un'organizzazione sottostatale con una propria capacità militare".[24]

Cosa vuole Hamas? Tra ideologia, proposta (e rifiuto) dei confini antecedenti al 1967

La vittoria elettorale di Hamas nel 2006 lasciò il posto al suo lato più pragmatico, dopo anni di attentati suicidi e di attacchi terroristici e mirati ai *leader* avversari. Più volte le richieste di Ayman al-Zawahiri, in seguito *leader* di *al-Qa'ida* ucciso a Kabul da un attacco di droni statunitensi nel luglio 2022, di aprire Gaza ai volontari *jihadisti* di tutto il mondo per combattere Israele furono respinte. Il suo *leader* politico di allora, Khaled Meshal – che ha applaudito senza riserve all'attacco del 7 ottobre –, propose pubblicamente una tregua di dieci anni in cambio della fine dell'occupazione militare e si dimostrò apparentemente aperto ad accettare la stessa opzione sostenuta dalla comunità internazionale – uno stato palestinese basato sui confini precedenti alla Guerra dei Sei Giorni del 1967 – anche se senza riconoscere formalmente Israele.[25]

Nel 2017, Hamas pubblicò il suo nuovo statuto, in base al quale l'organizzazione palestinese continuò a sostenere il *jihad* per eliminare Israele, ma rifiutandosi di «intervenire negli affari interni di altri paesi»;[26] inoltre rimosse gli elementi chiaramente antisemiti dal suo statuto fondativo e sottolineò che fosse in conflitto con il «progetto sionista», non «con gli

---

[23] Unione europea, Organizzazione degli Stati Americani, Stati Uniti, Israele, Canada, Regno Unito, Australia e Giappone riconoscono Hamas come organizzazione terrorista, mentre la Nuova Zelanda classifica solo la sua ala militare come organizzazione terroristica. Altri Paesi, tra cui Egitto, Arabia Saudita, Emirati Arabi Uniti, Iran, Turchia, Svizzera, Norvegia, Brasile, Cina, India e Russia, non la considerano un'organizzazione terroristica

[24] Eizenkot G. (Tenente Generale, Capo di Stato Maggiore delle Forze di Difesa di Israele), *The Idf strategy*, 2015, in: https://www.inss.org.il/he/wp-content/uploads/sites/2/2017/04/Idf-Strategy.pdf.

[25] Gutiérrez Garrido Ó., Pita A., *The weak points of Israel's thesis: Why Hamas is not the same as ISIS*, El Pais, 22 novembre 2023, in: https://english.elpais.com/international/2023-11-22/the-weak-points-of-israels-thesis-why-hamas-is-not-the-same-as-isis.html.

[26] Cfr. *Statuto di Hamas* (2017), in appendice.

ebrei per il fatto di essere ebrei».[27] Sempre nel 2017, durante i negoziati per un cessate il fuoco, il *leader* di Hamas a Gaza, Yahya Sinwar – l'uomo più ricercato di Israele con l'accusa di essere la mente degli attacchi del 7 ottobre –, scrisse a Netanyahu una lettera in ebraico (che aveva imparato in prigione) in cui gli chiedeva di "correre un rischio calcolato". Hamas, ha rilevato lo scrittore Adam Shatz sulla "London Review of Books", «non è una setta nichilista»;[28] e allora perché un'organizzazione che non è suicida, che dà grande importanza al mantenimento delle proprie infrastrutture sociali, religiose e militari e non è mai stata un mercenario per un altro paese o organizzazione ha lanciato l'attacco su larga scala del 7 ottobre, consapevole della reazione israeliana che avrebbe cercato il suo annientamento?

Per rispondere a questa domanda è necessario esaminare l'ideologia di Hamas e analizzare le radici storiche della sua scelta di ricorrere al terrorismo: un'indagine che porta inevitabilmente alle origini dell'islam radicale, fondamentalista e integralista. Le atrocità perpetrate da Hamas non sono semplicemente azioni di singoli fanatici, ma si inseriscono nell'ambito di un'ideologia del terrore chiaramente espressa dalle parole di Ismail Haniyeh, il *leader* indiscusso della Striscia: «Abbiamo bisogno del sangue delle donne, dei bambini e degli anziani per risvegliare dentro di noi lo spirito rivoluzionario [...] per spingerci ad andare avanti».[29] In tale affermazione emerge la scelta di disumanizzare la persona, anziano, donna o bambino, di cui non solo si accetta ma si persegue la sofferenza. Una violenza che lo stesso statuto di Hamas del 2017 legittima (si rimanda agli articoli 25 e 26 sull'uso e la scelta delle armi e delle tecniche tattiche e procedure per la condotta della guerra).

L'analisi dell'ideologia di Hamas richiede un approfondimento delle sue radici storiche, che affondano nel contesto dell'islam radicale, con una scelta di sposare la via del terrorismo che ha origini lontane. Tale scelta si collega direttamente alle prime manifestazioni di violenza tribale all'alba dell'islam, quando il *jihad* sanguinario fu inaugurato da Maometto con l'assalto contro

---

[27] *Ibidem.*
[28] Shatz A., *Vengeful Pathologies, Adam Shatz on the war in Gaza*, The London Review of Books, Vol. 45 No. 21, 2 novembre 2023, in: https://www.lrb.co.uk/the-paper/v45/n21/adam-shatz/vengeful-pathologies.
[29] Cfr. Delli Santi M., *Hamas dallo Statuto del 1988 alle modifiche del 2017: un'analisi*, in Micromega, 12 novembre 2023, in: https://www.micromega.net/analisi-ideologia-hamas/.

gli ebrei di Banu Qurayza a Medina nel 627 d.C., a seguito del loro rifiuto di accettare il messaggio del "Profeta". Questo episodio segnò l'inizio di una tradizione di violenza che, secondo alcuni storici, ispira ancora oggi gruppi estremisti, come l'Isis prima e poi lo Stato islamico e i militanti di Hamas, evidenziando una continuità ideologica con le prime interpretazioni integraliste dell'islam.

Hamas, fondato dallo sceicco Ahmed Yassin nel 1987, riflette questa eredità nel suo statuto fondativo del 1988, che rimanda alla *Fratellanza musulmana*, emblema dell'islam radicale. Nonostante le revisioni statutarie del 2017, l'organizzazione mantiene una chiara linea di continuità con l'ideologia fondamentalista e integralista. La narrazione di Hamas sul conflitto con Israele e la sua interpretazione della storia contemporanea sono profondamente intrecciate con la visione dei *Fratelli musulmani*, come si evince dalla lettura dei suoi documenti ufficiali.[30]

La posizione di Hamas sulla Palestina e i suoi rapporti con Israele sono inequivocabili, richiamando le parole di Hassan al Banna sull'eliminazione di Israele, interpretate come un invito alla "soluzione finale" del conflitto. Anche lo Statuto originale di Hamas del 1988, con riferimenti espliciti al *jihad* contro gli ebrei, riflette questa visione. E nonostante alcuni cambiamenti apportati nel 2017, l'organizzazione ha confermato l'adesione alla sua ideologia di base, mantenendo una posizione intransigente sul riconoscimento di Israele e sull'uso della violenza come mezzo per raggiungere i propri obiettivi. Questo approccio ha di fatto smentito la possibilità di una vera evoluzione moderata di Hamas e sulla sua apertura alla formula dei due Stati, con il persistere di una visione che esclude il diritto all'esistenza di Israele. Una posizione di rifiuto confermata a gennaio 2024, quando il *leader* dell'organizzazione all'estero, Khaled Meshal, attraverso il *social network* "Telegram" dichiarò:

> «Il nostro popolo palestinese chiede liberazione, libertà dall'occupazione e la nascita di uno Stato palestinese [...]. Soprattutto dopo il 7 ottobre la stragrande maggioranza del popolo palestinese ha rinnovato il sogno e la speranza di una Palestina dal mare al fiume e dal nord al sud».

---

[30] Gutiérrez Garrido Ó., Pita A., *The weak points of Israel's thesis*, cit.

Una dichiarazione conclusa con una riflessione sui «confini del '67» – "praticamente un quinto della Palestina – che «non possono essere accettati».[31]

---

[31] Ansa, *Hamas conferma il suo no alla soluzione dei due Stati*, 17 gennaio 2024, in: https://www.ansa.it/sito/notizie/mondo/2024/01/17/hamas-conferma-il-suo-no-alla-soluzione-dei-due-stati_2f3daf57-5820-4358-a558-19fac483c626.html.

La *leadership* di Hamas: da Khaled Meshaal a Ismail Haniyeh

Hamas è strutturata su una serie di organi direttivi che svolgono varie funzioni politiche, militari e sociali. L'autorità in capo, responsabile dell'agenda politica e strategica del movimento, appartiene al consiglio della *shura* di Hamas, l'organo di *leadership* al vertice della catena organizzativa di comando,[32] che opera in esilio. Tuttavia, le operazioni quotidiane del gruppo rientrano nell'ambito del *bureau* politico, così come le operazioni militari fanno capo più specificamente al braccio militare del gruppo, le brigate *Izz ad-Din al-Qassam*, organo che gode di un alto grado di autonomia operativa.[33] I comitati locali gestiscono le questioni di base a Gaza e in Cisgiordania.

All'inizio della guerra Israele-Hamas e sino al momento della sua morte, avvenuta a Teheran il 30 luglio 2024, Ismail Haniyeh ha ricoperto il ruolo di capo politico; le questioni ordinarie a Gaza erano supervisionate da Yahya Sinwar – poi assurto a ruolo di *leader* del movimento dopo l'uccisione di Haniyeh, mentre Marwan Issa (ucciso dalle Idf a Nuseirat il 10 marzo 2024) e Mohammed Deif (eliminato il 13 luglio a Gaza) erano alla guida dell'ala militare di Hamas, le brigate *Izz ad-Din al-Qassam* (che prendono il nome da un militante palestinese morto negli anni Trenta e considerato un martire della causa).

Dall'attacco di Hamas a Israele del 7 ottobre 2023, ci si è chiesto chi abbia effettivamente architettato l'attacco terroristico. Molti degli uomini di più alto rango appartenenti al gruppo militante palestinese che controlla Gaza mantengono un basso profilo pubblico, mentre altri hanno trascorso gran parte della loro vita a sfuggire ai tentativi di assassinio da parte di Israele. Ma una cosa è certa, le menti pensanti di Hamas, gli strateghi, i *leader* politici sono fuori da Gaza, al sicuro in Paesi amici o comunque non ostili. Una scelta, quella di stare fuori da Gaza, che risale a diversi anni fa, che per alcuni è stata salvifica, per altri invece meno fortunata, come nel caso di Saleh al-Arouri, tra i principali strateghi del gruppo, ucciso in un'operazione speciale israeliana in Libano nel gennaio 2024.

---

[32] Berti B. (2013), *Armed Political Organizations: From Conflict to Integration*, Johns Hopkins University Press, pp. 239.
[33] Hroub K. (2010), *Hamas: A Beginner's Guide*, London: Pluto Press.

Quali sono i *leader* più importanti di Hamas che hanno guidato il movimento in guerra contro Israele? Tre i soggetti chiave del movimento: Khaled Meshaal, ex capo politico del movimento e poi capo ufficio politico estero, Ismail Haniyeh, capo dell'ufficio politico del gruppo a Gaza, Yahya Sinwar, capo dell'ala militare di Hamas. Quale il loro pregresso e ruolo durante la guerra?

Khaled Meshaal

Il primo è Khaled Meshaal. Conosciuto anche come Khaled Mashal, Khaled Meshal, Khalid Mishal, è un politico palestinese in esilio, già capo dell'ufficio politico del movimento islamista palestinese Hamas dal 1996 al 2017. Nato il 28 maggio 1956 nella città di Silwad in Cisgiordania, allora sotto l'amministrazione giordana, vi ha trascorso i primi undici anni della sua vita; dopo l'occupazione della Cisgiordania da parte di Israele nel 1967, si trasferì con la famiglia in Kuwait, dove il padre aveva risieduto e lavorato come bracciante agricolo e predicatore dalla fine degli anni Cinquanta. Devotamente religioso, all'età di quindici anni fu attratto dall'attivismo politico islamico e si unì al ramo palestinese dei *Fratelli Musulmani* in Kuwait per poi iscriversi all'Università nel 1974, studiando fisica e partecipando all'attivismo palestinese. Meshaal e i suoi colleghi islamisti si scontrarono con le fazioni nazionaliste laiche che dominavano l'Unione degli studenti palestinesi dell'università, e alla fine si staccarono da questi per formare un'associazione studentesca autonoma.[34]

Dopo la laurea rimase in Kuwait dove insegnò fisica e rimase attivo nel movimento islamista palestinese. Nel 1984 cessò dall'insegnamento per dedicarsi al lavoro politico, che consisteva nell'organizzazione e nella raccolta di fondi per costruire una rete di servizi sociali islamici all'interno della Striscia di Gaza e della Cisgiordania, e per sviluppare le capacità militari degli islamisti palestinesi, che all'epoca erano molto indietro rispetto a quelle delle organizzazioni guerrigliere dell'Organizzazione per la Liberazione della Palestina (Olp) e Fatah. Dopo lo scoppio della *Prima Intifada* nel 1987, l'organizzazione proclamò pubblicamente la propria esistenza con il nome di Hamas. Lo statuto del gruppo, pubblicato nel 1988,

---

[34] Biografia di Khaled Meshaal, fonte Britannica, in:
https://www.britannica.com/place/West-Bank.

chiamava al dovere del *jihad* per istituire uno stato islamico che coprisse l'intera Palestina storica. Questa posizione intransigente pose Hamas in contrasto con l'Olp, che stava ormai avanzando verso il riconoscimento del diritto di Israele ad esistere.

Nel 1990, in seguito all'invasione irachena del Kuwait, Meshaal si trasferì in Giordania. Nel 1992 il gruppo proclamò l'esistenza di un ufficio politico in esilio e Meshaal fu nominato membro e responsabile delle relazioni internazionali e delle attività di raccolta fondi, per poi assumere il ruolo di capo dell'ufficio politico nel 1996.

Nel 1997 Benjamin Netanyahu, il primo ministro israeliano, autorizzò l'assassinio di Meshaal come rappresaglia per gli attentati suicidi di Hamas. Ma il piano per eliminarlo, condotto in Giordania, venne sventato. Lo stesso Re Hussein di Giordania, valutando gli effetti deleteri di un assassinio da parte di Israele in territorio giordano avrebbe minato il trattato di pace recentemente firmato tra i due paesi e destabilizzato il suo stesso regime, si adoperò in prima persona per salvare Meshaal. Nel 1999 la Giordania adottò una decisa politica di contrasto a Hamas, imprigionando brevemente Meshaal prima di espellere l'ufficio politico dal paese.

Nel 2001, dopo essersi stabilito brevemente in Qatar, Meshaal istituì un nuovo quartier generale permanente a Damasco, assumendo poi, nel 2004, il ruolo di *leader* e figura centrale del movimento, in seguito all'assassinio del fondatore e capo spirituale di Hamas, lo sceicco Ahmed Yassin, e all'assassinio del successore di Yassin, Abd al-Aziz al-Rantissi, meno di un mese dopo. In qualità di principale rappresentante internazionale di Hamas, Meshaal promosse l'uso della violenza da parte del gruppo e il suo rifiuto di riconoscere Israele, pur aprendo a un'opzione di tregua a lungo termine con Israele in caso di ripristino dei confini precedenti al 1967.

Gli eventi delle cosiddette "Primavere arabe" portarono una serie di cambiamenti per Hamas e per Meshaal. Mesi dopo la destituzione del presidente egiziano Hosni Mubarak, l'Egitto aprì il valico di frontiera con la Striscia di Gaza dal 2011 al 2013, con ciò permettendo a Meshaal, nel 2012, di visitare per la prima volta la Striscia di Gaza che Hamas governava dal 2007. Nel frattempo, la residenza decennale dell'ufficio politico di Hamas a Damasco fu conclusa con l'inizio della guerra civile siriana. Meshaal trasferì pertanto l'ufficio in Qatar, sposando la causa dell'opposizione siriana.

A metà del 2017, alla fine del suo ultimo mandato come capo dell'ufficio politico, Meshaal si dimise e fu sostituito da Ismail Haniyeh, già alla guida del governo di Hamas nella Striscia per circa un decennio. Un cambio al vertice che determinò uno stravolgimento degli equilibri di potere all'interno di Hamas tra coloro che vivono all'estero, come Meshaal – coerentemente nominato capo dell'ufficio politico del gruppo all'estero –, e chi vive nella Striscia di Gaza. Meshaal avrebbe trovato un rifugio sicuro e dorato nei lussuosi hotel di Doha.

Ismail Haniyeh

Il secondo *leader*, il più importante e influente sino alla sua morte avvenuta il 30 luglio 2024, è stato Ismail Haniyeh.[35] Conosciuto anche come Isma'il Haniyyah e Ismail Haniya, assurse al ruolo di primo ministro dell'Anp in seguito alla vittoria elettorale di Hamas del 2006; dopo i violenti scontri tra fazioni con la rivale Fatah, che portarono alla dissoluzione del governo e all'istituzione di un'amministrazione autonoma guidata da Hamas nella Striscia di Gaza, Haniyeh assunse il ruolo di *leader* del governo *de facto* nella Striscia (2007-14) e, nel 2017, fu scelto per sostituire Khaled Meshaal come capo dell'ufficio politico.

Figlio di genitori arabi palestinesi sfollati dal loro villaggio vicino ad Ashqelon (in quello che oggi è Israele) nel 1948, Haniyeh nacque nel 1962 nel campo profughi di Al-Shati', Striscia di Gaza, dove trascorse i primi anni della sua vita. Come per la maggior parte dei minori rifugiati, Haniyeh fu educato nelle scuole gestite dall'Agenzia delle Nazioni Unite per il soccorso e l'occupazione dei rifugiati palestinesi nel Vicino Oriente (Unrwa). Nel 1981 si iscrisse all'Università islamica di Gaza, dove studiò letteratura araba e iniziò l'attivismo politico studentesco, guidando un'associazione islamista affiliata ai *Fratelli Musulmani*.

Quando Hamas si formò, nel 1988 Haniyeh era tra i suoi membri fondatori più giovani, avendo sviluppato stretti legami con il *leader* spirituale del gruppo, lo sceicco Ahmed Yassin. Haniyeh fu arrestato dalle autorità israeliane nel 1988 e imprigionato per sei mesi per la sua partecipazione alla *Prima intifada*. Arrestato di nuovo nel 1989, rimase in prigione fino a quando

---

[35] Biografia di Ismail Haniyeh, fonte Britannica, in:
https://www.britannica.com/biography/Ismail-Haniyeh.

Israele lo deportò nel sud del Libano nel 1992 insieme a circa quattrocento altri islamisti. Tornò poi a Gaza nel 1993, in seguito agli accordi di Oslo, e fu nominato decano dell'Università islamica.

Il ruolo di *leadership* di Haniyeh in Hamas si radicò nel 1997, quando fu nominato segretario personale di Yassin, divenendone uno stretto confidente. I due furono bersaglio di un primo fallito tentativo di assassinio da parte di Israele nel 2003; una seconda operazione mirata israeliana portò alla morte di Yassin pochi mesi dopo.

Nel 2006 Hamas partecipò alle elezioni legislative palestinesi, con Haniyeh in testa alla lista. Il gruppo ottenne la maggioranza dei seggi in parlamento e Haniyeh divenne primo ministro dell'Anp. La comunità internazionale reagì alla *leadership* di Hamas congelando gli aiuti all'Autorità Palestinese, con ciò mettendo a dura prova l'organo di governo. Nel giugno 2007, dopo mesi di tensione e un violento conflitto armato tra le fazioni, il presidente Mahmoud Abbas del partito Fatah destituì Haniyeh e ne sciolse il governo. La conseguenza fu l'istituzione di un governo autonomo guidato da Hamas nella Striscia di Gaza, con Haniyeh a capo della compagine governativa. Poco dopo, Israele attuò un pacchetto di sanzioni e restrizioni alla Striscia di Gaza, con il supporto e la collaborazione dell'Egitto.

Nel gennaio 2008 un attacco con decine di razzi venne lanciato dalla Striscia di Gaza verso Israele; come pronta risposta Israele intensificò il suo blocco. Ciononostante, Hamas mantenne il controllo della Striscia di Gaza e il suo governo oscillò tra occasionali successi politici e battute d'arresto. Per quanto riguarda l'ottenimento di concessioni da Israele, Hamas ottenne il rilascio di oltre mille prigionieri palestinesi detenuti da Israele in cambio del soldato israeliano rapito Gilad Shalit. Un altro successo presentato all'opinione pubblica palestinese fu la *performance* di Hamas nella guerra contro Israele nell'estate del 2014 sebbene, a causa del blocco, le condizioni di vita all'interno della Striscia stessero progressivamente peggiorando.

Nel frattempo, ci furono una serie di tentativi di riconciliazione tra Hamas nella Striscia di Gaza e l'Autorità Palestinese guidata da Fatah in Cisgiordania. In uno di questi tentativi, nel 2014, il governo di Hamas si dimise formalmente per far posto a un governo di unità nazionale con Fatah. Così facendo, Haniyeh rinunciò al suo incarico di primo ministro pur mantenendo quello di capo politico locale, fino a quando non venne sostituito da Yahya Sinwar nel 2017. Dopo pochi mesi, Haniyeh venne eletto capo dell'ufficio politico di Hamas, in sostituzione di Khaled Meshaal.

Nel dicembre 2019 Haniyeh lasciò la Striscia di Gaza, trasferendosi all'estero, tra Turchia e Qatar, facilitando la sua capacità di rappresentare Hamas all'estero. Tra le sue visite più importanti si citano il funerale di Qassem Soleimani, un alto comandante del Corpo delle guardie rivoluzionarie islamiche iraniane (Irgc) ucciso da un attacco di *droni* statunitensi nel gennaio 2020, l'insediamento del presidente iraniano Ebrahim Raisi nell'agosto 2021 e il suo funerale il 23 maggio 2024. Nello stesso anno, mentre le truppe statunitensi si ritiravano dall'Afghanistan, Haniyeh chiamò il capo dell'ufficio politico e negoziatore dei talebani, Abdul Ghani Baradar, per congratularsi con lui per il successo nell'aver posto termine all'occupazione statunitense nel Paese. Nell'ottobre 2022 Haniyeh incontrò il presidente siriano Bashar al-Assad; quello fu il primo incontro tra i *leader* di Hamas e della Siria dalla rottura all'inizio della guerra civile nel 2011. Nel periodo successivo e durante tutto il periodo della guerra con Israele trovò un rifugio dorato nei lussuosi hotel di Doha, in Qatar, insieme ad Abu Zuhri, portavoce del gruppo nella Striscia di Gaza, e Tahar al-Nounou, suo consigliere politico. In un *raid* israeliano a Gaza, il 10 aprile 2024, morirono tre dei suoi figli; un altro era morto in un precedente attacco israeliano il 17 ottobre 2023. Haniyeh venne ucciso il 30 luglio 2024 in Iran, nella sua residenza di Teheran, a seguito di un attacco le cui dinamiche rimangono ancora da chiarire, ma che con buona probabilità è attribuibile a Israele.

Yahya Sinwar

Il terzo *leader* palestinese maggiormente influente, e anche il più pericoloso in termini di minaccia per Israele, è stato Yahya Sinwar. Conosciuto anche come Yahya Ibrahim Hasan al-Sinwar, dal 2017 è stato capo di Hamas nella Striscia di Gaza e uno dei primi architetti del braccio armato di Hamas, poi assurto a ruolo di *leader* del movimento dopo la scomparsa di Haniyeh: è sospettato di essere una delle menti dietro gli attacchi del 7 ottobre 2023.[36]

---

[36] Biografia di Yahya Sinwar, fonte Britannica, in:
https://www.britannica.com/biography/Yahya-Sunwar.

Nato nel 1962 nel campo profughi di Khan Younis, Striscia di Gaza, da genitori sfollati da Ashkelon durante la guerra arabo-israeliana del 1948, dopo aver frequentato le scuole primarie grazie al sostegno dell'Agenzia delle Nazioni Unite per il soccorso e l'occupazione (Unrwa), all'inizio degli anni Ottanta si iscrisse all'Università islamica di Gaza, dove lo studio della lingua araba contribuì a plasmare la sua carismatica autopresentazione. Entrò all'università in un momento in cui molti giovani palestinesi della Striscia di Gaza guardavano all'islamismo come strumento di soluzione al conflitto israelo-palestinese, dopo decenni di panarabismo rivelatosi fallimentare. Nel 1982 fu arrestato per la sua partecipazione alle prime organizzazioni islamiste anti-israeliane.

Nel 1985, ancor prima della formazione di Hamas, Sinwar contribuì all'organizzazione di "*al-Majd*" (in arabo "gloria", ma anche acronimo di *Munazzamat al-Jihad wa al-Da'wah*, "Organizzazione per il *jihad* e *da'wah* [promozione degli ideali islamici]"). *Al-Majd* era una rete di giovani islamisti con il compito di smascherare il crescente numero di informatori palestinesi reclutati da Israele. Quando Hamas venne fondata nel 1987, *al-Majd* fu inglobata nei suoi quadri di sicurezza. Nel 1988 si scoprì che la rete era in possesso di armi e Sinwar fu detenuto da Israele per diverse settimane. L'anno successivo venne condannato a quattro ergastoli per l'omicidio di palestinesi accusati di collaborazionismo con Israele.

Durante la sua lunga incarcerazione, Sinwar mantenne una forte influenza sui suoi compagni di prigionia, usando tattiche di abuso e manipolazione e godendo del supporto dei suoi contatti al di fuori del carcere. Si impegnò a punire i compagni di prigionia che sospettava di essere informatori e una volta costrinse circa 1.600 prigionieri a intraprendere uno sciopero della fame. Trascorse anche gran parte del suo tempo libero studiando ciò che poteva sui suoi nemici israeliani, leggendo giornali israeliani e imparando l'ebraico.

Il rilascio di Sinwar avvenne nell'ambito dello scambio di prigionieri di alto profilo con Gilad Shalit, il soldato israeliano che era stato rapito da Hamas nel 2006 mentre era di stanza a un valico di frontiera. Dopo diversi tentativi falliti di mediare la libertà di Shalit, l'Egitto e la Germania si prodigarono per il suo rilascio nell'ottobre 2011. Il fratello di Sinwar, Mohammed, che era stato assegnato a sorvegliare Shalit, insistette affinché Sinwar fosse incluso nello scambio. Lo stesso giorno in cui Shalit venne rilasciato in Israele, Sinwar fu tra i primi prigionieri palestinesi a essere rimpatriati nella Striscia di Gaza.

Nell'aprile 2012, pochi mesi dopo il suo rilascio, Sinwar fu eletto membro dell'ufficio politico di Hamas nella Striscia di Gaza. Mise a frutto la sua esperienza come *leader* carcerario e si guadagnò velocemente un'ottima reputazione all'interno di Hamas per aver riunito le sue fazioni attraverso un compromesso. La retorica infuocata di Sinwar conquistò da subito gli elementi più oltranzisti del movimento; in tale cornice dinamica, pur prospettando l'avvio di un'era guidata dall'ala militante, nei suoi primi anni da *leader* Sinwar tenne un basso profilo e mostrò un lato pragmatico che gli consentì di alleggerire lo stato di isolamento di Hamas. Mesi dopo la sua ascesa come *leader* del movimento, Hamas strinse un accordo di riconciliazione con l'Anp e, per la prima volta dal 2007, cedette il controllo di gran parte della Striscia di Gaza all'Autorità Palestinese, seppur per un breve periodo. Anche le relazioni con l'Egitto tesero a migliorare, tanto da portare Il Cairo ad allentare le restrizioni al valico di frontiera.

Al contempo, a conferma di una visione estremamente razionale e pragmatica, il gruppo avviò una politica di dialogo e avvicinamento all'Iran che portò in breve al reinserimento di Hamas nella rete di alleati di Teheran e al conseguente sostegno militare e finanziario.

Sebbene alla fine del 2018, con l'avvio degli "Accordi di Abramo" sostenuti dagli Stati Uniti e volti alla normalizzazione dei rapporti tra Israele e gli Stati arabi, si prospettasse un periodo di calma frutto del possibile processo di reciproco riconoscimento tra Israele e uno stato palestinese, nel maggio 2021 ci fu un ritorno all'ostilità aperta di Hamas nei confronti di Gerusalemme. La popolarità di Sinwar aumentò con il conflitto, e la sua autorevolezza si rafforzò in maniera significativa.

L'operazione battezzata *"alluvione Al-Aqsa"* del 7 ottobre 2023, mostra i segni distintivi delle tattiche di Sinwar, e la presa di ostaggi rimanda all'importanza da lui data agli scambi di prigionieri. Sinwar, le cui immagini diffuse dalle Idf a febbraio 2024 confermano che si sia nascosto nella rete dei tunnel sotterranei di Gaza utilizzando la propria famiglia come "scudo umano", è stato classificato come obiettivo primario di Israele e definito, secondo un portavoce militare israeliano, come "un morto che cammina". È morto, a seguito di un'operazione israeliana a Rafah, il 17 ottobre 2024;

sostituito dal fratello Mohammad Sinwar, a sua volta ucciso in un bombardamento aereo il 17 maggio 2025 a Khan Younis.

Mohammed Deif

Mohammed Deif ha guidato le brigate *Izz ad-Din al-Qassam*, il braccio militare del movimento Hamas sino al momento della sua morte, avvenuta il 13 luglio 2024 a seguito di un'azione militare israeliana nell'area di Khan Yunis. Figura oscura, era soprannominato dai palestinesi "la mente" e dagli israeliani "il gatto dalle nove vite". Le autorità israeliane lo incarcerarono nel 1989, dopodiché, con il suo rilascio, formò le brigate *Izz ad-Din al-Qassam* con l'obiettivo di catturare i soldati israeliani, e contribuì a progettare la costruzione di tunnel utilizzati per entrare in Israele da Gaza. Nuovamente imprigionato nel 2000, riuscì a darsi alla fuga all'inizio della *Seconda intifada*. Deif è stato sino alla sua scomparsa uno degli uomini più ricercati di Israele, accusato di aver pianificato e supervisionato gli attentati dinamitardi sugli autobus che uccisero decine di israeliani nel 1996, e di essere coinvolto nella cattura e nell'uccisione di tre soldati israeliani a metà degli anni Novanta.[37]

I più importanti tentativi di eliminarlo da parte di Israele furono quello del 2002, a cui sopravvisse, pur perdendo un occhio e subendo ferite invalidanti, e quello del 2014, con un'operazione all'interno della Striscia di Gaza, dove trovarono la morte la moglie e due dei suoi figli.

Marwan Issa

Marwan Issa, o "uomo ombra", braccio destro di Mohammed Deif e vice comandante in capo delle brigate *Izz ad-Din al-Qassam*.

Le forze israeliane lo arrestarono e lo tennero recluso per cinque anni durante la *Prima intifada* in relazione al suo ruolo in Hamas. L'Anp lo arrestò nel 1997, ma fu liberato dopo la *Seconda intifada* nel 2000. Inserito nella lista dei più ricercati di Israele, venne ferito nel 2006 in un tentativo di eliminarlo da parte israeliana, mentre i *raid* aerei demolirono due volte la sua casa durante le operazioni di Gaza, nel 2014 e nel 2021, uccidendo suo fratello. Si pensa che abbia svolto un ruolo di primo piano nella

---

[37] Biografia di Mohammed Deif, fonte BBC, in: https://www.bbc.com/news/world-middle-east-67103298

pianificazione delle incursioni in Israele, compreso l'attacco del 7 ottobre 2023. Risulterebbe ucciso da un attacco israeliano all'inizio di marzo 2024, mentre si nascondeva nel campo profughi di Nuseirat, area centrale di Gaza.[38]

Mahmoud Zahar

Mahmoud Zahar, nato a Gaza nel 1945 da padre palestinese e madre egiziana, è considerato uno dei *leader* più importanti di Hamas e membro della *leadership* politica del movimento. Frequentò la scuola a Gaza e l'università al Cairo, per poi lavorare come medico a Gaza e Khan Younis, fino a quando le autorità israeliane lo licenziarono in relazione al suo ruolo politico.

Detenuto nelle carceri israeliane nel 1988, nel 1992 fu tra i deportati da Israele nella terra di nessuno, in Libano, dove vi trascorse un anno. Con la vittoria di Hamas alle elezioni del 2006, Zahar entrò a far parte del Ministero degli Affari Esteri nel nuovo governo del primo ministro Ismail Haniyeh.[39]

Israele tentò di eliminarlo nel 2003, quando un aereo bombardò la sua casa nella città di Gaza. Sopravvisse all'attacco, nel quale però morì il figlio maggiore, Khaled. Il suo secondo figlio, Hossam, che era un membro delle brigate *Izz ad-Din al-Qassam*, venne ucciso in un successivo attacco aereo a Gaza nel 2008.

---

[38] Biografia di Marwan Issa, fonte BBC, in: https://www.bbc.com/news/world-middle-east-67103298.
[39] Biografia di Mahmoud Zahar, fonte BBC, in: https://www.bbc.com/news/world-middle-east-67103298.

Chi finanzia Hamas?

Hamas Ltd: la forza finanziaria del jihadismo palestinese

Il 5 gennaio 2024, poche ore prima dell'arrivo a Istanbul del segretario di Stato americano Antony Blinken in previsione di un confronto con le autorità turche in merito alle diverse posizioni sulla guerra di Gaza, gli Stati Uniti annunciarono una ricompensa di dieci milioni di dollari per chiunque fosse in grado di dare informazioni su cinque membri della struttura finanziaria di Hamas, da Washington classificata come gruppo terrorista, di cui tre presumibilmente ospitati da Ankara.[40] Un segnale forte dato dagli Stati Uniti alla Turchia, da sempre vicina al gruppo islamista dei *Fratelli Musulmani* – a cui Hamas si richiama – per ribadire quanto Washington e Gerusalemme siano convinte che, per eliminare la minaccia della milizia islamista palestinese, sia di primaria importanza colpirne le fonti di finanziamento e tutte le strutture, formali e informali, utilizzate dal gruppo per raccogliere finanziamenti, incluse le aziende, le organizzazioni non governative, le fondazioni e gli investimenti milionari in paesi vicini a Hamas, proprio come la Turchia, alleata un tempo affidabile ma che, nell'ultimo decennio, ha ospitato i *leader* di un gruppo che Istanbul considera, al contrario dei Paesi europei e degli Stati Uniti, un "movimento di liberazione".[41]

Gruppo terroristico o movimento di resistenza, la lotta armata di Hamas ha comunque un costo: per comprare armi, costruire e mantenere le infrastrutture militari (fabbriche di *droni* e razzi, tunnel, *bunker* e caserme), pagare i suoi combattenti e risarcire le famiglie di coloro che muoiono. E Gaza – la base operativa del gruppo – non è esattamente un paradiso economico: metà dei residenti dell'*enclave* sono disoccupati e la sua popolazione ha un reddito pro capite di circa 1.150 dollari. Come si sostiene e in cosa consiste l'infrastruttura economica di Hamas?

Due i principali canali di finanziamento: quello interno, marginale, e quello esterno.

---

[40] Mourenza A., *Hamas Ltd: The financial muscle of the Palestinian Islamist militia*, El Pais, 09 gennaio 2024, in: https://english-elpais-com.cdn.ampproject.org/c/s/english.elpais.com/international/2024-01-09/hamas-ltd-the-financial-muscle-of-the-palestinian-islamist-militia.html?outputType=amp.
[41] *Ibidem*.

Matthew Levitt, direttore del programma antiterrorismo del Washington Institute ed ex dipendente del Tesoro degli Stati Uniti e dell'Fbi ritiene che

> «fino a quando Hamas non ha preso il controllo del governo nella Striscia di Gaza, è stato finanziato principalmente dall'Iran e da un sistema collaudato di enti di beneficenza [...]. Ma negli ultimi dieci-quindici anni, la sua principale fonte di reddito è stato il controllo del territorio a Gaza».[42]

Il governo di Hamas a Gaza impone tasse sull'importazione di merci attraverso i valichi di frontiera e, quando questi non sono aperti, attraverso i tunnel mediante i quali l'*enclave* viene rifornita dall'Egitto. Insieme alle tasse sulle attività commerciali, le entrate associate alle importazioni ammontano a circa quattrocentonovanta milioni di dollari all'anno.

Allo stesso tempo, Gaza riceve circa due miliardi e mezzo di dollari all'anno dall'Anp in Cisgiordania e dalla cooperazione internazionale, comprese le Nazioni Unite (un miliardo e quattrocentomila dollari attraverso l'Unrwa), l'Unione Europea (seicentomila dollari) e il Qatar. Quest'ultimo eroga trecentosessanta milioni di dollari all'anno – fino a pochi anni fa, in valigette contenenti contanti – per pagare gli stipendi dei dipendenti pubblici e come aiuto alle famiglie più bisognose.

Una parte consistente dei fondi stanziati per Gaza sarebbe così dirottata a favore delle spese connesse con lo sforzo militare di Hamas, in particolare gli stipendi dei combattenti che sono formalmente inquadrati come dipendenti pubblici. L'Iran, come descriveremo più dettagliatamente oltre, ha assunto il ruolo di primo contributore, in particolare del braccio armato di Hamas, le brigate *Izz ad-Din al-Qassam*.

Inoltre, Hamas continua a ricevere donazioni dalla diaspora palestinese e da individui in varie parti del mondo in campagne di *crowdfunding* che pubblicizza attraverso i *social network*. Fondi inviati a Gaza attraverso il metodo *hawala* o le cripto-valute, con importanti transizioni attraverso la Turchia – sebbene quest'ultima risulti essere l'opzione meno sicura in quanto tracciabile attraverso la tecnologia *blockchain*.[43]

---

[42] *Ibidem.*
[43] *Ibidem.*

Chi, come e quanto: l'entità dei finanziamenti di Hamas

Qual è l'origine delle risorse utilizzate da Hamas per sostenere le proprie spese e, in particolare, per la realizzazione dei tunnel? Secondo il Dipartimento di Stato e il Dipartimento delle Finanze statunitensi, la parte più consistente di finanziamenti destinati alla costruzione della grande infrastruttura sotterranea palestinese proverrebbe da fondi, da aiuti umanitari dirottati da Hamas e dalle spese previste per la realizzazione di opere strutturali civili di superficie.[44] La voce di spesa più rilevante per Hamas sarebbe quella per l'acquisizione di armi ed equipaggiamenti militari, a cui segue quella relativa alla costruzione di tunnel usati come linee di movimento dei combattenti per colpire Israele.[45]

Il *budget* operativo e militare di Hamas è stimato in circa seicento milioni di dollari l'anno, che equivale alla spesa militare di Stati con popolazioni simili a Gaza, come Slovenia, Lettonia e Armenia, o circa duecentocinquanta dollari *pro-capite* (la spesa militare *pro-capite* di Israele è dieci volte superiore).[46] Chi finanzia la spesa militare di Hamas?

Il tema riguardante la rete di supporto del gruppo palestinese coinvolge diversi attori internazionali, non limitati solo a Iran e Qatar, i due principali sostenitori del gruppo terrorista. L'attacco di Hamas a Israele del 7 ottobre 2023, che ha riportato a un'ampia attenzione verso la questione palestinese, avrebbe difficilmente raggiunto il suo livello di impatto senza l'apporto organizzativo e finanziario dell'Iran. Sebbene sia difficile quantificare con precisione il sostegno economico di Teheran a Hamas, è però noto quanto l'Iran consideri Hamas un elemento chiave, una *proxy force* per la sua strategia di destabilizzazione in Medio Oriente. Secondo il Dipartimento di Stato degli Stati Uniti, nel 2020, l'Iran avrebbe fornito oltre cento milioni di dollari annui sia a Hamas che al gruppo Jihad islamico palestinese (Pij).

Perché l'Iran, nazione sciita dovrebbe finanziare il gruppo sunnita Hamas? L'appoggio finanziario di una nazione sciita a un gruppo sunnita come Hamas può sembrare in contrasto con la tradizionale rivalità tra le due

---

[44] *Treasury Targets Additional Sources of Support and Financing to Hamas*, US press releases, 27 ottobre 2023, in: https://home.treasury.gov/news/press-releases/jy1845.

[45] Virdis A., *Maxi tunnel Hamas a Gaza, l'esperto: "Costato milioni di euro, fiumi di soldi da fondi dirottati. Intervista a C. Bertolotti* del 20 dicembre 2023, ADNKRONOS, in: https://www.adnkronos.com/internazionale/esteri/israele-hamas-tunnel-gaza-quanto-costano_5uYVmMOYhyyvuw3v08gv4Z.

[46] Mourenza A., *Hamas Ltd*, cit.

correnti islamiche. Tuttavia, come rileva Andrea Molle, professore alla Chapman University e ricercatore associato a START InSight, questo fenomeno trascende la semplice divisione settaria. L'Iran, infatti, fornisce sostegno sia a Hamas che al gruppo Jihad islamico palestinese, spinto sia da motivazioni ideologiche sia da ambizioni che si muovono sul piano delle relazioni internazionali. L'Iran percepisce Israele come un occupante di terre musulmane e vede l'ebraismo come una minaccia all'Islam, considerando Israele un'estensione degli Stati Uniti.[47] In termini ideologici, l'avversione condivisa verso Israele e atteggiamenti antisemiti uniscono i due attori. Negli instabili equilibri delle relazioni internazionali, l'Iran cerca di estendere la sua influenza e di turbare i processi di pace regionali attraverso il supporto a Hamas, utilizzato come proprio *proxy*, al pari del libanese Hezbollah (il "Partito di Dio"), delle milizie sciite irachene e siriane e del gruppo yemenita Ansar Allah ("Partigiani di Dio") guidato dagli Houti.

Nonostante Hamas affondi le sue radici ideologiche e storiche nel movimento islamista sunnita dei *Fratelli Musulmani* – prosegue Molle – riceve finanziamenti, armamenti e addestramento dall'Iran fin dagli anni Novanta. La relazione tra Teheran e Hamas si rafforzò in seguito alla Guerra del Golfo e alla Conferenza di pace di Madrid. Nel 1992, l'Iran si impegnò a donare trenta milioni di dollari annuali a Hamas, promettendo anche supporto addestrativo. Dopo l'insediamento di un ufficio di Hamas a Teheran nello stesso anno, si intensificarono i legami con Hezbollah e il Corpo delle Guardie rivoluzionarie iraniane (Irgc).

Tra il 1990 e il 2000, il sostegno finanziario iraniano a Hamas oscillava tra i venti e i cinquanta milioni di dollari all'anno. Nel 2006, la vittoria elettorale di Hamas in Palestina segnò un breve periodo in cui guidò l'Anp in Cisgiordania e a Gaza, ma questo portò a una divisione dei territori palestinesi dopo il licenziamento del primo ministro Ismail Haniyeh da parte del presidente Mahmoud Abbas. Durante la crisi politica, i legami di Hamas con l'Iran si intensificarono ulteriormente. Nel 2006, Haniyeh ricevette un finanziamento di circa duecentocinquanta milioni di dollari durante un

---

[47] Mele, P. *La Rete finanziaria di Hamas, chi finanzia il terrorismo? Intervista ad Andrea Molle*, RaiNews, 10 ottobre 2023, in https://www.rainews.it/articoli/2023/10/la-rete-finanziaria-di-hamas-chi-finanzia-il-terrorismo-56a53eb2-b14d-497a-a5b9-a02a9016dc62.html.

incontro con l'Ayatollah Khamenei e il presidente Mahmoud Ahmadinejad.[48]

La guerra civile siriana del 2011 creò una frattura tra Teheran e Hamas – rileva Molle – con quest'ultimo che appoggiò l'opposizione sunnita, portando a un taglio dei finanziamenti iraniani. Tuttavia, nel 2017, l'Iran riprese a finanziare Hamas, con incontri tra funzionari di alto livello per discutere una strategia comune anti-israeliana. Nel 2018, le relazioni tornarono ai livelli pre-crisi siriana, con l'Iran che riprese i trasferimenti di circa settanta milioni di dollari all'anno a favore di Hamas. Nel 2019, Khamenei offrì di aumentare i trasferimenti a trenta milioni di dollari al mese in cambio di un rinnovato programma di scambio di *intelligence* e tecnologico. Negli anni successivi, il ruolo dell'Iran nel sostegno a Hamas non fu solo finanziario, ma anche addestrativo e operativo, trasformando Hamas in un esercito più strutturato. Lo stesso *leader* politico dell'organizzazione, Ismail Haniyeh, riconobbe in un'intervista ad al Jazeera nel 2022 che l'Iran aveva donato settanta milioni di dollari per rafforzare la difesa palestinese. Le stime degli esperti variano tra questa cifra e i centoventi milioni di dollari all'anno.

Ma quali sono i canali attraverso i quali i finanziatori trasferiscono il denaro a Hamas? La realtà sconcertante – evidenzia Molle – è che Hamas riceve una parte considerevole dei suoi fondi attraverso canali apparentemente umanitari. Questi includono contributi da palestinesi all'estero, in particolare in Europa e Nord America, e da donatori privati nel Golfo. Numerose organizzazioni benefiche islamiche in Occidente raccolgono fondi che, in apparenza, sono destinati a servizi sociali, ma che in realtà vengono gestiti da Hamas. Questo processo, estremamente complesso, è stato in parte smascherato dal Dipartimento di Stato degli Stati Uniti, che ha identificato e messo al bando diverse di queste organizzazioni; ma il problema è che continuano a emergere nuove entità in grado di sostituirsi velocemente a quelle incluse nelle *black-list* dei Paesi donatori.[49]

Un altro canale fondamentale è quello degli aiuti provenienti da Stati o organizzazioni internazionali, come l'Unione europea. Questi fondi cospicui sono parzialmente dirottati da Hamas e altre organizzazioni terroristiche. Un

---

[48] *Ibidem.*
[49] *Ibidem.*

esempio noto è il blocco dell'Unione europea di seicentonovantuno milioni di Euro, sospesi in attesa della cessazione delle ostilità, anche se in passato una parte di questi fondi venne intercettata dai terroristi. Nel 2018, il Canada assegnò cinquanta milioni di dollari a World Vision per progetti umanitari a Gaza, ma il gestore del programma, Mohammed Halabi, trasferì i fondi a Hamas.[50]

L'Islamic Relief Worldwide (Irw), con sede nel Regno Unito e uffici in tutto il mondo, inclusi Gaza e Cisgiordania, è un'altra organizzazione al centro delle controversie. Pur dichiarandosi un'entità benefica, avrebbe – rileva Molle – stretti legami con vari gruppi estremisti e organizzazioni che supportano il terrorismo. Tra i suoi contributori figurano organizzazioni legate ad *al-Qa'ida* come la Charitable Society for Social Welfare e la Human Appeal International. Molti dei suoi amministratori hanno legami con gruppi estremisti, come Essam El-Haddad, ex amministratore dell'Irw e consigliere per la sicurezza nazionale dell'ex presidente egiziano Mohamed Morsi. Abdul Wahab Noorwali e Ahmed Al-Rawi, anche loro dirigenti dell'Irw, hanno avuto incarichi in organizzazioni collegate ai *Fratelli Musulmani*.

L'Irw ha gestito anche fondi provenienti da organizzazioni internazionali, ufficialmente destinati al popolo palestinese. Dopo la chiusura delle sue attività in Israele nel 2014, l'Irw ha movimentato oltre ottanta milioni di dollari per Hamas, provenienti dall' Ufficio delle Nazioni Unite per il Coordinamento degli Affari Umanitari (Unocha) e con il contributo di Unione Europea, Regno Unito e Svezia.

Ma, nel *mare magnum* dei finanziatori appartenenti al mondo arabo-musulmano ci sono altri Paesi e organizzazioni. Oltre a Iran, Arabia Saudita e Qatar, è noto che i paesi del Golfo, il Sudan, l'Algeria e la Tunisia hanno da sempre offerto la loro entusiastica assistenza a Hamas.

Fin qui abbiamo parlato di finanziatori diretti e consapevoli, poi possiamo annoverare i finanziatori ignari, come l'Unione europea e gli stessi Stati Uniti e, infine, ragionare sul ruolo dei finanziatori occulti. Da diversi anni – annota Molle – si parla del ruolo della Cina nel finanziamento al terrorismo palestinese. In un caso risalente al 2012, ad esempio, il Wall Street Journal riferì che cinque famiglie di otto studenti israeliani morti in una sparatoria

---

[50] *Ibidem.*

avvenuta a Gerusalemme nel marzo 2008 avevano intentato una causa alla Bank of China (Boc) chiedendo un miliardo di dollari di danni e risarcimenti. Secondo la tesi legale delle famiglie, la *leadership* di Hamas avrebbe finanziato l'attentato tramite trasferimenti di diversi milioni di dollari di provenienza cinese attraverso le filiali della banca cinese negli Stati Uniti. In un secondo caso, risalente al 2020, il colosso bancario britannico Standard Chartered venne accusato dagli Stati Uniti di aver occultato transazioni per un importo totale di circa duecentocinquanta miliardi di dollari "tra non precisati finanziatori e l'Iran", avvenute tra il 2014 e il 2016 e dirette a Hamas. Fondi che sarebbero stati investiti sia in armamenti che in operazioni cinetiche contro Israele.

E la Russia, particolarmente attiva nel quadrante africano e mediorientale in uno strategico tentativo di proiezione di potenza, è coinvolta in attività di finanziamento al gruppo terrorista Hamas? Andrea Molle rileva che non ci siano conferme sul coinvolgimento diretto di Mosca nel finanziamento di Hamas. È noto che esistono legami tra Russia e Hamas, nonché tra la Russia e il principale sostenitore di Hamas, l'Iran. Durante la Guerra Fredda, l'Unione Sovietica mostrò un concreto sostegno ai palestinesi, ma la Russia moderna ha adottato un approccio più neutrale al conflitto, anche a causa della significativa presenza di immigrati russi in Israele. Nonostante le accuse di alcuni osservatori che collegano le relazioni storiche della Russia con Hamas e l'Iran al conflitto post 7 ottobre, non vi sono prove concrete di un suo coinvolgimento diretto. I legami tra Russia e Iran si sono rivelati utili per la Russia nel contesto della guerra in Ucraina, soprattutto per quanto riguarda il supporto tecnologico iraniano. Tuttavia, affermare che la Russia avrebbe rischiato di incrinare i rapporti diplomatici con Israele, con cui mantiene legami seppur non strettissimi, appare eccessivo. È indubbio che una situazione di instabilità globale possa aver offerto vantaggi alla Russia, soprattutto in relazione al conflitto in Ucraina.[51]

---

[51] *Ibidem.*

Terroristi sì: ma Hamas non è l'Isis

L'origine, la natura e l'ideologia della milizia palestinese sono molto lontane da quelle del gruppo *jihadista* – nato in Iraq nella metà degli anni Duemila come Stato islamico in Iraq (Isi), poi Stato islamico in Siria e Iraq (Isis) e, infine, Stato islamico (IS) dal giugno 2014 – anche se le tattiche utilizzate nell'attacco del 7 ottobre hanno portato il governo israeliano guidato da Benjamin Netanyahu a equipararle. E questo lo si è notato fin dalle prime settimane di guerra nelle dichiarazioni pubbliche del governo israeliano, delle sue forze armate e di tutti i sostenitori della necessità di una risposta energica all'attacco subito.[52] La campagna israeliana a Gaza dopo gli attacchi del 7 ottobre si è dunque mossa non solamente sul piano militare, ma anche su quello narrativo e dal grande impatto mediatico radio-televisivo, così come sui *social network*, con particolare riferimento al canale *Instagram* delle forze di difesa israeliane. E lo stesso primo ministro Benjamin Netanyahu si è spesso riferito al gruppo armato palestinese come "Hamas-Isis", così come il suo ministro degli Esteri, Eli Cohen, a metà novembre definì Hamas "peggiore" dello Stato islamico.[53]

Ma se è vero che Hamas ha impiegato tattiche terroristiche il 7 ottobre e la maggior parte delle uccisioni che ha perpetrato sono state brutali, la sua origine, la natura, l'ideologia e la forma di governo sono lontane da quelle dell'idra *jihadista* dello Stato islamico, "fu-Isis". Come sostiene Mustafa Ayad, direttore dell'Institute for Strategic Dialogue di Londra,

> «lo Stato islamico disprezza Hamas a causa dei suoi legami con l'Iran, così come della sua dipendenza dalla politica; ha partecipato alle elezioni, per esempio, e quella per lo Stato Islamico è una linea rossa. I suoi accoliti si sono riferiti ai sostenitori di Hamas come agli "ebrei del jihad"».[54]

I due gruppi si considerano nemici e differiscono nei loro obiettivi: mentre lo Stato islamico vuole rompere l'ordine internazionale e stabilire un califfato totalitario – un progetto terroristico che includeva la formazione in Siria di un'unità per compiere attacchi all'estero come quelli di Parigi e

---

[52] Gutiérrez Garrido Ó., Pita A., *The weak points of Israel's thesis: Why Hamas is not the same as ISIS*, El Pais, 22 novembre 2023, in: https://english.elpais.com/international/2023-11-22/the-weak-points-of-israels-thesis-why-hamas-is-not-the-same-as-isis.html.
[53] *Ibidem.*
[54] *Ibidem.*

Bruxelles, sotto il nome di *Ammi* – Hamas, proponendosi come il Movimento di Resistenza Islamica, cerca di eliminare Israele attraverso una lotta armata di ispirazione religiosa e di stabilire un governo islamista. Il suo obiettivo è geograficamente delimitato alla cosiddetta "Palestina storica" – l'attuale Israele, Gaza, Cisgiordania e Gerusalemme Est – e ha fatto ricorso sia a mezzi istituzionali come le urne (ha vinto le ultime elezioni legislative palestinesi nel 2006) sia alla violenza contro soldati e civili. Dunque, sposare il ragionamento per cui se lo Stato islamico ha massacrato le persone, e lo stesso ha fatto Hamas, quindi sono la stessa cosa, sarebbe un approccio molto superficiale, come anche evidenziato da Yitzhak Weismann, professore all'Università di Haifa, specializzato nei movimenti e nel pensiero islamico.[55]

Anche Avraham Sela, storico israeliano, professore emerito presso il Dipartimento di Relazioni Internazionali dell'Università Ebraica di Gerusalemme e co-autore del saggio *The Palestinian Hamas: Vision, Violence, and Coexistence,*[56] ritiene che il paragone sia quantomeno "inappropriato":

«Ci sono molte differenze [...] Hamas è, prima di tutto, un movimento nazional-religioso o, piuttosto, religioso-nazionale, per il quale la religione non è mai stata così radicale ed estrema come per l'Isis. [...] Mentre l'Isis pratica il takfirismo (dichiarando apostati e persino giustiziando altri musulmani per non aver seguito rigorosamente i precetti della legge islamica), Hamas non lo fa e rispetta la piccola comunità cristiana nella Striscia di Gaza, che controlla dal 2007».

E ancora, aggiunge il professor Sela,

«Anche dopo il 7 ottobre, i *leader* di Hamas hanno usato un linguaggio che non può essere associato a quello dello Stato islamico. [...] Sono preoccupati per la loro immagine internazionale, soprattutto nel mondo arabo-islamico. La differenza principale è che la maggioranza del mondo musulmano era contro l'Isis e una lunga lista di teologi e studiosi musulmani ha espresso opinioni contrarie, mentre la maggioranza del mondo arabo-islamico sostiene Hamas perché lo vede come un movimento di liberazione nazionale o religioso, che sia giustificato o meno».

---

[55] *Ibidem.*
[56] Mishal S., Sela A. (2000), *The Palestinian Hamas: vision, violence, and coexistence,* Columbia University Libraries, New. York.

Una strategia comunicativa simile per Stati Uniti e Francia

Equiparare i due gruppi – Hamas e lo Stato islamico – è diventata una delle bandiere dell'offensiva comunicativa israeliana, e non solo del governo Netanyahu ma anche di alcuni suoi alleati. Lo stesso presidente degli Stati Uniti Joe Biden, in un discorso dalla Casa Bianca del 10 ottobre 2023, definì l'attacco di Hamas «peggio dell'Isis».[57] Pochi giorni dopo, da Tel Aviv, il presidente francese Emmanuel Macron, insieme a Netanyahu, paragonò Hamas all'Isis e propose di utilizzare la coalizione che sconfisse il gruppo *jihadista* in Iraq e Siria per combattere le milizie palestinesi.

Tra gli oggetti trovati dall'esercito dopo l'attacco del 7 ottobre furono in effetti rinvenuti documenti, dispositivi Usb contenenti video e bandiere riconducibili allo Stato islamico e ad *al-Qa'ida*. Di fatto, tali documenti e oggetti, pur non rivelando una cospirazione *jihadista* condivisa da Hamas, Stato islamico e *al-Qa'ida* […] essendo disponibili in rete su popolari siti Web *jihadisti* da molti anni – alcuni dal 2001, altri dal 2014 – evidenziano come le fonti di ispirazione della forma di violenza ed esaltazione utilizzate da Hamas, ma non necessariamente l'ideologia di fondo, siano le tattiche e le strategie di altri movimenti politici, guerriglieri o militanti.

Tuttavia, la causa palestinese è ed è stata centrale nei sofismi *jihadisti* fin dai tempi di *al-Qa'ida* e del suo storico fondatore Osama Bin Laden. Lo è anche, sebbene meno assiduamente, per lo Stato islamico – e per i *franchise* che lo hanno sostituito dopo la sua sconfitta territoriale post-2017 – nato sì dalla branca irachena di *al-Qa'ida* ma dal 2013 in contrasto con la rete che finanziava il terrorista saudita. Tuttavia, la presenza della Palestina nella propaganda *jihadista* è una cosa, e il modo in cui Hamas è percepito è un'altra. Già nel febbraio 2015, un gruppo affiliato allo Stato islamico diffuse un video dalla Siria minacciando di attaccare Hamas: «Il regime della *shari'a* ["legge"; letteralmente "strada battuta", "il cammino che conduce alla fonte a cui abbeverarsi"] sarà applicato a Gaza a dispetto di voi», dichiarò uno dei terroristi in quel video.[58]

---

[57] RaiNews24, *Il presidente Usa Biden parla agli ebrei americani: "Hamas è il male puro". L'avvertimento all'Iran*, 11 ottobre 2023, in: https://www.rainews.it/video/2023/10/il-presidente-usa-biden-parla-agli-ebrei-americani-hamas-e-il-male-puro-lavvertimento-alliran-9fb2b1f7-a9db-4889-afe2-352beaa8296a.html.
[58] Gutiérrez Garrido Ó., Pita A., *The weak points of Israel's thesis*, cit.

Nel maggio 2021, durante un'altra *escalation* israelo-palestinese, *al-Naba*, l'organo di propaganda dello Stato islamico, criticò la milizia palestinese, pur senza pronunciarne il nome:

«La gente dovrebbe rendersi conto che il *jihad* [...] differisce da ciò che viene chiamato resistenza. La differenza tra *jihad* e resistenza è come la differenza tra verità e menzogna [...] Gerusalemme non sarà liberata da coloro che fanno distinzioni tra *rafida* ed ebrei!».[59]

Il termine *rafida*[60] è usato per riferirsi ai musulmani sciiti e, in particolare, all'Iran, paese che è un alleato fondamentale e sostenitore di Hamas, un'alleanza intollerabile per il fondamentalismo dello Stato islamico.

Sia Hamas che il gruppo Stato islamico hanno come obiettivo primario la distruzione dello Stato di Israele e il ripristino in Palestina di una qualche forma di dominio islamico, tuttavia, lo Stato islamico considera Hamas pregno di apostati; dal canto suo, il gruppo palestinese ha apertamente combattuto gruppi *jihadisti* simili allo Stato islamico. Nel 2009, infatti, il braccio armato di Hamas, le brigate *Izz ad-Din al-Qassam*, dopo aver concordato un cessate il fuoco con Israele che pose fine a una guerra in cui caddero più di 1.400 palestinesi, si scontrò ed ebbe ragione di diversi gruppi salafiti.

Storicamente, dalla fine degli anni Ottanta, durante la *Prima Intifada*, Hamas ha costruito la sua popolarità sull'elemento caritatevole e ha proiettato un'immagine di onestà, pietà religiosa e vicinanza al popolo palestinese; ma, soprattutto, nella personalizzazione dell'autentica resistenza armata contro una vecchia guardia palestinese recepita oggi come corrotta e non interessata al destino del popolo della Palestina.[61]

---

[59] *Ibidem.*

[60] *Rafida* (letteralmente "coloro che rifiutano") è un termine utilizzato per riferirsi ai musulmani sciiti – oggi con particolare riferimento all'Iran sciita che sostiene il sunnita Hamas – che rifiutano (*rafd*) un certo numero di compagni profetici, tra cui i primi tre califfi: Abu Bakr (reg. 632–634), Umar (reg. 634–644) e Uthman (reg. 644–656).

[61] Gutiérrez Garrido Ó., Pita A., *The weak points of Israel's thesis*, cit.

7/10: la "giustificazione" di Hamas

Hamas, nel tentativo di ridefinire la propria immagine in senso moderato e rassicurante, ha pubblicato un documento in arabo e in inglese per giustificare l'attacco terrorista del 7 ottobre 2023. Ma negli anni i suoi obiettivi non sembrano essere veramente cambiati e rimangono un ostacolo a una soluzione del conflitto, al di là degli sviluppi sul campo di battaglia.

Nel momento in cui Hamas mira ad accreditarsi come capofila del movimento di liberazione nazionale palestinese è infatti importante interrogarsi sulla sua visione e sulle sue rivendicazioni.

Come rileva Michele Brignone nel suo articolo *La versione di Hamas*,[62] diversi documenti pubblicati dall'ufficio comunicazione di Hamas e discorsi fatti dai suoi *leader* in relazione agli attacchi del 7 ottobre rivelano sviluppi interessanti, mostrando la duplice natura del movimento islamista palestinese: da un lato, una tendenza più pragmatica e moderata, dall'altro, una marcata identità ideologica.

Il 21 gennaio 2024, l'ufficio comunicazione di Hamas diffuse un documento di diciotto pagine, in lingua araba e inglese, intitolato *Questo è il nostro racconto. Perché il Diluvio di al-Aqsa*, teso a illustrare le motivazioni e le finalità dell'attacco del 7 ottobre. Un testo, articolato in cinque sezioni, che inizia mettendo in luce le ingiustizie e gli abusi subiti per decenni dai palestinesi, spesso con la complicità silenziosa dell'Occidente.

La prima sezione, particolarmente enfatizzata nella versione araba, afferma che l'operazione *Diluvio di al-Aqsa* del 7 ottobre 2023 è stata «una misura necessaria e una reazione diretta alle strategie israeliane tese a cancellare la questione palestinese e a esercitare controllo e giudaizzazione del territorio».

La seconda sezione si concentra sulle accuse di brutalità mosse contro i combattenti del movimento. Hamas ammette che durante l'offensiva possano essersi verificati degli errori, attribuiti «al collasso improvviso e completo del sistema di sicurezza e militare israeliano» e al conseguente «disordine». Tuttavia, nega categoricamente di aver intenzionalmente colpito i civili, imputando queste morti alle forze israeliane, così come rifiuta le accuse di

---

[62] Brignone M., *La versione di Hamas*, Fondazione Oasis, 21 gennaio 2024, in
https://www.oasiscenter.eu/it/la-versione-di-hamas

violenze sessuali, un punto di contrasto con le numerose testimonianze raccolte. Per chiarire questi punti, nella quarta sezione viene proposta un'inchiesta internazionale trasparente.

Nella quinta sezione, il gruppo si autodefinisce come «un movimento di liberazione nazionale di orientamento islamico moderato, che condanna l'estremismo e si impegna per i principi di diritto, giustizia e libertà, inclusa la libertà religiosa e la coesistenza pacifica tra le civiltà». Sottolinea inoltre che il suo conflitto è diretto contro «il progetto sionista» e non contro «gli ebrei in quanto tali», in linea con il suo statuto aggiornato nel 2017 (incluso integralmente in appendice al libro).

Nell'ultima sezione, denominata *Le nostre richieste*, Hamas sottolinea l'importanza della «resistenza» contro l'occupazione e chiede una cessazione immediata «dell'aggressione israeliana alla Striscia di Gaza», facendo appello in modo specifico «agli Stati e ai popoli che hanno subito colonizzazione o occupazione, specialmente quelli del Sud globale, che comprendono il dolore del popolo palestinese».

Il documento – evidenzia Brignone – colpisce innanzitutto per il suo linguaggio e le sue strategie argomentative. Il testo è ricco di rimandi al diritto internazionale ed elenca tra le sue fonti due giornali israeliani, *Yedioth Ahronoth* e *Haaretz*, citati per dimostrare la responsabilità israeliana della morte di molti civili ebrei, e il sito *Mondoweiss*, espressione dell'ebraismo progressista americano.

Tutto questo non rappresenta una novità. Con il passare del tempo, il linguaggio e la narrazione utilizzati da Hamas sono stati oggetto di notevoli cambiamenti. Il celebre statuto del 1988 – proposto integralmente in appendice al libro –, era ricco di dichiarazioni antisemite, poneva l'accento sull'importanza del *jihad* e ritraeva la Palestina come una terra islamica indivisibile "fino al giorno del giudizio". Al contrario, l'edizione del 2017 predilige un approccio più laico e accogliente verso la "resistenza", opera una distinzione tra ebrei e sionisti, fa quasi completamente a meno della menzione del *jihad* e fa largo uso di riferimenti ai diritti umani e alle leggi internazionali, aspetti presenti anche nel comunicato con cui le brigate *Izz ad-Din al-Qassam* hanno annunciato l'attacco del 7 ottobre. Presentando la propria versione dei fatti – sottolinea Brignone – il movimento ha rafforzato l'aspetto politico e legale delle sue rivendicazioni, beneficiando probabilmente del favore raccolto dalla causa portata dal Sudafrica contro Israele presso la Corte Internazionale di Giustizia.[63]

Tuttavia, la narrazione incentrata sulla liberazione nazionale e l'appello al diritto internazionale non è l'unico esempio di comunicazione in questo senso utilizzata da Hamas. Pochi giorni prima della diffusione del documento del 21 gennaio 2024, Ismail Haniyeh, a capo dell'Ufficio politico del movimento, partecipò alla conferenza "Il Diluvio di *al-Aqsa* e il ruolo della *umma*", organizzata a Doha dall'Unione mondiale degli *ulema*. In quell'occasione, il *leader* illustrò le motivazioni dell'operazione del 7 ottobre dinanzi a un pubblico di riferimento dell'islam politico. Anche se alcuni dei temi sollevati da Haniyeh vennero poi ripresi nel successivo documento (la marginalizzazione della questione palestinese, i tentativi di giudaizzazione della Palestina), il suo discorso venne strutturato – secondo Brignone – per trasmettere un'immagine più precisa dell'identità islamica di Hamas. Per esemplificare l'unicità dell'operazione *Diluvio di al-Aqsa*, Haniyeh si appellò a un versetto coranico che invita a fidarsi di Dio nel confronto con i nemici e che, curiosamente, fa riferimento all'entrata degli ebrei nella "Terra promessa". Dopo aver illustrato le motivazioni e gli esiti dell'attacco, Haniyeh annunciò il momento del "*jihad* con la punta delle lance", precisando che «la battaglia in corso è per Gerusalemme» (al-Quds) e al-Aqsa, non per Gaza o per il popolo palestinese, posizionando Gaza come «la linea di fronte avanzata per la difesa e l'attacco della *umma*», la comunità musulmana.[64]

Come si dovrebbe interpretare la discrepanza tra il discorso menzionato e il documento diffuso poco dopo? – si chiede Brignone – e ancora, a nome di chi combatte Hamas a Gaza? Per i diritti legittimi del popolo palestinese, come affermato nel documento del 21 gennaio, o per il recupero della dignità della *umma* islamica, come suggerito da Haniyeh?

Queste contraddizioni sono in linea con la natura della *Fratellanza Musulmana*, realtà su cui Hamas affonda le proprie radici, caratterizzata da un'oscillazione tra retorica religiosa e approcci più laici.

Ad oggi, risulta alquanto complesso fare previsioni basandosi esclusivamente sulle dichiarazioni pubbliche di Haniyeh e di Hamas,

---

[63] *Ibidem.*
[64] *Ibidem.*

soprattutto considerando che il futuro di entrambi è nelle mani di Israele, ma è bene rilevare – come sottolinea Brignone – che il documento del 21 gennaio mira a legittimare la resistenza palestinese che Hamas si propone di rappresentare, sebbene i suoi appelli alla legalità internazionale appaiano selettivi e rivelino la visione del movimento. Ci si interroga su cosa significhino esattamente termini come "liberazione" e "occupazione" nel contesto del documento, quali territori siano considerati occupati e quali debbano essere liberati, e fino a che punto Hamas sia disposto a riconoscere lo Stato di Israele.

E quello del riconoscimento di Israele è l'elemento cardine su cui si basa, da un lato, la giustificazione della guerra e, dall'altro, la possibilità di avviare un dialogo negoziale che ponga le basi di un concreto progetto di costruzione di uno stato nazionale palestinese. In questo senso, nonostante non abbia mai accettato gli accordi di Oslo, Hamas ha implicitamente riconosciuto l'esistenza dell'Autorità Nazionale Palestinese partecipando alle elezioni legislative del 2006. Il movimento ha cercato di bilanciare gli obiettivi a breve termine, quali la creazione di uno Stato palestinese in Gaza e Cisgiordania, con quelli a lungo termine, ovvero la liberazione di tutta la Palestina. Lo statuto del 2017 riflette questa doppia strategia, riconoscendo la costituzione di uno Stato palestinese indipendente entro i confini del 1967 come obiettivo condiviso, pur mantenendo l'obiettivo finale di liberare l'intera Palestina e rifiutando ogni legittimità dello Stato di Israele. Una scelta coerente con la visione pragmatica di una parte dei palestinesi, ma irrazionale e inconcludente in termini di realizzazione.

Se Hamas ha realmente avviato un processo evolutivo – suggerisce Brignone – tale trasformazione risulta decisamente parziale e indefinita. Il linguaggio originario del gruppo emerge ancora chiaramente, e la sua aspirazione alla liberazione completa della Palestina sembra rimanere costante. Tale visione entra in conflitto diretto con le posizioni di Netanyahu, che in passato ha dichiarato di aver ostacolato gli accordi di Oslo e ha recentemente sostenuto di aver bloccato la formazione di uno Stato palestinese. Questo contrasto radicale riflette una lunga storia di opposizione. La piattaforma del Likud, partito del primo ministro israeliano, affermava già nel 1977 l'"indiscusso e perpetuo diritto del popolo ebraico alla terra d'Israele", proclamando che la sovranità tra il Giordano e il mare appartiene esclusivamente a Israele. Nonostante Netanyahu abbia talvolta mostrato apertura verso la creazione di uno Stato palestinese, la sua profonda contrarietà a tale soluzione, riaffermata esplicitamente dopo il 7 ottobre, non mostra segni di cambiamento.

Capitolo 3
La natura dei tunnel: da tattica a strategica

Utilizzo storico dei tunnel nei conflitti

I tunnel sono stati ampiamente utilizzati in molte guerre nel corso del tempo. Un utilizzo storico che deriva dal desiderio e dalla necessità di occultarsi alla vista del nemico.[65]

Come rilevano Watkins e Janes nel loro articolo *Digging into Israel: The sophisticated tunneling network of Hamas*, forse uno degli esempi più familiari di utilizzo in guerra dei tunnel è avvenuto da parte del Viet Cong – la guerriglia comunista nord-vietnamita, Esercito Popolare del Vietnam del Nord (Nva) – durante la guerra del Vietnam.[66] Questi tunnel a volte collegavano villaggi e abitazioni e ospitavano strutture pubbliche sotterranee, come ospedali, ricoveri, rifugi;[67] strutture sotterranee che permisero ai Viet Cong di sfuggire all'esercito statunitense e di condurre attacchi a sorpresa. Poiché sono intrinsecamente difficili da localizzare e colpire, i tunnel possono fornire una preziosa risorsa difensiva per i gruppi in grado di costruirli. E una volta scoperti, è anche difficile valutarne accuratamente l'estensione senza attrezzature adeguate e specializzate.

Questa difficoltà nel valutare in maniera efficace e precisa l'effettiva estensione della rete di tunnel avversaria, influenza il processo operativo di distruzione, che di per sé non è sempre un compito semplice, poiché parti di un tunnel possono rimanere intatte anche se le entrate vengono apparentemente distrutte.[68] Le molte difficoltà associate alla localizzazione, alla valutazione e alla distruzione completa di un sistema di tunnel, insieme al precedente ruolo storico dei tunnel per scopi di contrabbando, hanno probabilmente influenzato la decisione di Hamas di costruire il proprio sistema sotterraneo come strumento primario di guerra a Israele.[69]

---

[65] Heilig D.M., *Subterranean Warfare: A Counter to U.S. Airpower*, Air University, April, 2000: 1-34, in: https://www.specwar.info/taktika-strategie/podzemneoperacie-v-mestskom-prostredi/subterranean-warfare-a-counter-to-us-airpower.pdf.
[66] Watkins N. J., James A. M. (2016), *Digging Into Israel: The Sophisticated Tunneling Network of Hamas*, Journal of Strategic Security, 9(1), 84–103, in https://www.jstor.org/stable/26465415.
[67] Reece A. D., *A Historical Analysis of Tunnel Warfare and the Contemporary Perspective*, School of Advanced Military Studies, December 18, 1997: 1-63, available at: https://www.dtic.mil/dtic/tr/fulltext/u2/a339626.pdf.
[68] Heilig D.M., *Subterranean Warfare,* cit.
[69] Watkins N. J., James A. M. (2016), *Digging Into Israel*, cit.

L'esperienza statunitense in Vietnam, come primo approccio alla guerra sotterranea

Il vasto labirinto di tunnel di Gaza rappresenta un aspetto della guerra che l'esercito americano non ha affrontato durante le guerre in Iraq e Afghanistan. Per trovare un parallelo più appropriato con la storia dei combattimenti degli Stati Uniti per questo tipo di guerra, dobbiamo andare molto più indietro nella storia, alla citata guerra del Vietnam dove i sistemi di tunnel dei Viet Cong, in particolare quelli nel distretto di Cu Chi di Ho Chi Minh *City* (allora Saigon), giocarono un ruolo cruciale nel terribile dramma di quel conflitto. Situati nella periferia rurale di quella che allora era la capitale del Vietnam del Sud, i tunnel di Cu Chi, lunghi duecentoquaranta chilometri, erano un labirinto di passaggi stretti e trappole esplosive abilmente nascoste, spesso nell'oscurità più totale.[70]

La superiorità degli Stati Uniti nell'utilizzo dei bombardieri aerei, dell'artiglieria e dei mortai, fu messa in seria difficoltà dai labirinti sotterranei, che permisero alla guerriglia nord-vietnamita di tendere imboscate alle truppe statunitensi e sud-vietnamite, disorientandole in superficie per poi scomparire. I tunnel – finemente costruiti a mano durante la guerra d'Indocina alla fine degli anni Quaranta, e che servivano come alloggi, depositi di rifornimenti e basi operative – hanno rappresentato un dominio invisibile dell'ambiente di combattimento e, soprattutto, inaccessibile per gli americani e i sud-vietnamiti, rendendo così la guerra in superficie esponenzialmente più impegnativa.

Nel 1968, i sistemi di tunnel dei Viet Cong assursero a emblema della triste esperienza degli Stati Uniti in Vietnam: nel sottosuolo, i significativi vantaggi tecnici dell'esercito americano si trasformarono nel combattere in spazi ristretti e sconosciuti con coltelli e torce elettriche. Questo modo di condurre la guerra obbligò la controparte – americani, australiani, neozelandesi e sud-vietnamiti – a sviluppare e addestrare piccole unità altamente specializzate nel combattimento nella dimensione sotterranea. La locuzione *"tunnel rats"* nell'ambito della guerra in Vietnam si riferisce

---

[70] Spencer J., *Gaza's underground: Hamas's entire politico-military strategy rests on its tunnels*, Modern War Institute at West Point, 18 gennaio 2024, in: https://mwi.westpoint.edu/gazas-underground-hamass-entire-politico-military-strategy-rests-on-its-tunnels/.

proprio a queste piccole unità – complessivamente non più di settecento soldati – incaricate di esplorare e bonificare i tunnel utilizzati dai Viet Cong.

I *tunnel rats* si distinsero per il loro addestramento specifico, affrontando ambienti angusti e pericolosi (si veda la *Figura 5*, foto 1, 2 e 3, in confronto con i tunnel utilizzati da Hamas in foto 4). La loro missione richiese non solo coraggio, ma anche una notevole destrezza fisica per fronteggiare crolli, trappole e nemici nascosti. Portando con sé armi leggere e attrezzature speciali come torce, maschere antigas e cavi di sicurezza, i *tunnel rats* operarono con una conoscenza approfondita della topografia sotterranea. La loro funzione principale fu l'esplorazione dei sistemi di tunnel per identificarne le vie di fuga, i depositi d'armi, i centri di comando e i nascondigli.

Figura 5. Unità statunitensi specializzate nella lotta sotterranea in Viet Nam (Tunnel Rats, foto 1,2 e 3) in confronto con i tunnel utilizzati dalle unità militari di Hamas nella Striscia di Gaza (foto 4).

Oltre a esplorare, i *tunnel rats* ebbero il compito di bonificare e distruggere cunicoli e spazi utilizzati dai nemici. Durante le missioni, raccoglievano informazioni di *intelligence*, come mappe e documenti, contribuendo così agli sforzi di guerra. La loro presenza, mirata anche a scopi psicologici, influenzò il morale degli avversari, generando timore di attacchi imminenti nei tunnel. Collaborando strettamente con le altre unità militari, i *tunnel rats* coordinarono attacchi e fornirono supporto in situazioni di necessità. Sebbene il loro impiego fosse estremamente rischioso, le abilità nel muoversi nel sottosuolo e neutralizzare i tunnel giocarono un ruolo cruciale nelle operazioni contro il Viet Cong.

Il ruolo delle unità del genio dell'esercito statunitense nel contrastato ai tunnel dei Viet Cong

I tunnel dei Viet Cong divennero così sviluppati che alcuni complessi si estesero fino a sessantacinque chilometri di lunghezza, mentre il solo complesso di tunnel di Cu Chi arrivò a comprendere un totale di circa duecentodieci chilometri di passaggi.[71]

Avendo iniziato la costruzione durante la guerra di indipendenza contro i francesi, i vietnamiti avevano adottato una serie di caratteristiche di progettazione uniche e testate in battaglia: larghezza minima dei passaggi, struttura con pareti angolate, impraticabilità per la maggior parte degli occidentali a causa delle dimensioni ridotte. L'individuazione fu così resa molto difficile: i pozzi utilizzati per il ricambio dell'aria vennero mimetizzati e gli ingressi camuffati da pozzi idraulici scavati a profondità anche superiore ai quindici metri. Vi furono una varietà di tipi di tunnel: i tunnel delle dimensioni di una squadra, generalmente profondi meno di cinque metri; le gallerie atte ad ospitare unità a livello di compagnia (più di cento uomini), più larghe ma non ampiamente "compartimentate"; e i tunnel destinati a ospitare unità di livello battaglione (trecento/ottocento uomini), a quindici metri sottoterra e talvolta strutturate su quattro diversi livelli. L'estensione di tali infrastrutture, spesso trappolate con dispositivi esplosivi anti-intrusione, rese quasi impossibile per le truppe statunitensi costringere il nemico ad abbandonare i loro rifugi, sicuri, inespugnabili e in grado di consentire di resistere a intensi bombardamenti aerei.[72]

I genieri dell'esercito statunitense che assunsero l'arduo compito di distruggere questi sistemi, svilupparono una serie di soluzioni *ad hoc*. La prima di queste soluzioni, certamente la meno efficace, consistette

---

[71] US Army Corps of Engineers (2003), *Historical Vignette 062. How Army Engineers Cleared Viet Cong Tunnels*, in: https://www.usace.army.mil/About/History/Historical-Vignettes/Military-Construction-Combat/062-Viet-Cong-Tunnels/.
[72] *Ibidem.*

nell'ampio utilizzo di mezzi meccanici, come i *bulldozer* e gli aratri, ma con un impiego limitato allo strato superficiale del campo di battaglia, con evidenti limiti in termini di efficacia. Anche le inondazioni si rivelarono inefficaci perché i Viet Cong adottarono la tecnica di scavo di pozzi di profondità per il recupero delle acque esterne. Un metodo ancora meno desiderabile, ma immediatamente disponibile, fu quello delle unità di volontari delle squadre speciali di demolizione dei tunnel (i citati *tunnel rats*), chiamati a entrare nelle gallerie per ripulirle nella maniera più diretta ma anche più pericolosa.

Furono poi fatti diversi tentativi ed esperimenti con gli esplosivi convenzionali. Gli esplosivi a blocchi piazzati in punti critici, con una forza di tre chili per metro, garantirono crolli limitati a singole sezioni di tunnel, ma non incisero in maniera significativa sul complesso del *bunker* sotterraneo. Per contro, la successiva adozione di cariche sagomate rivolte verso l'alto ottenne il risultato di distruggere specifici e più estesi segmenti di tunnel. Inoltre, dopo una serie di tentativi, errori e correzioni, furono impiegati dai *tunnel rats* i tubi esplosivi con tappi di ritardo che, consentendo l'utilizzo di cariche attivate in successione, ottennero il risultato di far crollare interi complessi di tunnel. Un ulteriore metodo fu quello di depositare cariche crateriche in buchi profondi uno o due metri lungo la traccia esterna di un tunnel noto. Infine, tra le tecniche utilizzate, quella dei tubi *Bangalore*, che si rivelò essere il metodo convenzionale di maggior successo per ottenere una completa distruzione sebbene, a causa della loro lunghezza (1,5 metri), ogni sezione di *Bangalore* dovette essere trasportata nei tunnel e posizionata a mano. Nel complesso, tuttavia, la grande quantità richiesta e la necessità per i soldati di posizionare fisicamente le cariche limitò l'uso della maggior parte degli esplosivi convenzionali.[73]

Furono poi adottati metodi diversi e più innovativi, come l'inserimento di tubi lungo la lunghezza dei tunnel e il successivo riempimento di esplosivo liquido, per gravità o con un sistema di pompaggio, anche se la natura altamente infiammabile di questi esplosivi liquidi spesso ne limitò un uso efficace. Un altro mezzo per negare l'uso delle gallerie fu l'introduzione di polvere CS (ortoclorobenzalmalononitrile), sostanza chimica irritante

---

[73] *The Army Engineer in Vietnam* (non datato), The U.S. Army Engineer School, Fort Belvoir, VA.

utilizzata come agente lacrimogeno, oppure fumo o altri agenti antisommossa aerosolizzati. Sebbene si ritenesse che alcuni di questi agenti chimici sarebbero rimasti sulle pareti della galleria e le avrebbero rese inabitabili per mesi, la fitta giungla e le cattive condizioni climatiche spesso assorbirono i disperdenti chimici attenuandone o limitandone la reale efficacia.

Una soluzione di maggiore successo fu l'utilizzo da parte del genio statunitense dell'acetilene per la distruzione di gallerie con meno di due metri di sovraccarico; una tecnica basata sull'utilizzo di una carica esplosiva finalizzata a innescare una miscela gassosa acetilene-aria generata da una reazione tra il carburo di calcio e l'acqua. Fu calcolato che la quantità di quattro metri cubi di acetilene pompati in un'area fossero sufficienti per distruggere porzioni di tunnel di oltre cinquanta metri cubi di volume. Quando l'acetilene venne usato in combinazione con esplosivi convenzionali, il risultato fu quello di portare al collasso di superfici con cinque metri di sovraccarico, sebbene quest'ultimo metodo portasse con sé anche un pericolo intrinseco dovuto alla volatilità dei composti chimici.

Alla fine, nonostante i grandi sforzi e la riconosciuta pericolosità della minaccia sotterranea, le operazioni nemiche nella dimensione sotterranea non furono mai completamente sradicate. I tunnel intorno a Cu Chi sono oggi una delle principali attrazioni turistiche, pur essendo stati aumentati nella dimensione della sezione al fine di accogliere i turisti occidentali.

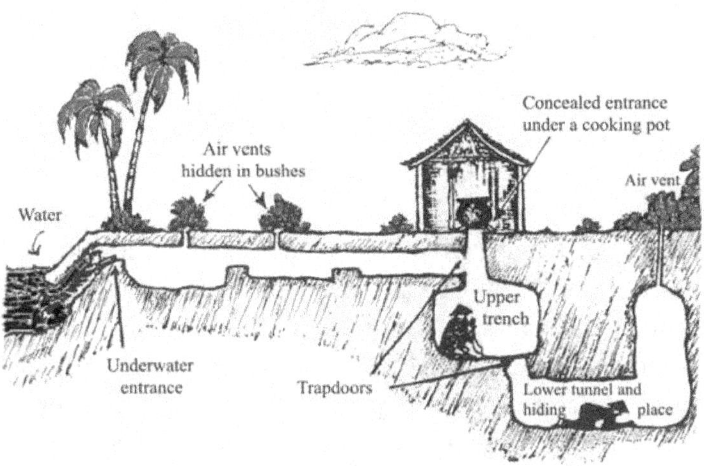

Figura 6. Diagramma che illustra i molti possibili ingressi e livelli dei tunnel Viet Cong.

Dal Vietnam a Gaza

Sotto il paesaggio bellico della città di Gaza si trova una vasta rete di tunnel costruiti da Hamas. Alcuni pozzi d'ingresso sono nascosti tra ciò che resta degli edifici a più piani della città, devastati dagli attacchi aerei israeliani. Altri sono occultati tra le dune sabbiose fuori città. O nascosti in case private. Conducono a un labirinto di passaggi interconnessi che si estende sotto le strade di Gaza, dilatandosi per centinaia di chilometri in quasi tutte le aree dell'*enclave*.[74] Questi tunnel hanno una similitudine strategica, operativa e tattica con quelli di Cu Chi. Come in Vietnam, le strutture sotterranee costruite dai palestinesi sono state sviluppate molto prima che Hamas prendesse il controllo della regione nel 2007, e hanno scopi diversi, ma una cosa è certa: sono un problema notevole per le forze israeliane.

Ci sono i tunnel controllati da Hamas per il contrabbando di armi, fuori dalla vista dei *droni* israeliani. Ci sono rotte commerciali che generano entrate dalle merci contrabbandate attraverso il confine di Gaza con l'Egitto. Ci sono centri di comando e controllo, depositi di munizioni e alloggi. Ma l'aspetto più preoccupante per Israele sono i tunnel di combattimento. Questi sono stati fondamentali in operazioni come la cattura del soldato israeliano

---

[74] Flynn D., *Inside the tunnels of Gaza. The scale, and the sophistication, of Hamas' tunnel network*, Reuters, in: https://www.reuters.com/graphics/israel-palestinians/gaza-tunnels/gkvldmzorvb/.

Gilad Shalit nel 2006, quando i militanti usarono un tunnel per entrare in Israele vicino al valico di frontiera di Kerem Shalom. Shalit, rapito, scomparve in questi tunnel e vi rimase prigioniero per più di cinque anni; e questa è una testimonianza di come i tunnel offrano vantaggi di difesa e rendano complessi i tentativi israeliani di eliminare i combattenti di Hamas e recuperare gli ostaggi vivi.

Storicamente, i tunnel a Gaza risalgono alla fine degli anni Novanta. Durante i primi anni Duemila, servirono come canali per il contrabbando di merci e armi tra Gaza e l'Egitto sotto un confine che era meno fortificato di quanto non lo sia oggi. L'investimento di Hamas in questi tunnel – come abbiamo visto, finanziato in gran parte dall'Iran – ne testimonia il valore strategico. Un tunnel scoperto un decennio fa si estendeva per quasi tre chilometri in Israele; un'opera che potrebbe essere costata non meno di dieci milioni di dollari e l'utilizzo di ottocento tonnellate di cemento per la sua costruzione. A seguito del conflitto di Gaza del 2014, quando le forze israeliane scoprirono molti di questi tunnel durante l'operazione *Protective Edge* (*Margine Protettivo*), Israele attuò misure per contrastare l'utilizzo dei materiali da costruzione forniti da Israele per scopi civili ma dirottati da Hamas nell'allestimento dei tunnel. Nonostante queste misure, continuò a prosperare un'economia sotterranea, con materiali prontamente disponibili per la costruzione di altre gallerie.

In termini di tipologia costruttiva, mentre i tunnel utilizzati nella guerra del Vietnam si estesero su vaste distanze, quelli di Gaza sono condensati in un'area molto più piccola, il che impone una maggiore densità e capacità di costruzione. Inoltre, gran parte del suolo della costa di Gaza è più morbido di quello del sud-est del Vietnam.

Come molti analisti hanno rilevato, i combattimenti delle forze di manovra statunitensi e irachene a Falluja e Mosul durante la guerra sono stati serrati e costrittivi; a maggior ragione, data la conformità del campo di battaglia e le sue peculiarità, i combattimenti nei tunnel di Gaza sono stati fin dal principio maggiormente limitanti. Hamas ha goduto di tutti i vantaggi, non da ultimo legati alla profondità e all'ampiezza di una rete sotterranea rimasta nascosta e sconosciuta alle Idf sino a quando non sono state avviate le operazioni su ogni singolo obiettivo.

Alcune stime più recenti suggeriscono un'estensione pari a cinquecento chilometri di tunnel sotto Gaza con una profondità superiore ai trentacinque metri, con complessi di profondità ed estensione variabili in grado di ospitare piccoli veicoli da trasporto. L'abilità ingegneristica di Hamas e la capacità di investire strategicamente nel corso dei decenni sono diventate evidenti e non più negabili. Le sfide sono andate oltre l'aspetto fisico e psicologico. Come i Viet Cong, quello palestinese si è dimostrato essere un nemico in grado di sbucare fuori dal terreno e poi scomparire rapidamente sotto terra, imponendo un vantaggio psicologico in grado di instillare confusione e paranoia alle forze impegnate sul campo di battaglia superficiale, già di per sé altamente critico trattandosi di guerriglia urbana.

I tunnel nella Striscia di Gaza: dagli anni Ottanta a oggi

L'evoluzione dei tunnel nella Striscia di Gaza dagli anni Ottanta fino ai giorni nostri descrive una significativa trasformazione del pensiero operativo sull'utilizzo "estremo" del campo di battaglia, passando dalla costruzione e utilizzo di semplici percorsi sotterranei di contrabbando a complesse infrastrutture militari. A guardare lo sviluppo storico e infrastrutturale che ha preso forma nel corso di quarant'anni di confronto e scontro tra palestinesi e israeliani, ci rendiamo conto di come questi tunnel abbiano svolto un ruolo significativo sia nel plasmare la vita quotidiana nella Striscia di Gaza, sia nel riflettere la mutevole natura del conflitto israelo-palestinese, in particolare la capacità di adattamento tattico di Hamas e di altri gruppi armati a un ambiente conflittuale in continua evoluzione.

L'economia dei tunnel di Gaza

Lungo la linea di confine tra la Striscia di Gaza e l'Egitto, in corrispondenza del passo di Rafah, già nei primi anni Duemila erano presenti molti tunnel – in numero variabile da quattrocento a oltre mille, a seconda della fonte –, originariamente creati per contrabbandare all'interno di Gaza armi ed esplosivi da parte dei vari gruppi politici, di opposizione armata, miliziani e della criminalità. Tunnel che all'epoca furono considerati illegali e fonte di problemi per i palestinesi, che ritenevano i minatori e i gruppi di contrabbandieri dei criminali.[75]

Tutto cambiò a partire dal 2006, in seguito alla chiusura fisica delle frontiere da parte di Israele e dell'Egitto. Con la presa del potere da parte di Hamas e l'opposizione violenta nei confronti di Israele, da cui derivò la regolamentazione delle importazioni di beni e materiali, i tunnel si trasformarono nell'unica via di importazione considerata lecita da parte palestinese, di fatto assumendo il ruolo di strumento essenziale all'economia di tutta la Striscia di Gaza. Basti osservare lo sviluppo economico e sociale fiorito attorno alle infrastrutture sotterranee, in particolare a Rafah, dove ai tunnel di confine si associarono ben presto vere e proprie aree commerciali

---

[75] Ahmad N.N. (2011), *Gaza: a case study of urban destruction through military involvement*, The Temple University Graduate Board, p. 51-53, in: https://scholarshare.temple.edu/bitstream/handle/20.500.12613/645/Ahmad_temple_0225M _10714.pdf?sequence=1&isAllowed=y.

con caffè e ristoranti in grado di offrire i loro servizi ai lavoratori dei tunnel e ai trafficanti che li utilizzavano per il trasporto dei beni poi venduti al mercato nero, e di armi ed equipaggiamenti militari, destinati ai gruppi armati operativi a Gaza. Questo sul lato palestinese del confine.

Diversa la situazione sul lato egiziano, dove i tunnel e l'economia a essi associata non godette dello stesso favore e grado di legittimità; molti degli accessi dei tunnel si trovavano all'interno di giardini privati e case lontane dagli occhi della legge. Riporta la giornalista Ulrike Putz:

> «Sul lato palestinese vengono di solito scavati all'interno di edifici in rovina o capannoni. Da lì, gruppi di lavoro di sei uomini iniziano a scavare verso l'Egitto a una profondità di quindici-trenta metri. Un contatto sul lato egiziano segnala dove può essere scavata l'uscita. Ci vogliono circa sei mesi per scavare un tunnel».[76]

E ancora, riporta Putz: «Realizzare un tunnel pronto all'uso, comprese le mazzette, mi costa 100.000 dollari, dice Abu Hisham».[77]

Nonostante il costo necessario alla costruzione e al rischio concreto di distruzione da parte egiziana o israeliana, questi tunnel furono all'epoca molto redditizi e capaci di generare, in media, trenta-quaranta milioni di dollari al mese.[78] Se i tunnel avessero cessato di essere remunerativi, sarebbero scomparsi o sarebbero tornati alla loro mera funzione militare, come fonte di approvvigionamento di armi ed esplosivi. Così non fu.

Con la chiusura dei confini e il crescente controllo sui beni importati a Gaza, i "proprietari" dei tunnel seppero così cogliere una doppia opportunità: da un lato aiutare il popolo palestinese ad accedere a beni altrimenti non disponibili e, dall'altro, speculare sulla vendita di quei beni al mercato nero, così consolidando un sistema economico parallelo molto vantaggioso, tanto da fare dei tunnel di confine di Rafah la principale fonte di *import-export* dell'intera Striscia di Gaza, di fatto coprendo il novanta percento della domanda del mercato interno, compresa quella di carburante, grazie alla costruzione di piccoli oleodotti in grado di trasferire la benzina dall'Egitto.[79]

---

[76] Intervista di Ulrike Putz al contrabbandiere palestinese Abu Hisham, in Ahmad N.N. (2011), *Gaza: a case study of urban destruction*, cit.

[77] *Ibidem.*

[78] O'Loughlin T., *Hamas exploits boom in Gaza smuggling tunnels*, The Guardian, 8 ottobre 2008, in https://www.guardian.co.uk/world/2008/oct/22/hamasgaza-tunnels-smuggling-egypt.

[79] *Ibidem.*

Tutte le merci importate dall'Egitto erano – e sono tutt'ora – vendute con un ricarico fino al centocinquanta percento. Una fonte talmente redditizia e strutturata da aver indotto Hamas, prima a riconoscerla come fonte legittima di commercio e, poi, a tassare i proprietari dei tunnel facendo pagare una cifra pari a diecimila *shekel* (equivalente di 2.500 euro) per una licenza annuale. A ciò si aggiunge l'imposta di mille *shekel* (duecentocinquanta euro), pagata all'amministrazione di Rafah per l'elettricità, e l'imposizione di concordati a favore delle famiglie dei lavoratori nei tunnel che prevedono l'indennizzo di 40.000 euro in caso di morte sul lavoro[80] e che fissano la paga a "cottimo" dei lavoratori, stabilita a circa quindici euro al metro lineare di tunnel scavato.[81]

Questo perché lavorare nei tunnel è molto pericoloso e molte sono le morti registrate, sia per crolli strutturali, sia per l'azione di contrasto posta in essere dalle autorità egiziane. L'Egitto, infatti, su richiesta degli Stati Uniti e di Israele, ha adottato una politica di contrasto all'utilizzo dei tunnel, anche per ragioni di sicurezza interna, attraverso l'allestimento di barriere elettrificate, l'allagamento e l'impiego di gas. Israele, a sua volta, nel corso degli anni ha messo in atto azioni di bombardamento aereo mirato, in particolare durante la fase condotta dell'operazione *Cast Lead* (*Piombo Fuso*, 2008-2009) quando Israele distrusse la maggior parte delle strutture sotterranee. Ma, nonostante le azioni di contrasto adottate dai due Paesi e la costruzione del nuovo muro di confine con l'Egitto, il complesso non può certo essere considerata una barriera impenetrabile.[82]

Nel 2009, pochi giorni dopo la fine dell'operazione *Cast Lead*, Hamas avocò a sé tutti i diritti di gestione e accesso ai tunnel, nel tentativo di riacquisire il controllo dell'area, di fatto espropriando i *clan* palestinesi locali che sino ad allora ne avevano gestito l'utilizzo.[83]

---

[80] *Ibidem.*

[81] Freeman C., *Inside Gaza's secret smuggling tunnels, the underground route to riches or death*, The Telegraph, 27 settembre 2008, in
https://www.telegraph.co.uk/news/worldnews/middleeast/israel/3089367/InsideGazas-secret-smuggling-tunnels-the-underground-route-to-riches-or-to-death.html.

[82] Demirjian K., *Gaza tunnel smugglers cut through Egypt's wall*, NZHerald, 23 luglio 2010, in: https://www.khaleejtimes.com/world/gaza-tunnel-smugglers-cutting-through-egypts-wall.

[83] Shachtaman N., *Gaza's tunnels re-open, with Hamas in charge*, Wired, 20 maggio 2010, in https://www.wired.com/dangerroom/2009/01/hamas-takes-con

L'utilizzo storico dei tunnel da parte di Hamas

Nell'ottobre 2013, le Forze di Difesa Israeliane, agendo in base a informazioni ricevute da una fonte non identificata, scoprirono un tunnel sotterraneo utilizzato dai palestinesi per infiltrarsi da Gaza al territorio israeliano.[84] Il tunnel, lungo in totale 1.800 metri, si estendeva per trecento metri in Israele e fu successivamente dichiarato opera di Hamas.[85] Fu poi scoperto che questo era solo uno dei molti tunnel costruiti dal gruppo palestinese.

Nell'ultimo decennio, Hamas e Israele sono stati coinvolti in un conflitto sempre più intenso, con l'operazione *Cast Lead* del 2008, l'operazione *Pillar of Defense* del 2012 e l'operazione *Protective Edge* del 2014 che hanno segnato periodi di scontri diretti e intensi tra i due. Durante questo periodo di conflitto, Hamas costruì tunnel con lo scopo di aumentare le proprie capacità militari contro le Idf, sebbene non sia chiaro se i tunnel siano stati utilizzati esplicitamente più per tattiche offensive o difensive. In particolare durante l'operazione *Protective Edge*, durata cinquanta giorni, la principale motivazione dell'offensiva di terra israeliana fu proprio la distruzione di questa rete di tunnel sotto il confine israeliano.[86] Operazione, nel corso della quale, le Idf dichiarò di aver scoperto più di trenta tunnel estesi fino in territorio israeliano.[87]

Tuttavia, come rilevano Watkins e James, va riconosciuto che non tutti i tunnel all'interno di Gaza sono utilizzati per operazioni militari o per infiltrarsi in Israele.[88] Come abbiamo già evidenziato, fin dagli anni Ottanta, i tunnel di contrabbando dalla Striscia di Gaza all'Egitto hanno avuto un

---

[84] Cohen G., *Where Did the Cement Come From? Leak Leads to Discovery of Mega- tunnel From Gaza to Israel*, October 23, 2013, in: https://www.haaretz.com/news/diplomacy-defense/.premium-1.552162.

[85] U.S. Department of State, *Foreign Terrorist Organizations*, Washington, D.C.: US Department of State, in: https://www.state.gov/j/ct/rls/other/des/123085.html.

[86] ICT Database Team, *"Operation 'Protective Edge': A Detailed Summary of Events"*, International Institute for Counter Terrorism, 12 luglio 2014, in: https://www.ict.org.il/Article/1262/Operation-Protective-Edge-A-Detailed-Summary of-Events.

[87] Anti-defamation League, *"Operation Protective Edge: July-August 2014"*, 2015, in: https://www.adl.org/israel-international/israel-middleeast/content/AG/operation-protective-edge.html.

[88] Watkins N. J., James A. M. (2016), *Digging Into Israel: The Sophisticated Tunneling Network of Hamas*, Journal of Strategic Security, 9(1), 84–103, in https://www.jstor.org/stable/26465415.

ruolo sostanziale nella sopravvivenza dei palestinesi fornendo beni e opportunità di lavoro per le famiglie palestinesi.[89] Questi tunnel di contrabbando furono dapprima costruiti come una in risposta ai blocchi imposti ai territori palestinesi da Egitto e Israele: cibo, armi e altri beni sono stati e continuano a essere trafficati illegalmente attraverso di essi, giocando un ruolo significativo nell'economia di Gaza e generando circa settecento milioni di dollari all'anno.[90]

Conosciuti anche come "tunnel economici", utilizzati fin dalla fine degli anni Ottanta, hanno una storia più lineare e nota rispetto a quelli "per scopi militari" sotto il confine tra Gaza e Israele.[91] La prima scoperta di un tunnel di contrabbando da parte di Israele è avvenuta nel 1983; tuttavia si ritiene che l'uso dei tunnel per operazioni militari (come il tunnel identificato nell'ottobre 2013) sia iniziato realmente solo durante l'*Intifada di al-Aqsa* (a partire dal settembre 2000), con lo sviluppo dei tunnel che si estese enormemente dopo che Hamas ebbe preso il controllo di Gaza, momento in cui i tunnel improvvisati scavati da Fatah durante l'*Intifada di al-Aqsa* passarono sotto l'autorità del braccio militare di Hamas, le brigate *Izz ad-Din al-Qassam* che li trasformarono nei «tunnel più lunghi, profondi e sofisticati di Gaza», così definiti dagli ingegneri militari israeliani, – la maggior parte dei quali costruiti dopo l'accordo di cessate il fuoco del 2012 tra Israele e Hamas, quando Israele revocò i divieti commerciali per consentire l'accesso all'assistenza umanitaria a Gaza.

Fu questo, con molta probabilità, il momento in cui il libero afflusso di materiali da costruzione destinati al settore civile, in particolare acciaio e cemento, consentì a Hamas di costruire le prime infrastrutture sotterranee sofisticate per usi prettamente militari,[92] il trasferimento e lo stoccaggio di

---

[89] Eldar S., *Gaza tunnels take Idf by surprise*, Al-Monitor, July 20, 2014, in: https://www.al-monitor.com/pulse/originals/2014/07/israel-Idf-tunnels-gaza-underground-network-failure-welfare.html.

[90] Brown H., *What You Need To Know About The Tunnels That Bring Life — And Death — Into Gaza*, Think Progress, July 2014, in:
https://thinkprogress.org/world/2014/07/18/3461742/inside-the-tunnels-that-bringlife-and-death-into-gaza/a.

[91] Vick K., *Hamas in Gaza takes war against Israel underground, literally*, Time, 26 marzo 2014, in https://time.com/38627/hamas-gaza-tunnels-israel/.

[92] Solomon A.B., *Exclusive: US Intelligence source claims Hamas has many more tunnels than Israel says*, Mabat USA, 25 luglio 2014, in https://mabatusa.com/evan/exclusive-us-

armi,[93] l'infiltrazione in territorio israeliano (sotto la recinzione di sicurezza), la sicurezza per i principali *leader* dell'organizzazione e per le loro famiglie.[94] Inoltre, alcune reti di tunnel sono state progettate per svolgere il ruolo di "sale operative" o *bunker* sotterranei in cui i *leader* si riuniscono in tempo di emergenza, così da garantire la continuità della capacità di comando e controllo. Un'altra caratteristica dei tunnel operativi è che possono funzionare da rampe di lancio per razzi contro Israele: i lanciatori di razzi possono essere posizionati presso le aperture dei tunnel al fine di mitigarne il rilevamento da parte israeliana.[95] Sebbene non sia chiaro se Hamas utilizzi tali rampe di lancio prevalentemente da Gaza o dall'interno di Israele, sembra più probabile che il gruppo abbia condotto gli attacchi, nella fase pre-7 ottobre 2023, da accessi all'interno di Israele al fine di massimizzare il potenziale danno causato dai loro razzi che sono, per lo più, a corto raggio (in particolare i razzi *Qassam*). Nonostante questi molteplici scopi, l'infiltrazione di combattenti di Hamas all'interno dei confini israeliani sarebbe, secondo molti analisti, la funzione principale dei tunnel con funzioni militari.

Molti tunnel sono stati infatti rinvenuti in prossimità delle comunità israeliane. In eventi più recenti, avvenuti poco prima del grande attacco del 7 ottobre, alcune squadre di Hamas si infiltrarono in Israele attraverso tunnel, portando a compimento azioni terroristiche. L'ultimo incidente, avvenuto il 17 luglio 2023, vide i terroristi pesantemente armati utilizzare un tunnel vicino alla comunità israeliana di Sufa, a pochi chilometri dal confine di Gaza; quattro giorni dopo, altri soggetti, con indosso uniformi complete dell'esercito israeliano, e con giubbotti esplosivi per attacchi suicidi, si infiltrarono in Israele attraverso un altro tunnel e furono coinvolti in uno scontro a fuoco con le forze delle Idf, avendo la peggio. Il loro obiettivo era

---

intelligence-source-claims-hamas-has-many- more-tunnels-than-israel-says-by-ariel-ben-solomon/.

[93] Al-Mughrabi N., *Exclusive: Hamas fighters show defiance in Gaza tunnel tour*, Reuters, 19 agosto 2014, in https://www.reuters.com/assets/print?aid=USKBN0GJ1HS20140819.

[94] Harris S., *Extensive Hamas Tunnel Network Points to Israeli Intelligence Failure*, Foreign Policy, 31 luglio 2014, in https://foreignpolicy.com/2014/07/31/extensive-hamas-tunnel-network-points-to- israeli-intelligence-failure/.

[95] Halevi J., *Hamas' Attack Tunnels: Analysis and Initial Implications*, Jesusalem Center for Public Affairs, 22 luglio 2014, in https://jcpa.org/hamas- attack-tunnels/.

quello di uccidere i civili israeliani, analogamente a quanto poi avvenuto il successivo 7 ottobre.[96]

Un utilizzo intensivo che si è adattato, trasformandosi, nel corso del tempo

I tunnel sono stati un attraente strumento di guerra fin dal Medioevo. Oggi offrono a gruppi militanti come Hamas un vantaggio nella guerra asimmetrica, negando alcuni dei vantaggi tecnologici a un esercito tra i più avanzati. Ciò che rende i tunnel di Hamas diversi da quelli di *al-Qa'ida* sulle montagne dell'Afghanistan o dei Viet Cong nelle giungle del Sud-Est asiatico, di cui abbiamo accennato, è che il gruppo terrorista palestinese ha costruito una rete sotterranea sotto una delle aree più densamente popolate del pianeta. Oltre due milioni di persone vivono nei poco più di centoquaranta chilometri quadrati che compongono la città di Gaza. È sempre difficile avere a che fare con i tunnel in qualsiasi contesto – evidenzia Richemond-Barak, del Lieber Institute for Law and Land Warfare e associato al Modern War Institute di West Point – anche quando si trovano in una zona montuosa, ma quando sono in un'area urbana, allora tutto è più complicato: dagli aspetti tattici, operativi e strategici, alla necessità di proteggere la popolazione civile.[97]

Oggi Hamas usa i tunnel per qualunque cosa: contrabbandare merci, immagazzinare armi e rifornimenti, addestrare e alloggiare combattenti fuori dalla capacità di osservazione dei servizi segreti di Israele e fuori dalla portata della sua forza aerea. Ma Hamas utilizza anche strutture sotterranee per assemblare e immagazzinare parti del suo grande arsenale di razzi e piattaforme di lancio. Un quadro complessivo che, come vedremo più nel dettaglio, a fronte dell'operazione militare terrestre israeliana, è stata complicata in maniera rilevante proprio dalla disponibilità e dall'utilizzo in chiave strategica dei tunnel, imponendo ai soldati israeliani di fare i conti con il rischio di imboscate e trappole esplosive in un terreno sconosciuto.

---

[96] Idf editorial team, *Everything You Need to Know About Hamas' Underground City of Terror*, Israel Defense Forces, 31 luglio 2014, in https://www.Idf.il/en/mini-sites/the-hamas-terrorist-organization/everything-you-need-to-know-about-hamas-underground-city-of-terror/.

[97] Berlinger J., *The 'Gaza metro': The mysterious subterranean tunnel network used by Hamas*, CNN, 28 ottobre 2023, in: https://edition.cnn.com/2023/10/28/middleeast/hamas-tunnels-gaza-intl.

Se negli anni Ottanta e Novanta i tunnel, spesso rudimentali e pericolosi, furono le vie preferenziali del contrabbando utilizzate per il mercato nero di beni destinati alla popolazione palestinese, traffici di beni essenziali e merci varie tra l'Egitto e la Striscia di Gaza, a partire dal 2005, in conseguenza del ritiro di Israele dalla Striscia di Gaza, si assistette a un'accelerazione nella costruzione delle infrastrutture sotterranee. E dal 2007, con l'ascesa al potere di Hamas, furono costruiti tunnel capaci di raggiungere la profondità di trenta-quaranta metri, in grado di proteggere i combattenti e i comandanti di Hamas e di nascondere le batterie di razzi. La maggior parte dei tunnel sono rinforzati con cemento armato prefabbricato e alcuni sono abbastanza profondi da resistere agli attacchi aerei.

Nel 2021 Hamas affermò di aver costruito cinquecento chilometri di tunnel sotto Gaza; un dato che suggerisce un incremento della costruzione di infrastrutture sotterranee la cui natura e uso hanno subito una trasformazione significativa divenendo parte integrante delle operazioni militari di Hamas, così consentendo l'infiltrazione dietro le linee israeliane, attacchi a sorpresa e il trasporto di armi e munizioni. In tale ottica di impiego, i tunnel furono strategicamente progettati e riorganizzati per la mobilità rapida delle truppe, per ospitare postazioni di comando, ricoverare eventuali feriti o alloggiare combattenti, alcuni in grado di consentire il transito di veicoli di piccola capacità, e persino per essere utilizzati come trappole esplosive contro le forze israeliane.

Questi nuovi tunnel, più sofisticati, furono progettati e dotati fin dal principio di pareti in cemento armato, sistemi di ventilazione e di comunicazione interni, fognature ed elettricità, riflettendo una transizione verso usi più strategici, con priorità militari. Un'evoluzione che impose un cambio nelle tecnologie costruttive, variate con il tempo, con la transizione da pale e picconi all'impiego di martelli pneumatici elettrici e altri strumenti per scavare nel terreno sabbioso di Gaza, che facilita la costruzione ma richiede notevoli sforzi per prevenire i crolli. Questi tunnel hanno così potuto raggiungere profondità e lunghezze notevoli, a fronte di ingenti risorse finanziarie e materiali.

Gaza e la doppia anima

Nel suo articolo *A cartography of the unknowable: technology, territory and subterranean agencies in Israel's management of the Gaza tunnels*, Ian Slesinger riflette sulle parole del giornalista israeliano Shlomi Eldar, il quale mette in luce come l'esistenza dei tunnel abbia svelato l'esistenza di "due Gaza": «da un lato, la Gaza affollata e impoverita che conosciamo, e dall'altro, una Gaza nascosta, un mondo profondamente sommerso sotto la superficie».[98]

Per capire come il mondo sotterraneo influisca sull'esistenza di queste "due Gaza" e perché i tunnel rappresentino una fonte di preoccupazione per Israele, è cruciale localizzarne la posizione all'interno dei contesti geopolitici regionali che definiscono Gaza come territorio. Ciò richiede un'analisi dei ruoli attivi assunti da Hamas e altri gruppi palestinesi in questo spazio conflittuale, esplorando come i tunnel stessi possano rappresentare una forma di complesso autonomo, superando le intenzioni funzionali degli attori coinvolti.

È importante riconoscere che, nonostante il tentativo di fornire un quadro storico, politico e sociale per comprendere il ruolo dei tunnel, persistono delle lacune, dovute alla natura segreta delle operazioni di scavo, da parte palestinese, e rilevamento, da parte israeliana, e alla difficoltà di interagire con gli attori chiave della complessa rete responsabile della costruzione – Hamas – e distruzione – le Idf – dei tunnel.[99] Per diversi decenni, una rete di tunnel sottostanti Gaza ha svolto un ruolo cruciale, fungendo da arterie vitali sia per l'economia dell'*enclave* che per le sue proclamate attività di "resistenza" armata contro Israele.

Questi tunnel si dividono in tre gruppi: i tunnel di contrabbando con l'Egitto, quelli tattici interni a Gaza e i tunnel di attacco strategico verso Israele. Tuttavia, la linea di confine tra usi "civili" e "militari" è divenuta sempre più sfumata, soprattutto alla luce della violenza intrinseca dei fini militari e alla continuità delle tecniche logistiche che permettono ai flussi di

---

[98] Slesinger I. (2020), *A Cartography of the Unknowable: Technology, Territory and Subterranean Agencies in Israel's Management of the Gaza Tunnels*, Geopolitics, 25:1, 17-42, DOI: 10.1080/14650045.2017.1399878, in:
https://doi.org/10.1080/14650045.2017.1399878.
[99] *Ibidem.*

beni e persone di superare i confini nazionali. Come abbiamo evidenziato, l'esperienza di Hamas nella costruzione di tunnel deriva dagli originari tunnel di contrabbando realizzati attraverso il "Corridoio di Philadelphia", una zona tampone di quattordici chilometri tra il sud di Gaza e il confine egiziano vicino a Rafah. Quest'area è stata teatro di scavi per anni, ben prima della fondazione di Hamas nel 1987. I primi tunnel, destinati al contrabbando di merci economiche e al movimento transfrontaliero, furono la risposta alla divisione fisica del confine del Sinai nel 1982. Tunnel che hanno continuato a svolgere la funzione di via di sfogo contro le restrizioni di movimento durante gli anni Novanta e i primi anni Duemila. Dopo il ritiro israeliano da Gaza nel 2005, tuttavia, la funzione e l'importanza di questi tunnel hanno subito un'evoluzione significativa.

Con l'ascesa di Hamas al potere a Gaza nel 2007, sia Israele che l'Egitto imposero il noto blocco restrittivo, limitando l'entrata e l'uscita di persone e merci dal territorio, inclusi vari generi alimentari, vestiario, articoli domestici, veicoli e materiali edili. Israele prese questa decisione per impedire il trasferimento di armamenti a Hamas e ad altri gruppi militanti attivi nella striscia, provenienti dalla Siria e da Hezbollah in Libano, in un contesto di aumento degli attacchi con razzi da Gaza.

L'Egitto, riconoscendo il governo di Fatah come l'autorità legittima palestinese, impose a sua volta il blocco su Gaza insieme al monitoraggio europeo, provocando critiche da parte dell'Onu e organizzazioni per i diritti umani che additarono la scelta egiziana e israeliana come "punizione collettiva" in violazione del diritto internazionale. Nonostante l'obiettivo di sicurezza dichiarato da Israele di prevenire l'afflusso di armi a Hamas, il blocco sollevò inoltre questioni sulla sua proporzionalità ed efficacia, implementando una strategia di controllo militarizzato a lungo termine. Dal 2007, i tunnel di Rafah divennero essenziali per il trasporto di cibo e merci a Gaza, a fronte di condizioni umanitarie in progressivo peggioramento. Gestiti privatamente dai *clan* palestinesi e tassati da Hamas, questi tunnel hanno sostenuto sia l'economia che l'influenza militare di Hamas, nonostante le azioni egiziane avviate dal 2013 per chiuderli, condizionando negativamente l'economia di Gaza e, di conseguenza, le entrate fiscali di Hamas.[100]

---

[100] *Ibidem.*

Evoluzione concettuale dei tunnel: da strumento tattico a infrastruttura strategica

Con il tempo, i tunnel sono diventati un elemento cruciale nella strategia militare di Hamas. Tunnel che, come abbiamo visto, sono stati utilizzati per lanciare attacchi, trasportare armamenti, e come rifugi per i combattenti durante i conflitti. Ciò ha segnato un cambiamento significativo nella natura di queste infrastrutture, da semplici canali di contrabbando a strumenti di guerra asimmetrica.[101]

In risposta, e in parte lo abbiamo anticipato, Israele ha intrapreso nel tempo diverse iniziative per rilevare e distruggerne o renderne inutilizzabili il più possibile con azioni supportate da tecnologie avanzate e operazioni militari mirate. Tuttavia, la presenza dei tunnel sotto aree densamente popolate ha sollevato questioni etiche e legali complesse relative alla sicurezza dei civili. Le Idf, consapevole di questa minaccia, ha adattato la propria dottrina militare e le capacità di addestramento per affrontare le insidie sotterranee, sviluppando capacità tecnologiche specifiche per individuare e distruggere i tunnel, adottando tecniche innovative di analisi del suolo, decodifica dei segnali e ricerca continua per lo sviluppo di nuove tecniche di rilevamento.

Nonostante gli sforzi israeliani, l'impiego dei tunnel si conferma elemento centrale nella strategia di difesa e attacco di Hamas, rappresentando una sfida continua per le forze di sicurezza israeliane. Questi sviluppi riflettono non solo l'adattabilità e la resilienza di Hamas di fronte alle pressioni militari e politiche, ma anche l'evoluzione continua della guerra asimmetrica nella regione.

E, al contempo, il livello di sviluppo dei tunnel, non solo in termini di dimensioni ma anche di utilizzo e finalità, ha portato a una ridefinizione dello stesso concetto operativo di Hamas, di cui più oltre si parlerà, basato sulla realizzazione di tunnel non intesi come manufatti utili e utilizzabili all'occorrenza, bensì come infrastruttura complessa e articolata, studiata nel dettaglio per garantire la capacità di manovra operativa in funziona anti-israeliana.

---

[101] AA.VV., (2024), *Gaza's Tunnel Phenomenon: The Unintended Dynamics of Israel's Siege*, JSTOR. Ultima consultazione 4 gennaio 2024, in: https://www.jstor.org/stable/10.1525/jps.2012.XLI.4.6.

E per questa ragione, se fino agli anni Duemila le gallerie venivano solitamente scavate a una profondità variabile ma non oltre i dodici metri, e con una criticità strutturale significativa già sotto i quattro metri, nel tempo Hamas ha saputo migliorarne la costruzione, aumentandone la profondità, le dimensioni e la disponibilità di locali di rifugio e di ampie aree logistiche di stoccaggio per equipaggiamenti militari.

La fase attuale di utilizzo di queste infrastrutture sotterranee si è distinta per un ulteriore salto di qualità imposto dagli strateghi di Hamas, che hanno definito, in una prima fase, la funzione strategica dei tunnel nella condotta di operazioni offensive, così come rilevato dalle forze di difesa israeliane durante l'operazione *Protective Edge*, nel 2014, che portò allo studio e alla successiva distruzione da parte israeliana di limitati tratti di tunnel. Oggi, con il cambio di paradigma a tutti i livelli – tattico, operativo e strategico – l'infrastruttura sotterranea di Hamas è entrata in una seconda fase concettuale, assumendo un prioritario valore strategico nelle operazioni difensive, come dimostrato nella prima fase terrestre dell'operazione israeliana *Iron Swords* del 2023/'24.

È dunque un *asset* militare riconosciuto come vitale per Hamas, che in tale ottica godrebbe oggi della disponibilità di un numero di tunnel utilizzabili per attività militari non inferiore a mille. Calcolando un costo medio di circa quattro milioni di dollari al chilometro per le parti accessibili a veicoli, stazioni intermedie situate a differenti livelli, con la disponibilità di rifugi, magazzini, ospedali, sale e cucine, e considerando i sistemi di elevatori e montacarichi necessari per il trasferimento dei razzi in superficie, l'investimento totale stimato è di quasi due miliardi di dollari. È innegabile, a fronte degli investimenti fatti, il valore strategico di tale articolata infrastruttura.

I tunnel come priorità strategica

Diversi fattori hanno probabilmente motivato le decisioni di Hamas nella costruzione di questa vasta rete di tunnel. Ad esempio, la scelta potrebbe essere letta come una compensazione al percepito squilibrio di potere dovuto alla superiorità militare di Israele. Secondo un comandante di Hamas, Abu Laith, i bombardamenti aerei e la sorveglianza aerea effettuati dalle forze israeliane durante l'operazione *Cast Lead* (*Piombo Fuso*) nel 2008 hanno provocato perdite significative a danno di Hamas, spingendolo a scavare tunnel operativi nel territorio israeliano come strategia per trasferire la battaglia sottoterra.[102] Raggiungendo profondità superiori ai dieci metri, i tunnel permettono ai militanti di Hamas di limitare la capacità di rilevamento da parte israeliana e, al contempo, offrono la disponibilità di locali nascosti per le armi e gli equipaggiamenti, garantendo un evidente vantaggio difensivo.[103]

La decisione di impegnarsi nella costruzione di tunnel è stata spesso giustificata da Hamas specificamente come mezzo per "livellare il campo di gioco", bilanciando le proprie capacità con quelle avversarie. Khaled Meshal, uno dei *leader* di Hamas, ha descritto la motivazione alla base della costruzione della rete di tunnel descrivendola come una risposta, efficace e perseguibile, alle maggiori capacità militari di Israele: «Alla luce dello squilibrio di potere che si è spostato verso Israele, abbiamo dovuto essere creativi nel trovare approcci innovativi. I tunnel erano una delle nostre innovazioni. Come si suol dire, la necessità è la madre dell'invenzione».[104] Inoltre, in un raduno a Gaza nel marzo 2014, il *leader* di Hamas Ismail Haniyeh dichiarò che:

> «I tunnel [...] sono la nuova strategia di Hamas nella guerra contro Israele - la strategia dei tunnel. Da sotto terra e sopra terra, voi, gli occupanti, sarete allontanati. Non avete posto nella terra di Palestina... Quello che le forze di resistenza stanno preparando segretamente per il prossimo confronto con Israele va oltre l'immaginazione di Israele».[105]

I tunnel sono quindi stati esaltati dalla *leadership* di Hamas come "arma segreta" dei loro attacchi di successo e della loro nuova strategia di guerra. Coerentemente con questa visione, un documento condiviso con le altre fazioni palestinesi, descrivendo lo scopo dei tunnel, affermava che i tunnel avrebbero posto «una sfida senza precedenti a Israele». Il documento

---

[102] Kais R., *Hamas fighter: We have more weapons, can hit more Israeli cities*, Ynet News, 7 agosto 2014, in https://www.ynetnews.com/articles/0,7340,L- 4555937,00.html.

[103] Berman L., *Tunnels still intact, say Hamas, Al-Jazeera*, The Times of Israel, 8 agosto 2014, in http://www.timesofisrael.com/tunnels-still-intact-say-hamas-commander-al-jazeera/.

[104] Rubenstein D., *Hamas' tunnel network: A massacre in the making*, Jerusalem Center for Public Affairs, in https://jcpa.org/hamas-tunnel-network/.

[105] Lubell M., *Tunnel attack fear turn Gaza border kibbutzim into a ghost town*, Reuters, 22 luglio 2014, in http://www.reuters.com/article/2014/07/22/us- palestinians-israel-tunnels-idUSKBN0FR1KV20140722.

rivelava le intenzioni del gruppo di sferrare un attacco a sorpresa che avrebbe lasciato a Israele poche opportunità di difendersi.[106]

Tuttavia, l'opportunità fornita dall'esperienza precedente di Hamas nella costruzione di tunnel di contrabbando è probabilmente il principale fattore motivante nella decisione di costruire un'ampia rete sotterranea per scopi operativi. Come descritto sopra, i precedenti tunnel di contrabbando hanno certamente svolto un ruolo nel facilitare l'importazione di carburante, veicoli, armi, esplosivi, razzi e altri strumenti strategici utilizzati da Hamas per combattere le Idf.[107] Tuttavia, in passato hanno anche fornito a Hamas una via strategica per condurre attacchi contro i centri operativi delle Idf situati all'interno di Gaza. Prima che Israele si ritirasse da Gaza nel 2005, ci furono diversi casi segnalati di attacchi sferrati piazzando dispositivi esplosivi in tunnel situati sotto le posizioni occupate dai soldati israeliani.[108] La detonazione di un dispositivo esplosivo piazzato sotto una base delle Idf nel 2001 portò al ferimento di tre soldati; in un altro caso analogo trovò la morte un soldato israeliano, altri cinque furono feriti.[109] Scenari come questi hanno svolto un ruolo prodromico all'adozione sistematica della guerra sotterranea contro Israele.

Infine, un altro aspetto interessante è l'impatto conseguente alla disoccupazione che affligge la Striscia di Gaza. Una lettura che definisce lo sviluppo del sistema di tunnel come conseguenza della volontà di fornire lavoro a migliaia di miliziani del movimento che non hanno nulla da fare quando non combattono. Secondo Shlomi Eldar, un editorialista di *Al-Monitor's Israel Pulse*, scavare tunnel fornisce un'occupazione operativa a migliaia di membri di Hamas con un forte desiderio di combattere. Scavare tunnel darebbe quindi a questi uomini una forma di distrazione e la speranza che la capacità di condurre operazioni contro Israele sia potenziata dal lavoro da loro svolto.[110]

---

[106] Amer A., *Tunnel May Signal Shift in Hamas-Israel Conflict*, Al-Monitor, 22 ottobre 2013, in http://www.al- monitor.com/pulse/originals/2013/10/gaza-tunnel-israel-shift-hamas-war.html#.

[107] Rubenstein D., *Hamas' tunnel network: A massacre in the making*, cit.

[108] McCoy T., *How Hamas uses its tunnels to kill and capture Israeli soldiers*, 21 luglio 2014, in http://www.washingtonpost.com/news/morning- mix/wp/2014/07/21/how-hamas-uses-its-tunnels-to-kill-and-capture-israeli-soldiers/.

[109] Eldar S., *Hamas Spends Downtime Digging Tunnels*, Al-Monitor, 15 ottobre 2013, in http://www.al-monitor.com/pulse/originals/2013/10/hamas-gaza- tunnels-israel-jihad.html.

[110] *Ibid.*

Il sostegno di Corea del Nord, Iran, Hezbollah e Qatar

Dalla pianificazione alla costruzione

Le menti palestinesi dietro all'ideazione e all'implementazione della rete di tunnel sarebbero Mohammed Deif, *leader* delle brigate *Izz ad-Din al-Qassam*, e il suo predecessore Ahmed al-Jaabari, l'ex capo operativo delle brigate, che fu ucciso dagli israeliani nel 2012.[111] Data la complessità del coordinamento di tale operazione, rilevano Watkins e James, è probabile che gli appartenenti al gruppo coinvolti nel processo di pianificazione ed esecuzione siano molti di più.[112]

Sebbene gran parte del processo di costruzione abbia riproposto l'approccio già visto nella realizzazione dei tunnel utilizzati nei precedenti decenni per il contrabbando, alcune fonti[113] notano altre influenze sullo sviluppo del sistema di tunnel verso Israele, in particolare quelle che riconducono al ruolo del libanese Hezbollah, dell'Iran e della Corea del Nord, oltre al contributo di Qatar ed Emirati Arabi Uniti, che avrebbero aiutato Hamas finanziando la costruzione dei tunnel.[114] Inoltre, negli ultimi anni, Hamas avrebbe perfezionato l'arte della costruzione e dell'impiego dei propri miliziani, addestrati a combattere in ambiente urbano e sotterraneo, grazie al contributo esperienziale in termini di tecniche, tattiche e procedure apprese dai ribelli siriani e dai militanti *jihadisti* ad Aleppo.

L'implementazione di questo complesso progetto ha richiesto il possesso di molteplici competenze tecniche, oltre al coinvolgimento di tecnici specializzati in ingegneria strutturale, geologia, ingegneria elettrica e miniere, sul cui ruolo non abbiamo però conferme.[115] Non abbiamo infatti sufficienti informazioni per affermare con certezza se l'organizzazione abbia cercato competenze specifiche per migliorare la propria capacità di *tunneling*,[116] o se abbia acquisito l'esperienza tramite un processo basato su

---

[111] *Targeting Additional Hamas Financial Networks*, US State Department, Press statement, Matthew Miller, department spokesperson, 22 gennaio 2024, in:
https://www.state.gov/targeting-additional-hamas-financial-networks/.
[112] Watkins N. J., James A. M. (2016), *Digging Into Israel*, cit.
[113] Halevi J., *Hamas' Attack Tunnels: Analysis and Initial Implications*, Jesusalem Center for Public Affairs, 22 luglio 2014, in: https://jcpa.org/hamas- attack-tunnels/.
[114] *Ibid.*
[115]Watkins N. J., James A. M. (2016), *Digging Into Israel*, cit.
[116] La costruzione di gallerie, nota anche come *tunneling*, di cui più oltre si parlerà in maniera approfondita.

tentativi ed errori. Tuttavia, Israele avrebbe identificato quello che può essere considerato il principale ingegnere elettrico e meccanico di Hamas, Akram Juda, incriminato da Israele per responsabilità nell'assemblaggio di motori per trapani, di razzi e bombe, e per il ruolo svolto nella realizzazione e messa in funzione degli impianti elettrici sotterranei. Sulla base degli atti di incriminazione israeliana, Juda avrebbe assunto l'incarico nel 2009, a fronte di un compenso di trecento dollari al mese.[117]

Anche se il numero di Stati che supportano le operazioni di combattimento di Hamas rimane limitato, l'acquisizione di competenze ingegneristiche potrebbe essere stata fortemente influenzata da Hezbollah e dall'Iran. Nel periodo precedente la Seconda Guerra del Libano (12 luglio - 14 agosto 2006), l'Iran avrebbe incaricato Hezbollah di assistere Hamas nello sviluppo di tunnel sotterranei, così da ottenere un vantaggio nel confronto con Israele.[118] I tunnel d'attacco rinvenuti sotto la Striscia di Gaza sembrano infatti riflettere la stessa sofisticatezza e ingegnosità di quelli costruiti da Hezbollah nel sud del Libano. A sua volta, Hezbollah sarebbe stato supportato dalla Corea del Nord attraverso la disponibilità di ingegneri nelle fasi progettuale e realizzativa. La collaborazione tra questi attori è stata probabilmente guidata dagli stessi fattori che sottendono alla loro collaborazione generale: l'obiettivo comune di "minare" Israele (in questo caso, letteralmente).[119]

Questo nonostante il mancato sostegno di Hamas a Bashar Al-Assad nella guerra civile siriana (marzo 2011-dicembre 2024) che ha portato a un allontanamento tra il gruppo palestinese e Hezbollah/Iran. Attriti poi superati dalla comune volontà di colpire Israele e dal sempre più solido rapporto con l'Iran[120] e con Hezbollah.[121]

---

[117] Yonah J.B., *Israel indicts Hamas tunnel engineer*, The Jerusalem Post, 11 novembre 2014, in: http://www.jpost.com/Arab-Israeli-Conflict/Israel- indicts-Hamas-tunnel-engineer-381466.
[118] Harris E., *The Long History of the Gaza Tunnels*, NPR, 26 luglio 2014, in: http://www.npr.org/sections/parallels/2014/07/26/335332220/the-long-history-of- the-gaza-tunnels.
[119] Karouny M., *Hamas calls on Hezbollah to unite fight against Israel*, Al Arabiya News, 22 gennaio 2015.
[120] *Ibidem.*
[121] *Losing Ground in Arab World, Hamas Seeking Iranian Support and New Front Against Israel*, The Tower, 19 febbraio 2015, in: http://www.thetower.org/1643oc-losing-ground-in-arab-world-hamas-seeking- iranian-support-and-new-front-against-israel/.

L'ingegneria a supporto della strategia

Mentre l'attenzione dell'opinione pubblica globale si concentrava sugli eventi superficiali nella Striscia di Gaza, al di sotto delle macerie continuava a svilupparsi un intricato labirinto di tunnel rappresentativo di una capacità, spesso trascurata, di resilienza, intraprendenza e raffinata capacità ingegneristica. Una prova di resilienza e capacità che conferma l'estrema adattabilità umana di fronte alle minacce; una capacità che si è concretizzata, in particolare, nell'ambito dell'ingegneria mineraria.

Tunnel utilizzati per attività di contrabbando o con finalità belliche sono strutture raramente studiate dal punto di vista ingegneristico data la loro limitata estensione e funzionalità spesso provvisoria. Al contrario, la vasta rete di tunnel costruita sotto la Striscia di Gaza rappresenta un caso studio eccezionale, in particolare perché tali strutture sotterranee non sono state progettate e costruite attraverso le pratiche ingegneristiche tradizionali, bensì, attraverso l'utilizzo di sottili elementi prefabbricati in calcestruzzo e con elementi murari che sono un elemento strutturale critico. Ebbene, per quanto siano stati riportati alcuni casi di cedimenti strutturali e crolli, un gran numero di tunnel è rimasto stabile nel tempo, riuscendo in alcuni casi addirittura a sostenere i bombardamenti aerei e dell'artiglieria in superficie.

Questo paragrafo, le cui riflessioni intendono contribuire alla lettura storico-ingegneristica della costruzione e dell'utilizzo dei tunnel di Gaza, si concentra sugli aspetti tecnici e ingegneristici della costruzione di gallerie in ambienti caratterizzati da vincoli significativi; vengono qui esaminati storicamente le metodologie di costruzione dei tunnel nella Striscia di Gaza dal punto di vista dell'industria mineraria.[122]

Tunneling e "ingegneria intuitiva": da necessità tattica a opportunità strategica

La costruzione di gallerie, noto anche come *tunneling*, è un processo complesso e impegnativo che richiede un'attenta pianificazione ed esecuzione. Nella Striscia di Gaza, come abbiamo avuto modo di illustrare, la costruzione delle infrastrutture sotterranee conferma come la tecnica

---

[122] AA.VV., *Beneath the Surface: Engineering Resilience in the Tunnels of Gaza*, Skilling, Mining Review, 24 ottobre 2023, in: https://skillings.net/engineering-resilience-in-the-tunnels-of-gaza/.

utilizzata sia un chiaro esempio di applicazione in un conflitto armato di tecniche ingegneristiche.

I tunnel scavati da Hamas, costruiti segretamente e spesso scavati a mano o con attrezzature rudimentali, hanno rappresentato una sfida significativa in termini costruttivi in relazione alle condizioni del terreno e del rischio di individuazione e distruzione da parte avversaria. In questa prospettiva, la tecnica di *tunneling* utilizzata da Hamas è l'esempio pratico di come le strategie militari si adattino e si sviluppino in relazione a specifiche condizioni, sia geografiche che politiche.[123]

Dal punto di vista tecnico, il *tunneling* si riferisce alla pratica di scavare e costruire tunnel e richiede una pianificazione accurata e competenze ingegneristiche che garantiscano la sicurezza strutturale per evitarne crolli. I terreni in cui si costruiscono le infrastrutture sotterranee sono generalmente raggruppati in quattro grandi categorie, a seconda della tipologia di terreno: terreno soffice, costituito da terreno e roccia molto debole; roccia dura; rocce tenere, come scisto, gesso e arenaria friabile; e subacqueo. Il quadro topografico e geologico della Striscia è caratterizzato prevalentemente dalla composizione sabbiosa del suolo dal terreno costiero pianeggiante. Da un punto di vista ingegneristico, queste condizioni pongono sfide significative: l'instabilità intrinseca del suolo sabbioso, unita all'alta falda freatica dovuta alla vicinanza di Gaza al Mar Mediterraneo, richiede considerazioni tecniche specifiche per gestire le criticità conseguenti al rischio di collasso dei tunnel, per garantirne la ventilazione e controllarne l'infiltrazione dell'acqua.

I tunnel di Gaza rappresentano dunque l'unico esempio contemporaneo di una vasta rete di tunnel scavati in materiale sabbioso, generalmente considerato come un terreno senza coesione. I tipi di terreni sabbiosi o argillosi comuni a Gaza hanno reso più facile per Hamas scavare i tunnel e più difficile per Israele distruggerli. I tre principali tipi di terreno nell'*enclave* sono le dune di sabbia, composte di materiale sabbioso con particelle a grana fine, il *loess* fluviale ed eolico, materiale limoso o argilloso, generalmente a bassa umidità, e l'arenaria calcarea, conosciuto anche come *kurkar*, più compatto e robusto.

Dal punto di vista ingegneristico, c'è una compensazione alla base della pianificazione di scavo in terreni morbidi e terreni duri. Se è

---

[123] *Ibidem.*

significativamente più facile scavare attraverso materiale più morbido, per contro, lo scavo risulta essere meno stabile, con un rischio di crollo maggiore che richiede una struttura di rinforzo più robusta. Apparentemente, per i tunnel di Gaza, lo scavo è stato limitato agli strati superiori del *kurkar*, molto probabilmente in relazione ai metodi di scavo manuali adottati.

Anche nelle aree più difficili – come le dune vicino alla costa mediterranea che sono soggette a infiltrazioni d'acqua – Hamas ha goduto di un'adeguata disponibilità di materiali da costruzione e risorse per adattarsi al tipo di terreno: si rileva un numero elevato di tunnel molto profondi che sono stati rinforzati con cemento, a conferma del fatto che Hamas ha investito molto denaro e manodopera nell'attività di costruzione poiché scavare più in profondità richiede più risorse, più manodopera e più energia.

La natura sabbiosa del terreno offre il vantaggio di essere favorevole per scavi rapidi e non qualificati, e questo è un vantaggio per Hamas. Al contempo, la relativa mollezza del suolo di Gaza è anche uno svantaggio per le squadre delle Idf impegnate a ripulire e distruggere la rete di tunnel poiché il terreno morbido riduce l'efficacia nell'uso di esplosivi, assorbendone la forza dirompente, da parte delle unità israeliane deputate alla distruzione dell'infrastruttura sotterranea. Se a questo aggiungiamo l'ampio utilizzo di porte blindate, si riducono ulteriormente gli effetti della forza esplosiva che si propaga attraverso il tunnel.[124]

Nelle tipiche operazioni minerarie, lo scavo di gallerie in terreni simili impiegherebbe il *Tunneling Epb* (*Earth pressure balance*), una tecnica sofisticata che utilizza materiale di scavo per controbilanciare la pressione del terreno. Tuttavia, il contesto geopolitico della Striscia di Gaza, compresi i rigidi blocchi e la scarsità di risorse, ha imposto la ricerca di approcci alternativi. L'assenza di macchinari e materiali avanzati ha portato a uno stile ingegneristico improvvisato che sfrutta ciò che è disponibile, spesso riutilizzando oggetti di uso quotidiano per ottenere supporto strutturale, circolazione dell'aria e controllo dell'acqua.[125]

---

[124] Elmo D., Mitelman A. (2023), *A Case Study of Thin Concrete Wall Elements Subjected to Ground Loads*, Buildings, 13, 713, in: https://doi.org/10.3390/buildings13030713.
[125] AA.VV., *Beneath the Surface: Engineering Resilience in the Tunnels of Gaza*, Skilling, Mining Review, 24 ottobre 2023, in: https://skillings.net/engineering-resilience-in-the-tunnels-of-gaza/.

Una delle sfide principali in questo ambiente sabbioso è prevenire il collasso della struttura. Senza la disponibilità di sistemi di supporto robusti e prefabbricati, i costruttori palestinesi hanno inizialmente optato per l'utilizzo di materiali come il legno, proveniente da mobili smantellati, o rottami metallici che, pur non essendo ideali, hanno mostrato flessibilità e un certo grado di resilienza sotto pressione, contenendo il rischio di crolli. Con il tempo, all'arte dell'adattamento a ciò che fosse disponibile si è sostituita la capacità di approvvigionamento di materiali tecnici e professionali da costruzione.

La ventilazione, aspetto critico in qualsiasi infrastruttura sotterranea, è un altro ambito in cui per molto tempo ha regnato l'improvvisazione. La mancanza di sistemi di ventilazione ad alta potenza fa sì che i costruttori di gallerie abbiano spesso fatto ricorso a metodi rudimentali: dall'utilizzo di classici ventilatori elettrici all'adattamento dei metodi tradizionali, probabilmente derivati da antiche pratiche simili alle strutture come il *qanat* (un vecchio sistema di tunnel sotterranei e pozzi per l'irrigazione, originario delle regioni aride del Medioriente). Questa dipendenza da tecniche arcaiche, adattate alle esigenze moderne, sottolinea l'utilità delle passate tecniche costruttive, spesso economiche e funzionali. Metodi che, sebbene lontani dagli *standard* adottati nelle operazioni minerarie convenzionali, hanno dimostrato di essere essenziali e funzionali, fornendo il flusso d'aria necessario alla sopravvivenza umana sotto la superficie.[126]

Anche la gestione delle risorse idriche presenta ostacoli di rilievo. La posizione costiera della Striscia di Gaza è una sfida costante a causa delle infiltrazioni d'acqua; senza rivestimenti impermeabili o pompe di raccolta, i metodi di drenaggio manuale e per gravità hanno assunto un ruolo primario nella difesa contro le inondazioni.

Inoltre, altro aspetto prioritario è quello relativo alla sicurezza. La sicurezza è fondamentale in qualsiasi progetto ingegneristico, a maggior ragione in gallerie dove il rischio è accentuato dall'assenza di tecnologie avanzate. La manutenzione regolare diventa pertanto una necessità, non una scelta. In tale ottica, i tunnel di Gaza sarebbero sottoposti a frequenti controlli, con lavoratori addestrati ad ascoltare suoni particolari o osservare segni che possono suggerire potenziali fragilità, cedimenti o crolli

---

[126] *Ibidem.*

imminenti. Quella che possiamo chiamare ingegneria intuitiva si basa sull'esperienza piuttosto che sul nozionismo e diventa un'abilità di sopravvivenza fondamentale. Sebbene, si rileva, non è da escludere il contributo concreto di tecnici specializzati in ingegneria strutturale, geologia, ingegneria elettrica e miniere, di cui parleremo nel successivo paragrafo.

Meritano poi di essere menzionati anche gli strumenti di comunicazione e coordinamento sotterraneo. Se nelle operazioni minerarie professionali i sistemi di comunicazione sono integrati, nell'ambiente ristretto di Gaza hanno trovato applicazione metodi più semplici: le informazioni sulle esigenze di manutenzione, di intervento, gli aggiornamenti strutturali o persino le comunicazioni di emergenza avvengono spesso attraverso una catena umana, dove ogni singolo soggetto è responsabile della sicurezza del gruppo di fronte al pericolo comune e dove, parimenti, la comunità ripone la propria fiducia sull'operato dei singoli.

Non si possono poi trascurare l'aspetto elettrico e l'illuminazione all'interno delle gallerie. La mancanza di alimentazione elettrica stabile fa sì che gli ingegneri e gli operai delle gallerie ricorrano spesso a metodi creativi, come impianti elettrici improvvisati o luci portatili ricaricabili, per illuminare i corridoi altrimenti bui. Soluzioni che confermano il tema costante dell'adattamento e dell'improvvisazione.

Vale anche la pena discutere di come queste prodezze ingegneristiche vengano tramandate e migliorate nel tempo. Le competenze necessarie per la costruzione e la manutenzione di queste gallerie, nate dalla necessità, vengono spesso trasferite di generazione in generazione attraverso l'apprendistato e la formazione pratica piuttosto che attraverso l'istruzione nozionistica. Questo trasferimento di conoscenza non solo preserva le tecniche ingegneristiche più adattate alle specifiche circostanze, ma stimola anche il formarsi di una cultura della resilienza e dell'intraprendenza.[127]

Infine, ma non da ultimo, l'importanza ricoperta dall'aspetto umano. Hamas e il gruppo Jihad islamico palestinese impiegano migliaia di persone nelle opere di scavo, su turni che coprono tutte le ore del giorno e della notte, e questo per tutti i giorni. E lavorare alla costruzione dei tunnel, non è solo impegnativo dal punto di vista fisico, ma anche sul piano psicologico. Il

---

[127] AA.VV., *Beneath the Surface*, cit.

rischio costante e incombente, la mancanza di luce e di spazio così come l'incertezza forgiano una capacità di resilienza psicologica che è parte integrante del *modus vivendi* di questa comunità. Questa forza mentale è una pietra miliare dell'intera operazione di scavo, evidenziando un aspetto spesso trascurato delle opere ingegneristiche: la psiche umana. Nel caso della popolazione di Gaza emerge quanto elevato sia il valore attribuito all'infrastruttura sotterranea, un valore espresso in termini che possiamo definire esistenziali.

Il perimetro di sicurezza per la costruzione dei tunnel

Un aspetto importante di qualsiasi impresa ingegneristica complessa è la sicurezza, sia di coloro che stanno implementando il progetto, sia del progetto stesso. È difficile accertare dalle fonti aperte le misure di sicurezza, se presenti, applicate a coloro che sono impegnati nella costruzione dei tunnel. Tuttavia, poiché i "minatori" sono tenuti in alta considerazione all'interno dell'organizzazione, è ragionevole presumere che Hamas abbia adottato alcune norme di sicurezza per proteggere i suoi lavoratori nei tunnel.[128]

Il gruppo sembra poi aver preso significative precauzioni per nascondere le ubicazioni dei tunnel e ostacolare la raccolta di informazioni delle Idf. I tunnel sono strettamente sorvegliati dai membri di Hamas, e i civili sono tenuti a grande distanza dai siti.[129] Per garantire che i lavoratori dei tunnel non registrino alcun aspetto del loro lavoro, Hamas conduce perquisizioni corporee alla ricerca di dispositivi di registrazione.[130] Ad alcuni minatori sarebbe stato imposto di celare il volto e utilizzare nomi in codice. Misure di sicurezza che sono state adottate per ridurre il rischio di una fuga di notizie da parte dei minatori a favore di Israele. Secondo alcune fonti risulterebbe che alcuni minatori sarebbero stati giustiziati da Hamas perché sospettati di aver trasmesso informazioni sui tunnel a Israele.[131]

---

[128] Watkins N. J., James A. M. (2016), *Digging Into Israel*, cit.
[129] Newman M., *Hamas said to have executed dozens of tunnel diggers*, The Times of Israel, 11 agosto 2014, in: http://www.timesofisrael.com/hamas-said-to- have-executed-dozens-of-tunnel- diggers/?fb_comment_id=754502417921880_755631041142351#f1d7925a8c.
[130] *Ibid.*
[131] *Ibid.*

Costruzione, struttura e costi

L'organizzazione dei lavori e la pianificazione logistico-operativa

Le identità delle figure chiave incaricate di intraprendere la costruzione dei tunnel come strategia operativa contro Israele non sono completamente note. Questo è in gran parte dovuto alla complessa struttura della *leadership* e al processo decisionale all'interno di Hamas.[132] Nonostante l'ambiguità riguardo alla struttura di *leadership* del gruppo, alcuni esperti sostengono che la decisione di implementare la strategia dei tunnel sia da ricondurre a Mohammed Deif, capo delle brigate *Izz ad-Din al-Qassam*.[133] Brigate che avrebbero dunque la responsabilità della costruzione, manutenzione e gestione dei tunnel. Alcuni combattenti hanno addirittura descritto questi tunnel come sinonimo delle loro stesse case, poiché hanno costruito i tunnel "con le loro stesse mani".

Hamas accetta il rischio significativo di disilludere i suoi militanti e alienare il popolo di Gaza con la strategia dei tunnel, poiché la risposta di Israele ha spesso provocato migliaia di vittime, inclusi civili, così come l'ampia distruzione delle infrastrutture all'interno di Gaza. Inoltre, la costruzione dei tunnel è stata riconosciuta come un lavoro altamente pericoloso, con numerose vittime causate dai crolli.[134] Pertanto, la dedizione verso la causa generale rimane un fattore importante nel determinare se e quanto Hamas possa essere resiliente, poiché sono i militanti *Izz ad-Din al-Qassam* a costruire i tunnel e a effettuare gli attacchi attraverso di essi. Come evidenziato dai rapporti su Hamas, che riprende immediatamente la costruzione dei tunnel dopo l'operazione *Protective Edge* (*Margine Protettivo*),[135] i suoi *leader* sono disposti ad accettare i rischi per la popolazione palestinese associati alla strategia sotterranea.

---

[132] Watkins N. J., James A. M. (2016), *Digging Into Israel*, cit.

[133] *Deep underground, Mohammed Deif shapes Hamas war with Israel*, The Jordan Times, 14 agosto 2014, in http://www.jordantimes.com/news/region/deep- underground-mohammed-deif-shapes-hamas-war-israel.

[134] Xinhua, "Tunnel cave-in kills five Hamas militants in Gaza: security officials," Globaltimes, 19 giugno 2014, in: https://www.globaltimes.cn/content/866651.shtml; e "Hamas Operative Killed in Fourth Gaza Tunnel Collapse in Recent Weeks."

[135] Shlomi E., *Hamas focuses on rebuilding tunnels as Gazans Suffer*, Almonitor, 5 marzo 2015, in: https://www.al- monitor.com/pulse/originals/2015/05/hamas-digging-tunnels-attack-israel-blockade- gaza-strip.html.

Realizzazione degli scavi, tempi e manodopera

La dimensione sotterranea dell'*enclave* palestinese è un lungo labirinto di cunicoli. Come ha fatto Hamas a costruire quella che è considerata la più grande infrastruttura sotterranea in uso a un attore non statale?

Come ho avuto modo di illustrare in un'intervista ad Adnkronos,

> «con grande difficoltà all'inizio, ma con crescente facilità e maggiore manovrabilità all'aumentare della profondità perchè il terreno in cui sono stati scavati i tunnel è caratterizzato da sedimenti non coesi. Si parla di tre metri al giorno, con una manovalanza specializzata, dotata di martelli pneumatici elettrici, quindi minore emissione rumorosa, ma al contempo minore capacità di rompere lo strato di carbonato di calcio. Materialmente sono scesi giù come un pozzo in verticale e poi progressivamente si sono spostati in orizzontale e hanno iniziato a spostarsi da Gaza all'area di frontiera, utilizzando strumenti di facile reperibilità sul mercato civile».[136]

Come rilevano Watkins e James, la necessità di garantire una fitta cornice di sicurezza è forse l'aspetto maggiormente critico e questo impone di adottare misure estremamente stringenti per evitare di essere scoperti dalle forze israeliane.[137] Durante l'operazione *Protective Edge* (*Margine Protettivo*), in particolare, Israele ha dispiegato importati risorse di sorveglianza aerea (*droni*) su Gaza al fine di osservare i potenziali scavatori e, così, intercettare gli accessi ai tunnel. Per compensare il rischio posto dalla sorveglianza di Israele, Hamas ha imposto ai propri lavoratori misure particolarmente raffinate per garantire che gli accessi ai tunnel fossero occultati e che il processo di scavo fosse svolto in maniera quanto più discreta possibile.[138] Le aperture dei tunnel camuffate sono praticamente impossibili da rilevare con le tecniche convenzionali di *imaging* aereo, rendendo in questo modo pressoché inefficaci i *droni* Uav ampiamente utilizzati dalle Idf per mantenere la sorveglianza su Gaza; le pratiche deliberate di Hamas per evitare il rilevamento superficiale hanno così

---

[136] Virdis, A., *Maxi tunnel Hamas a Gaza, l'esperto: "Costato milioni di euro, fiumi di soldi da fondi dirottati. Intervista a C. Bertolotti*, 20 dicembre 2023, ADNKRONOS, in: https://www.adnkronos.com/internazionale/esteri/israele-hamas-tunnel-gaza-quanto-costano_5uYVmMOYhyyvuw3v08gv4Z.
[137] Watkins N. J., James A. M. (2016), *Digging Into Israel*, cit.
[138] *Ibidem.*

imposto alle Idf di ricorrere a tecniche di rilevamento geofisico complesse e precarie per localizzare attività sotto-superficiali.[139]

Questa necessità di mantenere "sotto traccia" le operazioni clandestine di scavo ha portato all'uso massiccio di strumenti di lavoro poco rumorosi, e quindi poco potenti, in alternativa ad attrezzature ad elevata prestazione ma ad alta emissione rumorosa. Un'opzione necessaria che, in molti casi, ha indotto alla scelta di attività manuali di scavo, con martelli elettrici o pneumatici per bucare la roccia dura o il terreno compatto,[140] mentre la maggior parte delle operazioni di scavo svolta in terreni più morbidi o in sabbia ha visto l'utilizzo di pale a mano. Gli scavatori si sforzano di scavare la terra in maniera il più discreta possibile, spesso rimuovendo poco alla volta la terra estratta in scatole o sacchi per ridurre il rischio di scoperta da parte israeliana. E mentre gli scavatori avanzano attraverso il tunnel, rimuovendo terra e rocce, i margini laterali e la volta dei tunnel vengono rinforzati da pannelli di cemento prodotti in prossimità dell'attività di scavo.

Le fonti suggeriscono che siano coinvolti nel processo di scavo tra i cinque e i sette militanti alla volta,[141] in grado di lavorare sottoterra per lunghi periodi di tempo, nell'ordine delle settimane, grazie a una buona organizzazione logistica e alla disponibilità di consistenti scorte di cibo e acqua. Salvo incidenti in corso d'opera, i "minatori" sono in grado di avanzare a una media di circa tre-cinque metri al giorno, portando al completamento dei tunnel in dieci mesi, sebbene siano stati trovati tunnel più complessi e profondi che avrebbero richiesto fino a due anni per essere costruiti e resi operativi. Considerati membri *d'élite* delle brigate *Izz ad-Din al-Qassam*, e per questo generosamente ricompensati, i "minatori" fanno capo all'Unità di Ingegneria delle brigate *Izz al-Din al-Qassam* che, come abbiamo detto, è l'organizzazione responsabile della costruzione e gestione dei tunnel.

---

[139] Slesinger I. (2020), *A Cartography of the Unknowable*, cit.

[140] Ginsburg M., *How Hamas Dug its Gaza 'Terror Tunnel' and How the Idf Found it*, The Times of Israel, 16 ottobre 2013, in http://www.timesofisrael.com/how-the-tunnels-in-gaza-are-dug-and-detected/; e Tom Cohen, "CNN's Wolf Blitzer goes into a Hamas tunnel," CNN, July 30, 2015. In: http://www.cnn.com/2014/07/28/world/meast/israel-gaza-tunnels-wolf/index.html. According to a deputy commander for the Israeli Southern Gaza Brigade, Hamas obtains the requisite electricity from Israel to power the jackhammers and lighting used during the excavation process.

[141] Watkins N. J., James A. M. (2016), *Digging Into Israel*, cit.

Il costo totale della costruzione dei tunnel è stato stimato impegni circa il quaranta per cento del *budget* totale di Hamas,[142] mentre per ogni tunnel è stimato un costo di scavo variabile da sessantamila a duecentomila dollari, a cui vanno sommati i costi di allestimento e mantenimento che ammonterebbero a circa un milione di dollari. Sebbene molto costosi da allestire e mantenere, la rapida ripresa dell'attività di costruzione sotterranea subito dopo l'operazione *Protective Edge* (*Margine Protettivo*) sembra indicare che l'organizzazione abbia sufficienti risorse finanziarie sia per costruire i tunnel che per ripristinarli in seguito ad azioni demolitive da parte israeliana.

Come può Hamas permettersi di costruire tunnel che richiedono disponibilità finanziarie così elevate? Rinunciando o riducendo il numero di abitazioni civili e strutture pubbliche per la popolazione di Gaza, Hamas avrebbe investito milioni di dollari e altre risorse nella costruzione e gestione della sua massiccia rete di tunnel. Ogni mese, per anni, Israele ha trasferito materiali da costruzione a Gaza destinate all'allestimento di abitazioni, ospedali, scuole e biblioteche e, più in generale, infrastrutture per migliorare la qualità della vita degli abitanti di Gaza. Hamas ne ha invece destinato una buona parte per estendere la propria rete sotterranea, di fatto creando la nuova dimensione del campo di battaglia.[143]

Struttura e dimensioni dei tunnel

I tunnel operativi di Hamas consistono di norma in un unico pozzo principale, collegato a molteplici diramazioni che conducono a differenti obiettivi e destinazioni, sia all'interno di Gaza sia in territorio israeliano al fine di facilitare gli attacchi a sorpresa. I tunnel stessi iniziano tipicamente da una posizione occultata a Gaza, in genere sfruttando la presenza di strutture civili, come rimesse per animali o abitazioni civili per le quali Hamas paga una compensazione in forma di "affitto".[144] Durante l'operazione *Protective Edge* (*Margine Protettivo*), le Idf hanno rilevato la

---

[142] Miller E., *From tunnels to R-160s, a primer on Hamas and its deadly capabilities*, The Times of Israel, 31 luglio 2014, in: https://www.timesofisrael.com/from-tunnels-to-r-160s-a-primer-on-hamas-and-its-de adly-capabilities/.
[143] Idf editorial team, *Everything You Need to Know About Hamas' Underground City of Terror*, Israel Defense Forces, 31 luglio 2014, in: https://www.Idf.il/en/mini-sites/the-hamas-terrorist-organization/everything-you-need-to-know-about-hamas-underground-city-of-terror/.
[144] Watkins N. J., James A. M. (2016), *Digging Into Israel*, cit.

presenza dei pozzi di entrata e uscita dai tunnel principalmente all'interno di edifici civili, pubblici e privati;[145] una scelta che, come abbiamo accennato, è funzionale a ridurre le azioni dirette da parte di Israele, riluttante a colpire infrastrutture civili a causa del rischio di vittime collaterali e conseguenti ripercussioni sul piano mediatico e propagandistico. Altri accessi alle infrastrutture sotterranee, collocate al di fuori del contesto urbano o comunque non direttamente associate a edifici civili, sono molto ben occultati e di difficile individuazione, spesso di dimensioni molto contenute e con aperture inferiori al metro di larghezza, tanto da rendere la ricerca – come confermato da fonti israeliani – pari a trovare un "ago nel pagliaio".[146]

Profondità e lunghezza sono variabili e dipendenti dalle funzioni dei tunnel stessi e dalla conformazione del terreno, ma la maggior parte dei tunnel trovati dalle forze delle Idf durante l'operazione *Protective Edge* (*Margine Protettivo*) avevano profondità variabili da dieci a trenta metri. Tunnel che, scavati a profondità significative prossime ai trenta metri, sono una risposta adattiva alla capacità di rilevamento con i dispositivi sonar utilizzati dagli specialisti israeliani. L'accesso al tunnel di norma avviene mediante scale nella maggior parte dei tunnel con profondi pozzi d'accesso, o mediante ripide pedane per quelli di minor profondità.

A livello strutturale, come illustrato in *Figura 7*, i soffitti sono normalmente sufficientemente alti da permettere ai miliziani di camminare con una postura leggermente curva, sebbene alcuni locali sotterranei siano abbastanza alti da permettere di camminare in posizione eretta. Per quanto riguarda la larghezza, questa è di norma sufficiente da permettere di camminare in fila indiana.

---

[145] Batchelor J., *Hamas' attack tunnels are transforming war with Israel*, Al-Jazeera, 29 luglio 2014, in: https://america.aljazeera.com/opinions/2014/7/gaza- tunnels-hamasisraelIdf.html.
[146] Sherwood H., *Inside the tunnels Hamas built: Israel's struggle against new tactic in Gaza war*, The Guardian, 2 agosto 2014, in: https://www.theguardian.com/world/2014/aug/02/tunnels-hamas-israel-struggle-gaz a-war.

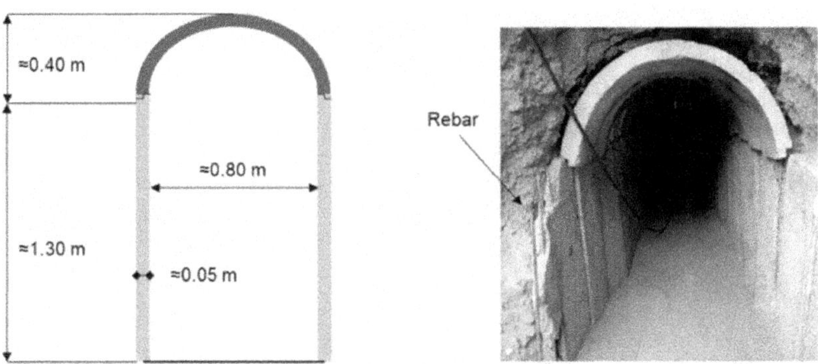

Figura 7. Dimensioni di un tipico tunnel a Gaza. Rappresentazione grafica della sezione (a sinistra) e rilievo di un tunnel reale (a destra). (Foto David Buimovitch/AFP/Getty Images).

Sebbene siano dotati lungo tutto il percorso di fonti di luce, così da consentire ai militanti di vedere a una certa distanza, la visibilità è comunque generalmente limitata. Le dotazioni interne spesso includono dispositivi e strutture che facilitano il movimento di oggetti pesanti (armi, prigionieri o altri materiali), come binari, carrelli e sistemi di carrucole. L'interno delle strutture è anche caratterizzato da reti di fili e cavi visibili dei sistemi elettrici e di comunicazione. Installare linee di comunicazione separate anziché utilizzare la rete cellulare è una scelta dovuta sia alla copertura di rete non affidabile a quelle profondità sia, e ancora più, alle vulnerabilità all'*intelligence* israeliana che è in grado di "penetrare" la rete cellulare.

Capitolo 4
La strategia di Hamas: tunnel e *cognitive warfare*

La guerra eterna voluta da Hamas

A fronte di un'occupazione militare prolungata di Gaza da parte delle forze israeliane, l'opzione più probabile è quella di un crescente scenario insurrezionale di lunga durata e a bassa intensità, analogamente a quanto vissuto dalla *Coalizione* a guida statunitense sia in Iraq che in Afghanistan. Uno scenario – guardato con favore da Hamas – che apre all'impegno prolungato delle truppe in una missione di contro-insurrezione estremamente onerosa e di difficile gestione per Israele.[147]

Hamas ha infatti cercato fin dal principio un'opportunità per prolungare lo scontro, continuare a uccidere soldati israeliani ed esaltare il bilancio delle vittime civili palestinesi nella sua propaganda, pericolosamente amplificata dalla stampa internazionale che spesso ne ha rilanciato i contenuti senza verificare la veridicità delle informazioni fornite da istituzioni o organizzazioni associate allo stesso gruppo. La strategia che Hamas è riuscita a imporre è quella che si rifà al principio di "morire per mille tagli": un tentativo di logorare lentamente le Idf fino al punto di spingere l'opinione pubblica israeliana a chiederne il ritiro, così da consentire a Hamas di dichiarare la vittoria.

Uno scenario che, come abbiamo accennato, presenta numerose analogie con l'esperienza statunitense in Afghanistan, dove i talebani hanno aspettato per due decenni che Washington si ritirasse per poi riprendere rapidamente il controllo del Paese. A Gaza, Hamas e il gruppo Jihad islamico palestinese hanno lasciato intuire di voler adottare una strategia dal sempre più esteso utilizzo di attacchi mordi e fuggi, ordigni esplosivi improvvisati, armi anticarro e razzi artigianali per neutralizzare le pattuglie corazzate israeliane. Mimetizzandosi tra la popolazione civile – ha rilevato Colin P. Clarke in una sua analisi sull'opzione contro-insurrezionale a Gaza di cui più oltre tratteremo – Hamas si è resa consapevolmente responsabile di attacchi che hanno portato donne e bambini palestinesi a finire sotto il fuoco incrociato.[148]

---

[147] Idf, *Idf Reveals Massive Tunnel Network in Downtown Gaza*, 21 dicembre 2023, in: https://www.Idf.il/en/Idf-media-center/Idf-reveals-massive-tunnel-network-in-downtown-gaza/.
[148] Clarke C.P., *The Counterinsurgency Trap in Gaza. Why Israel Cannot "Clear, Hold, and Build" Its Way to Victory*, Foreign Affairs, 5 febbraio 2024, in: https://www.foreignaffairs.com/israel/counterinsurgency-trap-gaza.

L'insurrezione si è dunque rivelata l'opzione privilegiata da Hamas: dopo le prime azioni israeliane che hanno portato alla morte di molti *leader* palestinesi di medio e alto livello, il gruppo si è riorganizzato, riuscendo a ricostruire un sistema di governo, con i militanti in grado di svolgere funzioni amministrative e di polizia in alcune parti di Gaza. Allo stesso tempo, agendo su ordine dei comandanti delle Idf, alcuni soldati hanno dato fuoco a case abbandonate, rendendole inabitabili e suggerendo che Israele non avesse intenzione di tentare una campagna per la conquista di "cuori e menti", a differenza dell'approccio contro-insurrezionale statunitense (Coin).[149] Così facendo, le truppe israeliane raggruppate in piccole guarnigioni in tutta Gaza, dimostrando disinteresse nel farsi ben volere dalla popolazione *gazawi*, sono divenute il bersaglio primario per Hamas. Ignorando le legittime rimostranze palestinesi, Israele ha di fatto offerto a Hamas la possibilità di riempire il "temporaneo" vuoto di potere e di radicarsi nuovamente nel tessuto sociale di Gaza.[150]

---

[149] Petraeus D. H., Mattis J. N. (2006), *FM 3-24 Counterinsurgency*, Headquarters, Department of the Army, Washington, DC Fleet Marine Force Manual No. 3-24 Headquarters Marine Corps Combat Development Command Department of the Navy Headquarters United States Marine Corps Washington, DC, in https://irp.fas.org/doddir/army/fm3-24fd.pdf.

[150] Clarke C.P., *The Counterinsurgency Trap in Gaza. Why Israel Cannot "Clear, Hold, and Build" Its Way to Victory*, Foreign Affairs, 5 febbraio 2024, in: https://www.foreignaffairs.com/israel/counterinsurgency-trap-gaza.

Il fulcro della strategia di Hamas: sottosuolo e fattore "tempo"

Prima della guerra tra Israele e Hamas, sia la presenza delle reti di tunnel che la loro crescita nel corso degli anni erano ben note, tanto da meritarsi l'appellativo di "Metro di Gaza" o "Gaza inferiore". Le Idf e gli analisti avevano stimato che prima della guerra fosse attivo un complesso di cinquecento chilometri di tunnel, disposti su profondità variabili dai cinque ai sessanta metri sotto la superficie. Erano stime sbagliate.

Tre mesi dopo l'avvio dei combattimenti e la scoperta di oltre 1.500 gallerie e passaggi sotterranei, le Idf hanno avviato un processo di revisione di quelle stime, così da poter consentire agli *staff* militari di poter svolgere un processo di pianificazione operativa quanto più attinente alla situazione reale. Una situazione che, come rilevato dalle forze israeliane, ha messo in luce un complesso sistema sotterraneo molto più articolato di quanto in precedenza conosciuto e composto da grandi tunnel di invasione lunghi quattro chilometri, aree logistiche, tunnel di lusso con pareti dipinte, pavimenti piastrellati, ventilatori a soffitto e aria condizionata, e un complesso labirinto stratificato sotto molte aree di Gaza.

Le nuove stime descrivono una rete che potrebbe superare i settecento chilometri di tunnel di varia tipologia, con quasi 5.700 pozzi separati di discesa,[151] che avrebbe richiesto un utilizzo di 6.000 tonnellate di calcestruzzo e 1.800 tonnellate di metalli. Il costo complessivo, tenuto conto dell'ampio utilizzo di porte blindate e l'allestimento di officine, dormitori, servizi igienici, cucine e tutte le linee di ventilazione, elettricità e telefonia per sostenere quelle che sono vere e proprie città sotterranee, ammonterebbe a circa un miliardo di dollari.

Un complesso che per vastità, struttura, complessità e "potere impeditivo intrinseco"[152] rappresenta un qualcosa che un esercito moderno non ha mai

---

[151] Spencer J., *Gaza's underground: Hamas's entire politico-military strategy rests on its tunnels*, Modern War Institute at West Point, 18 gennaio 2024, in:
https://mwi.westpoint.edu/gazas-underground-hamass-entire-politico-military-strategy-rests-on-its-tunnels/.

[152] Il "potere impeditivo intrinseco" di un oggetto o sistema di difesa, come un campo minato, una trincea, un fiume o una particolare conformazione del terreno, si riferisce alla capacità intrinseca e naturale di tali strutture o condizioni ambientali di rallentare, ostacolare o impedire il movimento e l'avanzata delle truppe in offensiva senza necessità di intervento attivo o controllo diretto da parte di forze umane. Questo concetto abbraccia la nozione che certe caratteristiche fisiche o ostacoli costruiti possono servire come deterrenti o barriere

affrontato nella storia. Ma più che per le dimensioni dei tunnel, la guerra tra Israele e Hamas è il primo conflitto in cui un gruppo combattente ha fatto della vasta rete sotterranea il fulcro della propria strategia politico-militare complessiva.[153]

In passato, e anche nella maggior parte dei casi oggi, tunnel militari e *bunker* sono stati costruiti appositamente per ottenere un vantaggio militare. Sono usati per il contrabbando, il rapimento e l'invasione o la difesa del territorio. Gli spazi sotterranei consentono ai militari di conservare le capacità operative evitando di essere scoperti e colpire, di mantenere il terreno utilizzando i tunnel per tattiche di difesa mobile, o anche per azioni offensive utilizzando tecniche di guerriglia. Ma, per la prima volta nella storia della guerra dei tunnel, Hamas ha costruito una rete sotterranea per ottenere non solo un vantaggio militare, ma anche un vantaggio politico.

La dimensione sotterranea di Hamas svolge tutte le funzioni militari sopra descritte, ma ha una peculiarità: Hamas ha inestricabilmente legato le sue vaste reti di tunnel alla società in superficie. Distruggere i tunnel è così divenuto praticamente impossibile, se non accettando, come conseguenza, un impatto negativo sulla popolazione che vive a Gaza. Una scelta estremamente razionale che si basa sull'aver messo al centro della questione la scelta esplicita di rifiutare il rispetto del diritto di guerra (*jus in bello*), di fatto utilizzando la popolazione palestinese come "scudo umano" ma imponendo, al contempo, l'obbligo da parte israeliana di rispettarne i vincoli non colpendo la popolazione civile. Il diritto di guerra limita infatti l'uso della forza militare e i metodi o le tattiche che un esercito può usare contro popolazioni e siti protetti come ospedali, luoghi di culto, scuole e strutture delle Nazioni Unite.[154] Una scelta lucida che consente a Hamas di trarre il massimo vantaggio dai limiti imposti dal diritto, pur ponendosi al di fuori di esso.

---

effettive contro operazioni militari nemiche, basando la loro efficacia sulla loro semplice esistenza o posizionamento strategico nel paesaggio. Il potere impeditivo intrinseco è quindi una componente fondamentale nella pianificazione della difesa, sfruttando le condizioni naturali o artificiali per creare vantaggi tattici e strategici che proteggono e preservano le risorse senza il bisogno di azione diretta durante un conflitto.

[153] Spencer J. (2024), *Gaza's underground*, cit.

[154] *Ibidem*.

La vera minaccia dei tunnel è il fattore tempo

Hamas ha investito in modo significativo nella dimensione militare sotterranea di Gaza. La rete di tunnel palestinese si è così trasformata in una vasta città sotterranea con migliaia di punti di accesso situati in tutta la Striscia, depositi di armi, *bunker*, vie di infiltrazione in territorio israeliano, centri di comando e un'arteria di trasporto nascosta per terroristi e armi, comprese le rampe di lancio dei razzi.[155]

La maggior parte sono costruiti sotto siti civili, in aree urbane densamente popolate mentre gran parte dell'infrastruttura che fornisce l'accesso alle gallerie si trova in siti protetti. Questo complica, come abbiamo poco sopra accennato, la discriminazione tra obiettivi militari e luoghi civili – per non dire che la rende impossibile – proprio perché Hamas non ha siti militari separati da quelli civili. Hamas è infatti noto per l'uso di "scudi umani", che consiste nell'utilizzare i civili per limitare la manovra avversaria in un'operazione militare. Il gruppo ha scelto razionalmente di porre il maggior numero possibile di civili sotto la minaccia dei bombardamenti affinché fosse danneggiato dall'azione militare israeliana – come confermato da alcuni suoi funzionari: «Siamo orgogliosi di sacrificare i martiri».[156] Ha voluto che l'attenzione del mondo si chiedesse se la campagna delle Idf stesse violando le leggi di guerra attaccando i tunnel di Hamas, strettamente collegati a siti civili e da questi protetti. Ha guadagnato tutto il tempo necessario per indurre la Comunità internazionale a far pressioni politiche su Israele affinché si fermasse. La strategia di Hamas, che di fatto non si fonda sul principio di tenere il terreno o sconfiggere la forza attaccante con scontri campali, si è basata invece sul fattore "tempo". O meglio, sul "prendere tempo", affinché la pressione internazionale inducesse il governo israeliano a fermare le operazioni militari.

Sul piano tattico, le sfide che i tunnel di Hamas hanno imposto a Israele sono state aggravate da quelle strategiche e, al tempo stesso, hanno ottenuto l'effetto di imporre alle forze armate israeliane una riorganizzazione, un adattamento della propria capacità di combattimento, anche attraverso

---

[155] Idf editorial team, *Everything You Need to Know About Hamas' Underground City of Terror*, Israel Defense Forces, 31 luglio 2014, in https://www.Idf.il/en/mini-sites/the-hamas-terrorist-organization/everything-you-need-to-know-about-hamas-underground-city-of-terror/.

[156] Spencer J. (2024), *Gaza's underground*, cit.

dispendiosi programmi militari e di ricerca tecnologica. Per affrontare i tunnel a livello tattico, infatti, Israele ha creato specifiche unità, sviluppato metodi innovativi e capacità tra le più avanzate al mondo per identificare e distruggere i tunnel, dalle unità specializzate del genio a quelle cinofile, all'uso di robot e *droni*, le inondazioni per liberare gallerie e lo sviluppo di nuovi esplosivi liquidi. Probabilmente, nessun esercito al mondo è così ben preparato come le Idf per le sfide tattiche della guerra sotterranea.

Ma, come rileva John Spenser nel suo articolo *Gaza's underground: Hamas's entire politico-military strategy rests on its tunnels*,[157] la sfida strategica è completamente diversa. Per distruggere molti dei tunnel scavati in profondità, le Idf hanno sviluppato bombe anti-*bunker*, il cui utilizzo è stato però criticato dall'opinione pubblica internazionale ma, aspetto di maggior rilievo, il tempo a disposizione di Israele è stato razionalmente limitato da Hamas che, attraverso una campagna comunicativa e di propaganda molto incisiva, ha ottenuto l'auspicato aumento della pressione internazionale nei confronti di Gerusalemme affinché interrompesse l'offensiva militare. Una pressione che però il governo israeliano ha saputo gestire non ripiegando sulle proprie posizioni.

La strategia di Hamas, che come abbiamo evidenziato, si fonda sui tunnel e sul tempo, ha fatto di questa guerra uno scontro condizionato dalle dinamiche del sottosuolo: Hamas è rimasto nei tunnel, con i suoi comandanti, le sue armi e gli ostaggi israeliani. E la strategia di Hamas si è fondata sulla convinzione che, per Israele, la risorsa critica del tempo si sarebbe esaurita nei tunnel.[158]

---

[157] *Ibidem.*
[158] *Ibidem.*

Il *modus operandi* militare di Hamas

Lo stato maggiore delle forze armate israeliane ha riconosciuto, a malincuore, una caratteristica fondamentale del suo nemico: Hamas sa come aspettare il momento giusto per colpire.[159]

«Lascia che la bestia dorma finché non sei pronto», era il mantra di Mahmoud Ajrami, un veterano combattente palestinese che ha addestrato una generazione di militanti di Gaza. Gli esempi a conferma sono numerosi. Nel 2018, Hamas diffuse immagini di soldati israeliani nel mirino dei suoi cecchini; un altro video mostrò i miliziani intenti a distruggere un autobus militare con un missile *Kornet*, ma solo dopo che i soldati fossero scesi, compreso l'autista. L'apparente moderazione fu interpretata da Israele come un segno di equilibrio da parte di Hamas, ma per Mahmoud Ajrami, il gruppo stava solo aspettando il momento giusto per trascinare Israele in battaglia: «Portatemi la bestia e la uccideremo insieme», promise ai combattenti nel 2021, dopo che Hamas ebbe rivendicato la vittoria su Israele nel "conflitto degli 11 giorni" del 2021.[160]

Il via all'azione è arrivato il 7 ottobre 2023, con il più grande massacro mai avvenuto a danno di Israele dal momento della sua costituzione, la cui portata e i cui orrori hanno trascinato Israele nella sua più grande operazione militare a Gaza. Con la superiorità tecnologica e militare, Israele ha lanciato la sua prima offensiva di terra, dopo un decennio di sostanziale inoperatività in combattimento, contro un nemico ben equipaggiato, forte di 40.000 combattenti d'*élite*, un arsenale di droni, circa 30.000 razzi e un addestramento di alto livello fornito – usando le parole di Emile Hokayem, direttore della sicurezza regionale presso l'International Institute for Strategic Studies di Londra – «dai migliori del settore», con riferimento all'*élite* della Guardia Rivoluzionaria iraniana e al suo più potente delegato, il libanese Hezbollah. Inoltre, evidenzia Hokayem «Hamas conosce molto bene il suo territorio [*che*] difende ferocemente e con ingegnosità».[161]

---

[159] Srivastava M., Rathbone J.P., Jalabi R., *Military briefing: How Hamas fights*, Financial Times, 31 ottobre 2023, in: https://www.ft.com/content/913d366e-0ace-4463-a004-d293aa49c673.

[160] *Ibidem.*

[161] *Ibidem.*

I suoi combattenti, come hanno dimostrato durante l'assalto del 7 ottobre, sono stati in grado di portare a termine un'operazione strettamente coordinata che ha coinvolto almeno 1.500 miliziani capaci di attaccare Israele da terra, aria e mare, sotto la copertura di una raffica di 3.000 razzi che ha quasi sopraffatto il sistema *Iron Dome* israeliano. A Gaza, Hamas ha scavato una gigantesca rete di tunnel profondi e a prova di bomba, e li ha riforniti di provviste per resistere a un assedio israeliano della durata di più mesi: «Siamo stati preparati per un'offensiva di terra [*israeliana*] da prima ancora di lanciare il nostro attacco» – ha detto al Financial Times Ali Barakeh, un membro anziano della *leadership* politica in esilio di Hamas – «Abbiamo alcune sorprese per il nemico [...]. Siamo in grado di affrontare una guerra urbana più facilmente di una guerra aerea».[162]

Hamas ha pianificato la propria condotta di guerra sotterranea coerentemente con la dottrina militare e con un'applicazione delle manovre di difesa, offesa e disimpegno, prevedendo anche l'autodistruzione dei propri tunnel quanto necessario per danneggiare i soldati delle Idf all'interno, di fatto applicando una tecnica già sperimentata in Vietnam a danno dei soldati statunitensi.[163]

Molte delle lezioni militari, Hamas le ha apprese da Hezbollah e dall'Iran. Il legame tra il gruppo palestinese e il fronte sciita affonda le sue radici al lontano 1992, quando Israele trasferì circa quattrocento palestinesi, compresi i *leader* di Hamas, in Libano. L'Iran e Hezbollah, sciiti, cooptarono in quell'occasione i sunniti di Hamas, così come aveva fatto per il gruppo Jihad islamico palestinese nella Striscia di Gaza. Hezbollah, in un'ottica di opportunità, ha così condiviso con Hamas la tecnologia missilistica, l'addestramento e altre tecniche di combattimento. Da allora Beirut è diventata la casa di diversi *leader* di Hamas e, col tempo, il gruppo ha iniziato a radicare una propria presenza militare nella terra dei cedri, come confermato dall'esplosione di un deposito di armi di Hamas a Tiro alla fine del 2021.[164]

Da allora il gruppo palestinese ha costantemente migliorato la qualità dei propri armamenti, contrabbandando componenti per convertire razzi di bassa

---

[162] *Ibidem.*
[163] Idf, Israel Defense Forces, 27 novembre 2016 in: https://www.Idf.il/en/mini-sites/the-hamas-terrorist-organization/this-is-the-Idf-s-plan-to-combat-hamas-terror-tunnels/.
[164] Srivastava M., Rathbone J.P., Jalabi R., *Military briefing*, cit.

qualità in armi di precisione guidate e persino costruendo un *drone* sottomarino. Secondo quanto riferito dallo stesso Hamas, il gruppo ora produrrebbe missili antiaerei a spalla "*Mutabar-1*" e razzi anticarro "*al-Yassin*".

Nel frattempo, ha sviluppato un approccio alla guerra urbana basato sull'esigenza di contrastare la superiorità tecnologica e aerea di Israele. Proprio come fecero i Viet Cong in Vietnam, Hamas ha trasformato Gaza in una fortezza di barricate e "tane per topi", tra cui la rete sotterranea in cui i propri combattenti possono rifugiarsi durante gli attacchi aerei e utilizzare per attaccare le forze israeliane alle spalle.

Man mano che le truppe israeliane si sono addentrate a Gaza, Hamas ha condotto imboscate in superficie, attacchi rapidi e ordigni esplosivi improvvisati (Ied, *Improvised explosive devices*) per logorare l'esercito israeliano, composto in buona parte da riservisti civili, e per impantanarlo in combattimenti di strada. Bilal Y Saab, membro associato del *think-tank* Chatham House di Londra, ha dichiarato:

> «Hamas non ha una dottrina codificata. Il suo approccio consiste principalmente nel danneggiare e ferire gli israeliani il più possibile, usando un mix di forze ibride e convenzionali [...]. Anche le operazioni sono altamente decentralizzate. C'è una sorta di struttura militare cellulare, in cui ogni unità opera per conto proprio».[165]

Un'altra lezione che Hamas ha appreso dall'esperienza di altri gruppi militanti è la consapevolezza dell'importanza di comunicazioni sicure. Mentre Hezbollah ha costruito la propria rete in fibra ottica, Hamas ha mantenuto la sicurezza operativa tornando a tecnologie analogiche, allestendo linee telefoniche cablate ed evitando dispositivi *hackerabili* o che lasciassero una traccia elettronica. Uno dei motivi per cui Israele non è stato in grado di prevedere l'attacco del 7 ottobre, è la concentrazione degli sforzi dell'*intelligence* sulle "linee sbagliate", mentre le informazioni militari cruciali venivano condivise su sistemi analogici o altri sistemi crittografati, forse importati dall'Iran e sconosciuti a Israele.[166]

---

[165] *Ibidem.*
[166] *Ibidem.*

La dottrina *urban warfare* di Hamas

Hamas ha un vantaggio: governa una delle aree più densamente popolate del mondo e ciò significa che quasi tutti i combattimenti a Gaza avvengono in aree urbane dove Hamas e i suoi alleati hanno costruito reti di tunnel, depositi di armi e postazioni di cecchini, hanno preparato *Ied*, contrabbandato missili anticarro e adottato altre misure per predisporre un campo di battaglia urbano favorevole. Una volta che le Idf sono entrate a Gaza, i combattenti di Hamas hanno tentato di attirare i soldati israeliani proprio nelle aree a maggior densità di popolazione.[167]

Hamas ha imparato a riorganizzare lo spazio

Sebbene le forze israeliane avessero una certa consapevolezza del continuo scavo di tunnel da parte di Hamas, le prospettive del loro uso come vie d'attacco erano valutate come non particolarmente preoccupanti. Tuttavia, dopo aver sventato molteplici tentativi di incursioni, via mare e tramite tunnel, le Idf si sono rapidamente adattate a una diversa realtà.

La rete di tunnel offensivi rappresenta una riorganizzazione dello spazio fisico da parte di Hamas che ha ampliato in modo molto astuto lo spazio del campo di battaglia urbano, imponendo le insidie del dominio sotterraneo. Non solo ciò ha rappresentato una grande sfida per le competenze tattiche e il vantaggio tecnologico delle Idf, ma è stato anche in grado di penetrare il "dominio psicologico", giocando sulla preoccupazione di Israele per i suoi soldati. Particolarmente sensibili alla possibilità di utilizzo di tunnel per attuare rapimenti di militari israeliani,[168] le Idf hanno persino sviluppato linee d'azione e regole di ingaggio sull'uso della forza in caso di loro rapimento.

Un complesso di sfide che, a fronte dell'estensione della minaccia dei tunnel e dei rischi oggettivi per i soldati, ha imposto tempi di manovra molto dilatati, in primo luogo per ridurre l'esposizione delle truppe a minacce

---

[167] Morag N. (2023), *Urban Warfare: The Recent Israeli Experience*, Journal of Strategic Security 16, no. 3 (2023): 78-99. DOI: https://doi.org/10.5038/1944-0472.16.3.2084, in: https://digitalcommons.usf.edu/jss/vol16/iss3/6.
[168] Moerbe W.A. (2016), *Seven Times Around a City: The Evolution of Israeli Operational Art in Urban Operations*, School of Advanced Military Studies United States Army Command and General Staff College Fort Leavenworth, Kansas, pp. 62-63.

provenienti dal sottosuolo, ampliando di fatto il tempo necessario alla gestione di uno spazio fisico di per sé teoricamente contenuto ma, in pratica, ridefinito e manipolato da Hamas.

I tunnel: strumento offensivo e (di lawfare) difensivo

Già in occasione dell'operazione *Protective Edge (Margine Protettivo*, 2014), le forze delle Idf nella Striscia trovarono un manuale di Hamas sulla "Guerriglia Urbana", riconducibile all'unità *Shuja'iya* delle brigate *Izz ad-Din al-Qassam*. Un documento dal quale si evince lo spietato uso intenzionale e pianificato della popolazione civile di Gaza come "scudo umano" da parte di Hamas.

Dal punto di vista offensivo, i tunnel consentono di condurre attacchi protetti e a sorpresa. E in tale quadro i miliziani hanno utilizzato i tunnel, fin dalle prime fasi dell'operazione terrestre israeliana del 2023, per infiltrarsi dietro le posizioni delle Idf al fine di colpirle di sorpresa, in particolare le seconde schiere e quelle non ben preparate o equipaggiate per il combattimento, prevalentemente logistiche. I tunnel interconnessi sotto le aree urbane hanno così consentito a Hamas di spostarsi rapidamente tra le posizioni di attacco predisposte con depositi di fucili di precisione, munizioni anticarro, granate a propulsione da fucile e altre armi e munizioni. I tunnel si sono imposti come elemento vitale della strategia di guerriglia; i miliziani palestinesi hanno formato piccole squadre di "cacciatori" che, muovendosi sottoterra, hanno colto di sorpresa le unità israeliane, colpendole per poi fare ritorno alla base attraverso i tunnel. Tunnel che Hamas ha destinato anche a depositi occulti di razzi che, attraverso di essi, sono trasferiti verso le diverse zone di lancio.

Altro aspetto rilevante è la presenza di tunnel equipaggiati con elevati quantitativi di esplosivo, così da poter essere utilizzati come "tunnel bomba" sotto le strade principali e gli edifici utilizzati dalle Idf,[169] così come accaduto a dicembre del 2023 quando un edificio contenente materiale esplosivo

---

[169] Spencer J. (2023), *Underground nightmare: Hamas tunnels and the wicked problem facing the Idf*, Modern War Institute at West Point, in:
https://mwi.westpoint.edu/underground-nightmare-hamas-tunnels-and-the-wicked-problem-facing-the-Idf/.

raccolto dalle unità israeliane venne fatto esplodere provocando la morte di diciannove soldati.

Figura 8. Manuale di Hamas sulla guerra urbana (Fonte Idf).

Il manuale di "Guerriglia urbana" a cui si è fatto cenno (copertina in *Figura 8*), distribuito ai miliziani della brigata *Shuja'iya*, spiega come la popolazione civile sia intenzionalmente utilizzata da Hamas contro le forze delle Idf. Nella sezione intitolata "Limitare l'uso delle armi", il manuale spiega che

«I soldati e i comandanti [*delle Idf*] devono limitare l'uso di armi e delle tattiche che provocano danni e perdite non necessarie di persone e [*la distruzione di*] strutture civili. È difficile per loro sfruttare al massimo le loro armi da fuoco, specialmente per il fuoco di supporto [*ad esempio l'artiglieria*]».

Chiaramente Hamas sa che le Idf limitano l'uso delle armi per evitare di danneggiare i civili, anche astenendosi dall'usare una maggiore potenza di fuoco a sostegno delle forze di fanteria impegnate in combattimento o messa in sicurezza di settori urbani.

Il manuale prosegue spiegando che «la presenza di civili equivale alle sacche di resistenza» che causano tre problemi sostanziali alla manovra della fanteria: il primo è dato dai limiti di apertura del fuoco – poiché il rischio di coinvolgimento di civili è alto; il secondo è relativo alle difficoltà di controllo della popolazione civile nella fase condotta, e successivamente a questa; il terzo, infine, è dato dalla necessità di garantire assistenza medica ai civili che ne hanno necessità.

Nella sua parte conclusiva, il manuale evidenzia i vantaggi conseguenti alla distruzione delle abitazioni dei civili poiché – nella visione di Hamas – «la distruzione delle case civili aumenta l'odio dei cittadini verso gli aggressori [*le Idf*] e aumenta il loro sostegno intorno ai difensori della città [*cioè Hamas*]».

Ciò che emerge dalla lettura dei passaggi del manuale è che Hamas prevede, e auspica da un punto di vista strategico, la distruzione di case e infrastrutture civili, consapevole del fatto che ciò accresce l'astio per le Idf e aumenta il sostegno al movimento di resistenza palestinese.

Non è di poca importanza anche il fatto che questo manuale appartenga alla brigata *Shuja'iya*. Nella precedente guerra a Gaza, l'esercito israeliano combatté una grande battaglia nel quartiere di Shuja'iya, all'epoca trasformato in una roccaforte terroristica. La scoperta di questo manuale suggerisce che la distruzione della popolazione civile di Shuja'iya potesse essere parte del piano di Hamas. Shuja'iya è un quartiere densamente popolato di Gaza, vicino al valico di Karni e appena oltre la recinzione di confine del *kibbutz* Nahal Oz, con un'elevata presenza di siti terroristici di Hamas e di una vasta rete di tunnel utilizzati per attaccare Israele.

Una mappa pubblicata dall'Onu e riferita al quartiere di Shuja'iya (*Figura 9*), evidenzia le aree danneggiate durante gli attacchi delle Idf, corrispondenti a quelle indicate dalle forze israeliane come obiettivi militari.

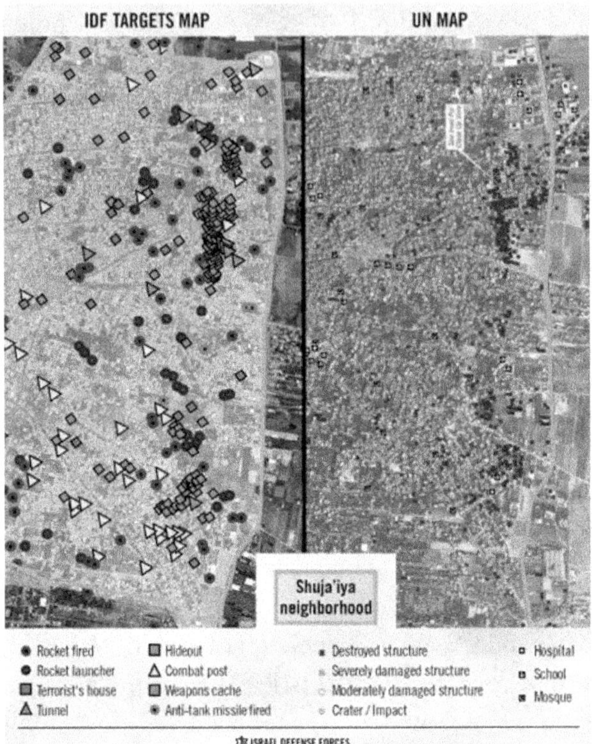

Figura 9. Confronto tra le mappe Idf e UN del quartiere di Shujaiya (Fonte Idf).

In termini di sfruttamento "difensivo" dei tunnel, Hamas ha dimostrato di essere molto abile nell'utilizzare il sottosuolo per sfuggire all'osservazione e agli attacchi delle Idf, con ciò confermando come la capacità di sopravvivenza del gruppo dipenda dallo sviluppo e dalla disponibilità di infrastrutture sotterranee in grado di proteggere la propria *leadership*, i combattenti, il quartier generale, le comunicazioni, le armi e i rifornimenti di acqua, cibo e munizioni. Un obiettivo primario per consentire di reagire all'assalto di terra da parte delle forze israeliane poiché, come abbiamo detto, i tunnel garantiscono ai combattenti di muoversi tra una serie di posizioni di combattimento in modo sicuro e libero sotto edifici e strutture civili anche dopo le azioni di bombardamento da parte israeliana. Tunnel che, essendo dotati di generatori, ventilazione dell'aria, tubi dell'acqua e scorte di cibo, consentono ai combattenti di Hamas di resistere meglio alle sfide più elementari, come l'esaurimento delle scorte, in conseguenza dell'assedio urbano e dall'isolamento imposto dalle forze israeliane che, a fronte di un minimo impatto nei confronti dei combattenti, hanno però effetti molto negativi su una popolazione già provata dalla guerra, con ciò aumentando una rabbia sociale che è funzionale agli stessi obiettivi di Hamas.

I tunnel sono inoltre stati usati come vie di fuga, maggiormente protette dalla prossimità o corrispondenza di infrastrutture civili come scuole, ospedali e moschee in aree urbane densamente popolate.[170] Durante la prima fase della complessa attività operativa a Gaza nel novembre 2023, le truppe israeliane hanno avuto modo di effettuare un'approfondita ricognizione delle infrastrutture di Hamas all'interno e al di sotto del complesso dell'ospedale al-Shifa nella città di Gaza, confermando che la stessa infrastruttura ospedaliera fosse stata utilizzata da Hamas come centro di comando militare e luogo di detenzione degli ostaggi catturati il 7 ottobre precedente.[171]

L'episodio dell'ospedale di al-Shifa dimostra che tra le molteplici ragioni per costruire tunnel militari in prossimità di obiettivi civili sensibili come ospedali e scuole, quella maggiormente rilevante è relativa alla strategia di *lawfare* difensivo,[172] dove il termine *lawfare* – gioco di parole che combina *"law"* (legge) e *"warfare"* (guerra) – viene utilizzato per descrivere l'uso della legge come arma di guerra o, più ampiamente, l'uso degli strumenti legali per perseguire un obiettivo di conflitto o per mettere in difficoltà un avversario. In pratica, il *lawfare* può assumere diverse forme, come ad esempio le azioni legali volte a delegittimare le azioni militari o politiche di un avversario; i ricorsi giuridici che mirano a ritardare o bloccare azioni militari; le campagne legali che cercano di influenzare l'opinione pubblica e creare pressione politica; l'impiego di normative nazionali o internazionali per limitare le azioni finanziarie o commerciali di uno stato o di un ente; l'uso di corti internazionali o altre istituzioni giuridiche per perseguire crimini di guerra o crimini contro l'umanità.

---

[170] Idf editorial team, *Everything You Need to Know About Hamas' Underground City of Terror*, Israel Defense Forces, 31 luglio 2014, in https://www.Idf.il/en/mini-sites/the-hamas-terrorist-organization/everything-you-need-to-know-about-hamas-underground-city-of-terror/.

[171] Idf editorial team, *From the Eyes of a Search and Rescue Soldier: The Terrorist Tunnels Under Shifa Hospital*, 15 novembre 2023, in: https://www.Idf.il/en/mini-sites/hamas-israel-war-24/all-articles/from-the-eyes-of-a-search-and-rescue-soldier-the-terrorist-tunnels-under-shifa-hospital/.

[172] Spencer J. (2023), *Underground nightmare*, cit.

In particolare l'uso strumentale delle corti internazionali – così come fatto da Hamas per tramite del ricorso alla Corte internazionale di Giustizia dell'Aja da parte del Sudafrica alla fine del 2023 contro Israele, accusato strumentalmente di "genocidio" – ha confermato come il *lawfare* sia diventata una componente importante delle moderne operazioni militari, sfruttando il diritto internazionale e le corti per ottenere vantaggi strategici o tattici. A Hamas, appare evidente, non interessano Gaza o la salvaguardia dei civili che vi abitano. O meglio, interessano perché funzionali a una strategia di comunicazione che va a incidere sull'opinione pubblica occidentale, indotta a far pressioni politiche sui governi che sostengono (o che non condannano) Israele in quella che è una guerra esistenziale per lo stesso Stato.

Hamas: causa principale delle vittime civili palestinesi

Il brutale massacro del 7 ottobre 2023 è la causa scatenante dello scontro armato tra Israele e Hamas, in cui il gruppo palestinese ha deliberatamente utilizzato la popolazione civile di Gaza come "scudo umano". Mentre Israele si è impegnato, nel corso della guerra, a minimizzare i danni ai civili e a rispettare il diritto internazionale, la strategia militare dei gruppi armati a Gaza si è basata sul disprezzo per la legge e lo sfruttamento perverso dei civili. Per Israele, ogni vittima civile è una tragedia da evitare dove possibile; al contrario, per Hamas i civili sono opportunisticamente usati come "scudi umani" contro gli attacchi delle Idf, e la loro morte come leva politica e mediatica in una campagna propagandistica. Ma qualsiasi valutazione corretta degli incidenti in cui sono state registrate vittime civili nel corso delle ostilità richiede un'analisi di specifici elementi. Vediamoli.

Primo, la guerra urbana a Gaza e l'uso diffuso e sistematico di civili come "scudi umani". Come le forze armate di altri Stati liberali hanno sperimentato negli ultimi decenni (dall'Afghanistan all'Iraq), le vittime civili sono una dura realtà della guerra urbana. Questo è ancora più evidente nella Striscia di Gaza in quanto Hamas ha impiegato gli ultimi sedici anni a pianificare sistematicamente e a condurre operazioni militari considerando i civili palestinesi come elementi sacrificabili. Se Israele ha cercato di minimizzare i danni ai civili, Hamas, al contrario, ha deliberatamente agito per massimizzarli nella speranza che la Comunità internazionale condannasse Israele, piuttosto che la strategia di Hamas di porre in pericolo i non combattenti.

Secondo, Hamas ha operato intenzionalmente per concentrare i combattimenti all'interno delle aree urbane, in modo tale da sfruttare la presenza di civili a proprio vantaggio. Nelle stesse aree, Hamas ha costruito un vasto labirinto di tunnel sotterranei, con punti di accesso situati in abitazioni civili, moschee, scuole e persino ospedali, portando i combattimenti (e i danni conseguenti) nel cuore degli ambienti civili (si citano, ad esempio, l'uso militare di ospedali e ambulanze).

Terzo, Hamas ha messo direttamente in pericolo i civili posizionando materiali esplosivi all'interno e al di sotto degli edifici residenziali, trappolando strutture civili e minando strade utilizzate dalla popolazione.

Tali azioni deprecabili hanno provocato danni diretti ai civili all'interno dei siti o in prossimità di questi.

Quarto, il posizionamento di armi e combattenti all'interno degli edifici residenziali colpiti dalle Idf ha provocato esplosioni secondarie in grado di produrre danni significativamente maggiori agli ambienti circostanti rispetto agli attacchi di precisione delle Idf (ad esempio, si rilevano le esplosioni secondarie che hanno provocato danni all'ospedale Al-Quds a seguito del bombardamento di un obiettivo militare di Hamas in prossimità dell'ospedale stesso).

Quinto, Hamas non ha fornito protezione alcuna alla popolazione palestinese e ha razionalmente impedito ai civili di proteggersi dalle devastazioni della guerra. Al contrario, ha esplicitamente destinato l'utilizzo dei tunnel sotterranei ai soli combattenti, precludendone l'accesso alla popolazione *gazawi*. Al contempo, ha mantenuto i civili all'interno delle aree di combattimento, con la forza o con la persuasione, invitando la popolazione a ignorare gli avvertimenti e le raccomandazioni delle Idf a evacuare; coerentemente con questo approccio, Hamas ha istituito blocchi stradali per fermare le persone intenzionate a lasciare le aree urbane colpite da azioni belliche, con la minaccia e con azioni di violenza. Così facendo, Hamas ha posto direttamente in pericolo la propria popolazione.

Sesto, le Idf sono state costrette a operare estensivamente in tutta Gaza. Le regole che governano la condotta delle ostilità a Gaza da parte delle forze israeliane non sono cambiate. Sebbene nei precedenti conflitti con Hamas, Israele non abbia combattuto per sconfiggere militarmente il gruppo palestinese, ponendosi il perseguimento di obiettivi più limitati, quali la riduzione delle capacità militari dell'avversario, alla luce degli attacchi efferati del 7 ottobre, degli incessanti attacchi su Israele e del fine di perseguire la distruzione di Israele e la morte dei suoi cittadini, il governo israeliano ha ridefinito le proprie priorità mirando a ottenere il rilascio degli ostaggi e lo smantellamento delle capacità militari di Hamas. Per raggiungere questo obiettivo, le Idf hanno avviato le operazioni in tutta Gaza, contro molti tipi di obiettivi militari (siti di lancio di razzi, depositi di armi, posizioni di fuoco anti-carro, postazioni di cecchini, centri di comando e controllo, comandanti militari, strutture militari sotterranee, ecc..). Di conseguenza, e alla luce dell'estensione del controllo e della presenza di Hamas in tutta

Gaza, le Idf sono state costrette a operare molto più estensivamente rispetto alle precedenti ostilità, che come detto sopra avevano obiettivi più limitati.

Settimo, oltre mille razzi lanciati da Hamas e altri gruppi armati sono precipitati a Gaza, anziché su Israele, colpendo scuole, abitazioni civili e ospedali, causando danni incalcolabili alla popolazione. La natura indiscriminata di questo lancio di razzi e la probabilità che molte centinaia di questi siano atterrati in aree urbane ad alta densità di popolazione suggeriscono che siano una causa significativa di vittime civili.

Ottavo, la proporzionalità nell'uso della forza e le vittime civili secondo il diritto internazionale. Il diritto dei conflitti armati (noto anche come diritto umanitario internazionale o leggi di guerra) sancisce la priorità del principio di proporzionalità negli attacchi in base al quale deve essere fatta una valutazione per ogni singolo attacco, con ciò evidenziando che un numero definito di vittime civili non sia di per sé l'indicatore di illegalità o illiceità di un atto di guerra. Al contrario – questo è l'aspetto rilevante – secondo il principio di proporzionalità nelle azioni militari, un attacco è proibito (e dunque illegale e pertanto considerato "crimine di guerra") se il danno civile previsto è eccessivo rispetto al vantaggio militare concreto e diretto auspicato. Questa regola riconosce che le vittime civili possano essere un risultato inevitabile, seppur indesiderabile, dell'azione militare; più precisamente, la proporzionalità richiede che una valutazione preventiva non sia basata sull'esito di un attacco ma piuttosto sul giudizio del comandante al momento dell'attacco elaborato sulla base informazioni disponibili in quel momento. Ne deriva che la legalità di un attacco individuale non possa essere giudicata basandosi meramente sui suoi risultati (sul principio nel diritto dei conflitti armati si veda il documento sugli Aspetti Legali Chiave, e il Capitolo VI del Rapporto sul Conflitto di Gaza del 2014).

Nono, la veridicità delle dichiarazioni di Hamas. Ogni morte civile è una tragedia, e le ostilità portate in essere da Hamas, così come la strategia che ha adottato, hanno causato un elevato numero di vittime tra i civili. Allo stesso tempo, c'è una buona ragione per dubitare delle cifre delle vittime provenienti da Gaza, poiché tutte queste statistiche, comprese quelle riportate dall'Onu e dalle agenzie umanitarie, provengono dal Ministero della Salute di Hamas o da altre autorità di Hamas che non possono essere considerate una fonte di riferimento affidabile e che, in maniera razionalmente calcolata, non divulgano informazioni sulle perdite tra le fila dei propri militanti. Né

Hamas divulga quali vittime siano il risultato delle proprie azioni, o delle azioni di altri gruppi armati palestinesi. Basandosi su esperienze pregresse e lezioni apprese durante le precedenti attività belliche, emerge che una parte significativa delle vittime sia in realtà composta da militanti di Hamas e non civili, alcuni dei quali anche minorenni. Le relazioni provenienti dalle autorità di Hamas a Gaza e citate, ad esempio, dall'Unocha, sollevano ulteriori questioni di distorsione e rappresentazione errata (si rimanda al successivo paragrafo *"Cognitive warfare di Hamas: manipolare i numeri delle vittime per condizionare l'opinione pubblica globale"*).

Cognitive warfare: manipolare i numeri delle vittime per condizionare l'opinione pubblica globale

Nel corso del conflitto con Israele, Hamas ha adottato varie strategie di *cognitive warfare* – la guerra cognitiva – per influenzare l'opinione pubblica, sia arabo-musulmana che occidentale, al fine di ottenere sostegno per la propria causa.

Un elemento chiave è stato l'uso di simboli e narrazioni. Hamas ha adottato simboli e narrazioni tesi a suscitare empatia o sostegno per la propria causa, cercando di creare un legame emotivo tra il pubblico e la sua lotta. Una scelta che ha contribuito a plasmare le opinioni delle persone attraverso un'identificazione emotiva con la causa di Hamas.

Le attività *online* hanno rappresentato un'altra tattica importante. Hamas ha saputo ben sfruttare le piattaforme in rete per diffondere messaggi, coinvolgere l'opinione pubblica e coordinare attività di propaganda. Una presenza virtuale che ha garantito al gruppo di raggiungere un vasto pubblico in tutto il mondo.

La messa in scena di eventi mediatici è un'altra strategia impiegata da Hamas, che ha saputo organizzare con cinica maestria eventi o situazioni mirate a generare un'ampia e favorevole copertura mediatica o a suscitare emozioni di sdegno – verso Israele – e di solidarietà – verso i palestinesi. Questi eventi sono stati progettati per influenzare l'opinione pubblica attraverso una narrazione a supporto della causa di Hamas, volutamente sovrapposta e confusa con la cosiddetta "causa palestinese". Un *target*, quello di Hamas, che è solo secondariamente interno poiché l'obiettivo primario è il coinvolgimento dell'opinione pubblica internazionale. Hamas ha così tentato di ottenere sostegno a livello globale coinvolgendo organizzazioni internazionali, governi o gruppi di pressione: una strategia che ha mirato ad ampliare il sostegno internazionale alla sua causa, influenzando così la percezione globale del conflitto. In sintesi, attraverso l'uso coordinato di queste strategie, Hamas ha cercato di modellare la percezione del pubblico a livello locale e internazionale, puntando ad ottenere il più ampio sostegno possibile contro Israele.

Una delle principali strategie è stata proprio la propaganda mediatica, basata sull'utilizzo dei *media* per diffondere un'interpretazione favorevole della causa di Hamas. Attraverso interviste, comunicati stampa e altri mezzi, i funzionari di Hamas hanno cercato di plasmare la percezione del pubblico a loro favore. Nel corso del conflitto Hamas ha così sfruttato i *media* per diffondere immagini e storie progettate per suscitare empatia e sostenere la propria narrativa, inclusa la presentazione di immagini di vittime civili o situazioni drammatiche, spesso senza contestualizzazione o con informazioni frammentate.

Inoltre, aspetto maggiormente rilevante – e in parte già accennato – Hamas ha adottato la disinformazione come "tecnica di combattimento", diffondendo deliberatamente informazioni false o fuorvianti per confondere e manipolare la percezione degli eventi. Un approccio che ha creato un ambiente caratterizzato da una verità sfocata, mettendo in dubbio la credibilità delle fonti di informazione e complicando la comprensione dei fatti da parte del pubblico.

Un esempio: il cosiddetto Ministero della Salute di Gaza, di fatto controllato e gestito da Hamas, ha dichiarato, al 1 marzo 2024, un numero di morti superiore a 30.000, principalmente donne e bambini. È credibile? No, non lo è.

Abraham Wyner, professore di statistica e *data science* presso la Wharton School dell'Università della Pennsylvania e condirettore della facoltà di Sports Analytics and Business Initiative, ha condotto uno studio sulla questione utilizzando i dati forniti da Hamas dal 26 ottobre al 10 novembre 2023, pubblicato in forma sintetica nell'articolo *How the Gaza Ministry of Health Fakes Casualty Numbers. The evidence is in their own poorly fabricated figures*,[173] le cui conclusioni si riportano qui in forma sintetica.

Il conteggio delle vittime civili a Gaza ha catturato l'attenzione internazionale sin dall'inizio della guerra. La principale fonte di dati a cui i *media* e la politica a livello globale hanno fatto riferimento è stata il Ministero della Salute di Gaza controllato da Hamas, il quale ha sostenuto – alla data del 1° marzo 2024 – un dato di oltre 30.000 morti, la maggioranza dei quali costituita da bambini e donne. La stessa amministrazione statunitense, guidata dal presidente Joe Biden, ha dato credibilità ai dati di Hamas. Durante un'audizione alla commissione dei servizi armati della

---

[173] Wyner A. (2024), *How the Gaza Ministry of Health Fakes Casualty Numbers. The evidence is in their own poorly fabricated figures*, The Tablet, 7 marzo 2024, in https://www.tabletmag.com/sections/news/articles/how-gaza-health-ministry-fakes-casualty-numbers.

Camera alla fine di febbraio, il Segretario alla Difesa Lloyd Austin ha affermato che il numero di donne e bambini palestinesi uccisi dal 7 ottobre fosse "oltre 25.000"; affermazione a cui è seguita la pronta precisazione del Pentagono in cui si evidenziava che il Segretario avesse citato «una stima del Ministero della Salute di Gaza controllato da Hamas». Lo stesso presidente Biden aveva precedentemente menzionato quella cifra, sottolineando che «troppi, degli oltre 27.000 palestinesi uccisi in questo conflitto [*fossero*] civili innocenti e bambini». Affermazione, anche in questo caso, a cui è seguita la nota stampa della Casa Bianca riportante il fatto che il presidente avesse fatto «riferimento a dati pubblicamente disponibili sul numero totale di vittime».[174]

Il problema con questi dati è evidente: i numeri non sono veritieri. Una considerazione che partendo dall'analisi di dati e informazioni disponibili, suggerisce come le vittime non possano essere in prevalenza donne e bambini ma, al contrario, combattenti di Hamas. Se i numeri di Hamas sono in qualche modo alterati o fraudolenti, questo è verificabile attraverso l'analisi degli stessi dati, i quali, anche se limitati, sono comunque sufficienti. Vediamo come Wyner ha potuto verificarne l'attendibilità.

Dal 26 ottobre al 10 novembre 2023, il Ministero della Salute di Gaza ha pubblicato giornalmente cifre sulle vittime, includendo sia il numero totale sia quello specifico di donne e bambini. Il primo elemento su cui Wyner ha posto l'attenzione è il numero "totale" di morti riportato che, come illustrato nel grafico in *Figura 10*, mostra un aumento costante nel tempo, quasi lineare.[175]

---

[174] *Ibidem.*
[175] *Ibidem.*

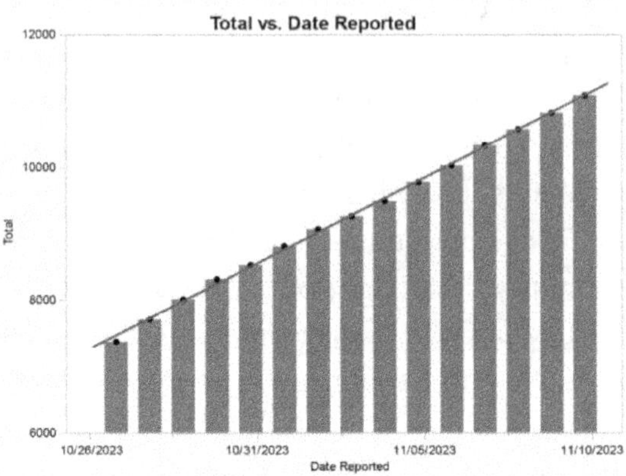

Figura 10. Il grafico rivela un aumento estremamente regolare delle vittime nel periodo considerato. I dati aggregati da Wyner e forniti dall'Ufficio delle Nazioni Unite per il Coordinamento degli Affari Umanitari (Ocha) sono basati sulle cifre del Ministero della Salute di Gaza (Fonte Tablet Magazine).

Questa costanza nell'andamento delle morti mostra elementi incoerenti che suggeriscono un elevato grado di non genuinità. In altri termini, non sarebbero veritieri. Ci si aspetterebbe una certa variazione giorno per giorno, ma la media del conteggio giornaliero delle vittime durante il periodo in esame è di circa duecentosettanta, più o meno il quindici percento: una variazione sorprendentemente minima perché ci si aspetterebbero giorni con almeno il doppio della media (o più) e altri con la metà (o meno). Ciò che emerge è la probabilità che il ministero di Gaza abbia diffuso numeri giornalieri falsati, che variano troppo poco rispetto al normale andamento statistico e ciò sarebbe conseguenza del fatto che, da parte di chi avrebbe prodotto quei dati, vi sarebbe una mancanza di comprensione del comportamento dei numeri che si verificano naturalmente. Pur a fronte dell'assenza di dati di controllo verificati, i dettagli dei conteggi giornalieri rendono i numeri quantomeno sospetti.[176]

Entrando più nel dettaglio, rileva Wyner, dovremmo osservare variazioni nel numero di vittime bambini che seguono la variazione nel numero di donne. Questo perché la fluttuazione giornaliera nei conteggi delle morti è

---

[176] *Ibidem.*

causata dalla variazione nel numero di attacchi su edifici residenziali e contro i tunnel, il che dovrebbe risultare in una considerevole variabilità nei totali ma con una variabilità inferiore nella percentuale di morti tra i gruppi (uomini, donne, bambini): è un principio statistico basilare sulla variabilità casuale. Di conseguenza, nei giorni con molte vittime donne dovrebbero esserci grandi numeri di bambini vittime, e nei giorni in cui si riporta un basso dato di donne uccise, dovrebbero essere riportati solo pochi bambini. Questa relazione può essere misurata e quantificata dal coefficiente di determinazione (R-quadrato) che indica quanto siano correlati i conteggi giornalieri delle vittime donne con i conteggi giornalieri delle vittime bambini. Se i numeri fossero reali, ci si aspetterebbe un R-quadrato sostanzialmente maggiore di 0, tendendo più vicino a 1,0. Ma il coefficiente di determinazione R-quadrato, indicato dal grafico in *Figura 11*, è 0,017, il che indica che sul piano statistico e sostanziale non differisce da 0.[177]

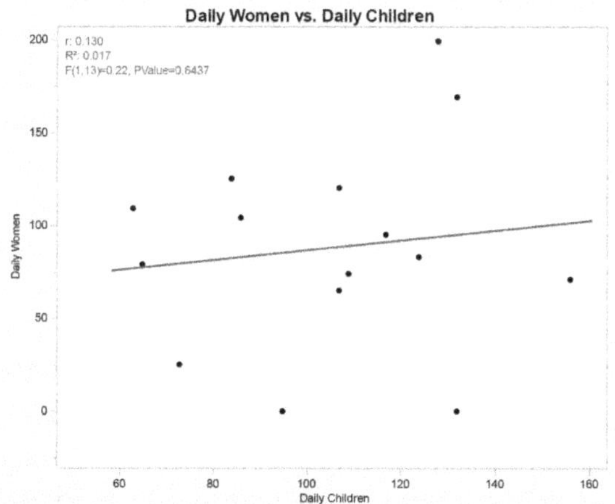

Figura 11. Il numero giornaliero di bambini segnalati come uccisi non ha alcuna relazione con il numero di donne segnalate. Il coefficiente R2 è dello 0,017 e la relazione è statisticamente e sostanzialmente insignificante (Fonte Tablet Magazine).

Questa assenza di correlazione costituisce il secondo indizio circostanziale che confermerebbe la non autenticità dei numeri forniti dal Ministero della Salute di Gaza.

---

[177] *Ibidem.*

Un'analisi approfondita richiede di considerare un fattore aggiuntivo significativo: considerata la dinamica del conflitto, ci si aspetterebbe un numero giornaliero di vittime di sesso femminile strettamente legato al numero di vittime di sesso maschile, escludendo donne e minori. Questa ipotesi si basa sul presupposto che le variazioni nella frequenza e nell'intensità dei bombardamenti e degli attacchi influenzino uniformemente i conteggi giornalieri di entrambi i sessi. Contrariamente a tale aspettativa, l'analisi dei dati non rivela una correlazione diretta tra i due; anzi, emerge una marcata correlazione inversa (come illustrato nel grafico in *Figura 12*). Questo risultato appare incoerente con le previsioni e suggerisce ancora una volta che i dati riportati potrebbero non riflettere la realtà, offrendo un terzo indizio a supporto della possibile mancata autenticità delle cifre comunicate.

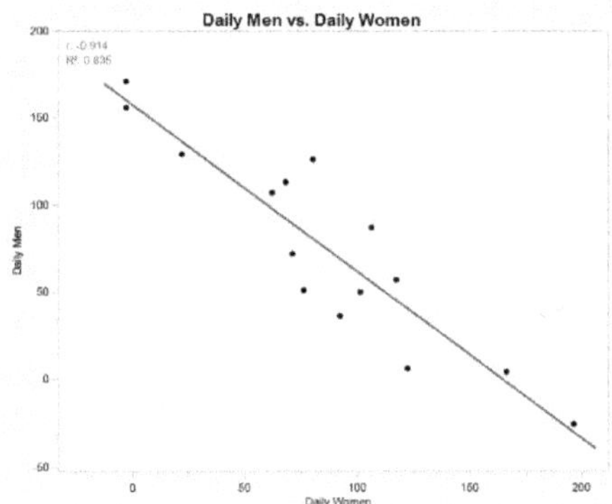

Figura 12. La correlazione tra il conteggio giornaliero degli uomini e il conteggio giornaliero delle donne decedute è estremamente forte e negativa (valore p < 0,0001) (Fonte Tablet Magazine).

Wyner ha poi identificato ulteriori incongruenze nei dati analizzati: ad esempio, le cifre relative alle vittime maschili del 29 ottobre sembrano contraddire quelle del giorno precedente, suggerendo il paradosso che ventisei uomini siano tornati in vita o, piuttosto, la discrepanza potrebbe derivare da errori di attribuzione o di registrazione. Inoltre, ci sono giornate in cui il numero di uomini segnalati come vittime è insolitamente basso, quasi nullo; se si trattasse di semplici errori di registrazione, ci si aspetterebbe che, in queste occasioni, il numero di vittime femminili fosse normale, almeno in media. Tuttavia, rileva Winer, si è osservato che nei tre giorni in cui il conteggio degli uomini è vicino allo zero, il che suggerisce un errore, il numero di vittime femminili è insolitamente alto. Curiosamente, i tre picchi giornalieri più elevati di vittime femminili coincidono proprio con queste anomalie, come evidenziato dal grafico in *Figura 13*).[178]

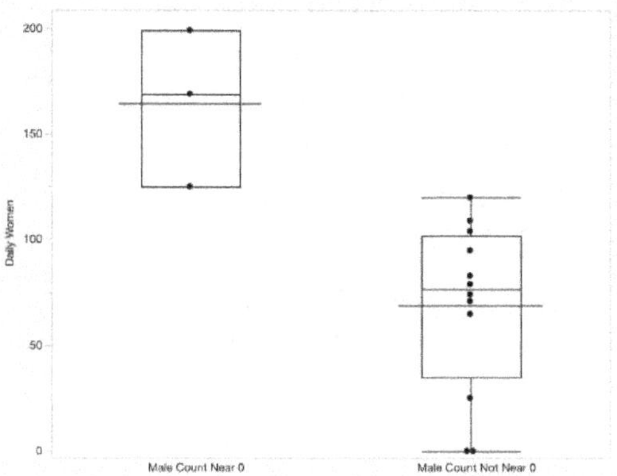

Figura 13. Ci sono tre giorni in cui il conteggio delle vittime maschili è vicino allo zero. Questi tre giorni corrispondono ai tre conteggi giornalieri più alti delle vittime femminili (Fonte Tablet Magazine).

Cosa dovrebbero indurci a pensare queste osservazioni? Anche se le evidenze non sono conclusive, sembra fortemente indicativo che i numeri siano stati generati attraverso un metodo poco o per nulla legato alla realtà effettiva. Sembra che ci sia stata una decisione arbitraria da parte del Ministero della Salute di Hamas nel fissare un numero totale di vittime giornaliero. Questo si deduce dall'eccessiva regolarità con cui i totali giornalieri aumentano, il che rende poco credibile la loro autenticità. Successivamente, sembra che abbiano attribuito casualmente circa il settanta percento di queste cifre totali alle donne e ai bambini, variando questa distribuzione di giorno in giorno. Infine, il numero delle vittime maschili è stato adattato per raggiungere il totale prefissato. Questo spiegherebbe il perché di dati così incoerenti e delle evidenti anomalie osservate.[179]

Vi sono anche altre evidenti "bandiere rosse". Il Ministero della Salute di Gaza ha costantemente sostenuto che circa il settanta percento delle vittime siano donne o bambini, un dato molto più alto rispetto ai numeri riportati nei conflitti precedenti con Israele. Inoltre, se il settanta percento delle vittime

---

[178] *Ibidem.*
[179] *Ibidem.*

sono donne e bambini e il venticinque percento della popolazione è composto da uomini adulti, ciò suggerisce che i numeri riportati siano almeno grossolanamente inaccurati e molto probabilmente falsificati. Infine, il 15 febbraio, Hamas ha ammesso di aver perso 6.000 propri combattenti, un dato che corrisponde a più del venti percento del totale delle vittime riportate, il che pone in evidenza ulteriori incongruenze. Detto in altri termini: se Hamas riporta che il settanta percento delle vittime sono donne e bambini, ma anche che il venti percento sono combattenti, lo scenario descritto è alquanto improbabile da riscontrare in occasione di un confronto armato in territorio urbano, a meno che Israele non abbia in qualche modo volutamente evitato di uccidere uomini non combattenti, oppure che Hamas voglia lasciar intendere che quasi tutti gli uomini di Gaza siano combattenti di Hamas.

Ci sono numeri migliori a disposizione per chi vuole verificare la veridicità dei dati forniti da Hamas? Alcuni osservatori obiettivi hanno riconosciuto che i numeri di Hamas in precedenti conflitti con Israele fossero relativamente accurati. Tuttavia, la guerra Israele-Hamas iniziata nel 2023 si è imposta come un qualcosa di completamente diverso dagli eventi che l'hanno preceduta, per scala e per portata; gli osservatori internazionali che in passato hanno potuto monitorare gli scontri tra Israele e Hamas, sono stati completamente assenti nell'ultimo conflitto, quindi non è possibile fare affidamento sul passato come elemento di riferimento. La "nebbia della guerra" (*fog of war*) è particolarmente densa a Gaza, e ciò rende impossibile determinare rapidamente i totali delle morti civili con un adeguato grado di precisione. Inoltre, da un lato, i conteggi ufficiali delle morti palestinesi non distinguono tra soldati e bambini, dall'altro, Hamas incolpa Israele per tutte le morti, anche quelle causate dal lancio fallito di razzi da parte palestinese, esplosioni accidentali, omicidi deliberati o scontri intestini. A conferma di ciò, vi è un documento ufficiale di Hamas (in *Figura 14*), recuperato dalle forze israeliane a Gaza, che si riferisce apertamente alle vittime civili causate dal fallimento di lanci di razzi da parte del gruppo Jihad islamico palestinese e che confermerebbe la volontà di attribuirne la responsabilità a Israele.

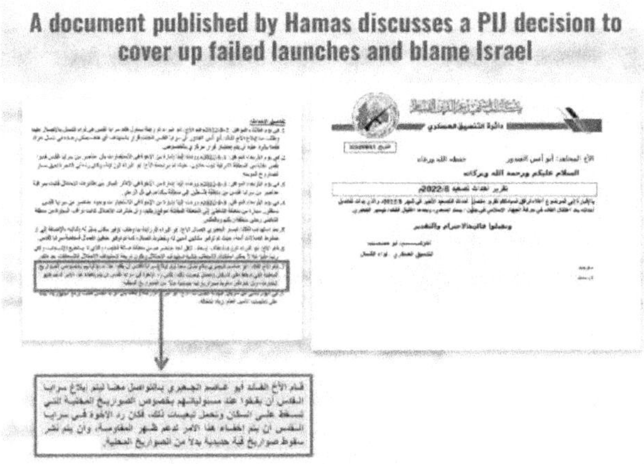

Figura 14. Documento attribuito a Hamas e relativo a vittime civili causate da lancio errato di razzi da parte del gruppo Jihad islamico palestinese.

Un gruppo di ricercatori della Johns Hopkins Bloomberg School of Public Health ha confrontato i rapporti di Hamas con i dati sui lavoratori dell'Unrwa, sostenendo che, poiché i tassi di mortalità erano approssimativamente simili, i numeri di Hamas non sarebbero stati aumentati artificiosamente. Tuttavia, tale argomentazione si basa su un'assunzione non verificata, ossia che i lavoratori dell'Unrwa non siano in modo sproporzionato più inclini a essere uccisi rispetto alla popolazione generale; un'ipotesi che potrebbe essere confutata – evidenzia Wyner – dalla possibile affiliazione a Hamas di una frazione dei lavoratori dell'Unrwa, alcuni dei quali hanno partecipato attivamente al massacro del 7 ottobre.[180]

La verità sulla guerra Israele-Hamas è ancora sconosciuta e probabilmente rimarrà tale; ma è altresì probabile che il numero totale delle vittime civili sia enormemente esagerato. Israele stima che almeno 12.000 combattenti palestinesi siano stati uccisi: se anche solo questo numero fosse ragionevolmente accurato, il rapporto tra vittime non combattenti e combattenti sarebbe notevolmente basso, il che indica uno sforzo notevole per evitare perdite umane inutili mentre si combatte un nemico che si nasconde tra la popolazione civile.[181]

---

[180] *Ibidem.*
[181] *Ibidem.*

Date	Children	Women	Total	Men (implied)	Daily Children	Daily Women	Daily Men	Daily Total
10/26/2023	2913	1709	7028	2406				
10/27/2023	3038	1792	7362	2532	125	83	126	334
10/28/2023	3195	1863	7703	2645	157	71	113	341
10/29/2023	3324	2062	8005	2619	129	199	-26	302
10/30/2023	3457	2062	8309	2790	133	0	171	304
10/31/2023	3542	2187	8525	2796	85	125	6	216
11/01/2023	3650	2252	8805	2903	108	65	107	280
11/02/2023	3760	2326	9061	2975	110	74	72	256
11/03/2023	3826	2405	9257	3026	66	79	51	196
11/04/2023	3900	2430	9485	3155	74	25	129	228
11/05/2023	4008	2550	9770	3212	108	120	57	285
11/06/2023	4104	2550	10022	3368	96	0	156	252
11/07/2023	4237	2719	10328	3372	133	169	4	306
11/08/2023	4324	2823	10569	3422	87	104	50	241
11/09/2023	4442	2918	10818	3458	118	95	36	249
11/10/2023	4506	3027	11078	3545	64	109	87	260

Figura 15. I dati utilizzati da Wyner, riportati per colonne (Fonte Tablet Magazine).

Capitolo 5
L'approccio israeliano alla guerra urbana e sotterranea

"Guerra di manovra": evoluzione e prospettive di successo

Oggi i comandanti militari si trovano a operare in un ambiente sempre più complesso e imprevedibile, caratterizzato da cambiamenti rapidi, informazioni frammentarie e sfide uniche poste da contesti urbani densamente popolati. La guerra moderna, con le sue armi elettroniche, le frontiere incerte e nemici spesso indefinibili, richiede strategie che vadano oltre i metodi tradizionali. In risposta a queste sfide, la guerra di manovra è diventata una tattica fondamentale, privilegiando l'agilità, l'innovazione e la capacità di adattamento. Questo approccio, sviluppato e perfezionato negli ultimi decenni, risponde alle esigenze del campo di battaglia contemporaneo, sottolineando l'importanza di strategie flessibili e dinamiche in un mondo in continuo cambiamento. E la guerra Israele-Hamas ha confermato tale necessità di adattamento.

La natura della guerra

La guerra si svolge su diversi livelli, mescolando sfide fisiche, psicologiche e strategiche che mettono alla prova non solo la forza, ma anche l'ingegno dei comandanti. Questi affrontano l'incertezza, l'attrito e la fluidità: tre elementi che insieme tessono il complesso tessuto del conflitto. L'attrito può rallentare un esercito, rendendo difficili compiti altrimenti semplici a causa di fattori come il terreno ostile o la mancanza di coordinamento. L'incertezza, o la "nebbia della guerra", offusca la chiarezza decisionale, imponendo a ogni scelta un rischio calcolato. La fluidità fa della guerra un dinamismo in costante evoluzione, costringendo a continui adattamenti tattici e strategici.

In questo contesto di disordine, emergono le vere qualità di un *leader* militare: la capacità di navigare nel *caos*, di utilizzare l'incertezza a proprio vantaggio e di adattarsi rapidamente. Queste sono le qualità che definiscono la guerra di manovra, una strategia che predilige l'astuzia alla forza bruta e che trova le sue radici in figure storiche come Sun Tzu, Napoleone Bonaparte e Stonewall Jackson. Formalizzata nel manuale *Warfighting* del Corpo dei *marines* nel 1989, questa filosofia enfatizza l'importanza della flessibilità, del coraggio e dell'iniziativa.

Il manuale *Warfighting* è un documento fondamentale dei *marines* statunitensi, che definisce una struttura "filosofico-dottrinale" del combattimento e delle operazioni militari. Pubblicato per la prima volta come "Mcdp 1" (*Marine Corps Doctrinal Publication 1*), *Warfighting* è stato concepito per essere letto da tutti i *marines*, indipendentemente dal grado o dalla specializzazione, con l'obiettivo di inculcare una comprensione comune dei principi fondamentali della guerra e di promuovere un approccio mentale aggressivo e proattivo al combattimento.

Il documento tratta vari aspetti della guerra, inclusi la natura e la teoria del combattimento, i principi del conflitto armato e l'approccio dei *marines* alla guerra. Si concentra in particolare sulla guerra di manovra, che enfatizza la velocità, la sorpresa e l'uso creativo della forza per sconfiggere il nemico, piuttosto che il confronto diretto e l'attrito. *Warfighting* sottolinea l'importanza dell'adattabilità, dell'iniziativa, del processo decisionale decentralizzato e della capacità di operare efficacemente in condizioni di incertezza e *caos*. Tra i concetti chiave illustrati troviamo "la nebbia della guerra" – l'incertezza intrinseca nel combattimento che richiede rapidità di decisione e flessibilità –, "l'attrito" – l'usura fisica e psicologica su persone e materiali che influisce sull'esito delle operazioni militari, "il centro di gravità" – il punto in cui colpire il nemico per ottenere il massimo effetto con il minimo sforzo, "la decisione" – l'importanza di prendere decisioni rapide e assertive in battaglia.

Warfighting ha avuto un impatto significativo non solo sui militari ma anche su teorici militari in tutto il mondo. Il suo approccio alla guerra, intesa come ambiente fluido e in continuo cambiamento ha così influenzato la formazione militare e la pianificazione strategica di molti eserciti.

In un'era caratterizzata da cambiamenti rapidi e incertezza, la guerra di manovra offre lezioni preziose e insegna che il successo deriva non solo dall'abilità di superare gli avversari in termini di risorse o numeri, ma anche dall'essere capaci di anticipare e plasmare proattivamente il campo di battaglia: questa è la chiave per ottenere vantaggi significativi, evitando il logoramento e assicurando che la vittoria sia determinata non solo dalla forza, ma anche dall'intelligenza e dalla capacità di adattamento.

Gli elementi della guerra di manovra

La guerra di manovra, declinandola dal manuale *Warfighting*, si basa su sette elementi guida: identificazione delle vulnerabilità, audacia, sorpresa, concentrazione dello sforzo, processo decisionale decentralizzato, velocità e coordinazione. Vediamoli, in estrema sintesi.

Conoscere le vulnerabilità critiche avversarie. Nell'arte della guerra di manovra, identificare e sfruttare i punti deboli del nemico è fondamentale. Questa strategia richiede uno studio attento dell'avversario per scoprire quelle vulnerabilità che, se colpite, possono infliggere il massimo danno. La chiave del successo sta nell'agire rapidamente una volta individuato il "tallone d'Achille" avversario, concentrandovi tutte le risorse disponibili per trarne il maggior vantaggio possibile. Un esempio storico dell'efficacia di questa tattica è dato dalla "Battaglia dell'Isonzo" nella Grande Guerra, dove Erwin Rommel, allora tenente e al comando di una piccola unità, seppe individuare e attaccare un passaggio montano critico per le linee di rifornimento italiane. L'astuto movimento di Rommel non solo sorprese l'avversario ma portò al crollo di una parte significativa del fronte italiano, dimostrando come l'intuizione e l'azione decisa su un punto vulnerabile possano avere conseguenze devastanti per il nemico. Questo episodio anticipò le tattiche che Rommel avrebbe poi perfezionato nella Seconda guerra mondiale, guadagnandosi il soprannome di "volpe del deserto" per la sua abilità nel condurre operazioni rapide e sorprendenti in grado di sfruttare le debolezze nemiche. La storia di Rommel rimane un classico esempio di come, nella guerra di manovra, l'analisi accurata e l'audacia nell'azione possano cambiare le sorti di interi conflitti.

Audacia. Sul campo di battaglia, l'audacia di puntare a conquiste significative invece di miglioramenti graduali può fare la differenza tra una vittoria memorabile e un successo marginale. Questa strategia implica talvolta di destinare risorse verso operazioni dall'esito incerto, dove il calcolo del rischio si basa su valutazioni informate ma spesso incomplete. La guerra di manovra, in particolare, sfida i comandanti a prendere decisioni coraggiose anche quando le informazioni a disposizione sembrano sconsigliarlo. Questo approccio, che deve essere equilibrato per evitare imprudenze, è talvolta l'unico percorso verso un trionfo decisivo. Un esempio emblematico di tale audacia è l'assalto anfibio compiuto dal Generale Douglas MacArthur a Inchon durante la Guerra di Corea nel 1950. Considerato uno dei più audaci nella storia militare moderna, l'attacco sfidò tutte le previsioni a causa delle condizioni geografiche estremamente sfavorevoli. Tuttavia, la scelta di MacArthur di procedere, nonostante le sfide e le scarse difese nemiche, si rivelò vincente: le sue truppe riuscirono non solo a sbarcare ma anche a procedere velocemente verso Seoul, ribaltando le sorti del conflitto a favore degli Stati Uniti. Questa operazione dimostra come, nella complessità del combattimento, l'ardire e la capacità di andare oltre il convenzionale possano aprire le porte a successi straordinari.

Sorpresa. Sorprendere il nemico è una tattica fondamentale in guerra, che può disorientarlo e rendere tardiva la sua reazione. I comandanti cercano di oscurare le informazioni al nemico attraverso la furtività, l'ambiguità o l'inganno, rendendo così difficile per quest'ultimo prepararsi efficacemente all'attacco. Un esempio storico è l'attacco a sorpresa dell'aeronautica israeliana nel 1967 contro le basi egiziane, che sfruttò la furtività per distruggere quasi tutta l'aeronautica egiziana prima che questa avesse la possibilità di reagire. Similmente, durante l'operazione *Desert Storm*, le forze della *Coalizione* usarono l'ambiguità per disperdere le difese irachene, attaccando infine da una direzione inaspettata (attuazione del "piano d'inganno"). L'inganno, il più complesso tra i metodi di sorpresa, fu magistralmente impiegato dagli *Alleati* nella Seconda guerra mondiale, convincendo i tedeschi che l'invasione del D-day avrebbe avuto luogo a Pas de Calais, quando in realtà le forze alleate sbarcarono in Normandia. Queste strategie evidenziano come la capacità di confondere e ingannare il nemico sia cruciale per ottenere il vantaggio e potenzialmente decidere l'esito di un conflitto.

Centro di gravità. Nell'arte della guerra, saper cogliere i momenti decisivi richiede che i comandanti concentrino le risorse strategicamente, creando un vantaggio tattico anche quando sono in inferiorità numerica. Questo approccio, tuttavia, comporta sfide significative dovute alla limitata disponibilità di risorse e alla difficoltà di spostarle efficacemente. Un esempio storico di tale strategia si trova nella campagna tedesca in Francia nel 1940 dove, nonostante una netta inferiorità numerica, le forze tedesche riuscirono a ottenere una vittoria decisiva. Concentrando un'imponente quantità di bombardieri e divisioni in un punto debole della linea francese, riuscirono a infrangere le difese nemiche. Questo successo dimostra come l'uso mirato della forza in momenti e luoghi chiave possa portare a risultati significativi, pur presentando il rischio di lasciare altre aree vulnerabili a possibili contrattacchi.

Processo decisionale decentralizzato ("mission command"). Nel cuore della strategia militare vige il concetto di delegare l'autorità decisionale ai ranghi inferiori, un approccio che si rivela cruciale nell'affrontare l'incertezza e la fluidità del campo di battaglia. Questa filosofia si basa sulla convinzione che coloro che sono più vicini all'azione possiedono una prospettiva unica e accesso immediato a informazioni critiche, permettendo loro di prendere decisioni rapide e informate che riflettano gli obiettivi più ampi stabiliti dal comando superiore. L'incoraggiamento verso l'iniziativa individuale può non solo portare a successi imprevedibili, ma anche consentire che le opportunità identificate a livello individuale possano guidare l'intera organizzazione verso nuovi successi strategici. L'esempio del generale Patton durante la Seconda guerra mondiale, che guidava con ordini concisi e puntuali piuttosto che con direttive lunghe e complicate, sottolinea l'efficacia di questo approccio. Patton dimostrò che dare fiducia alle capacità e all'ingegnosità dei propri subalterni può tradursi in manovre audaci e vittorie decisive, esemplificando perfettamente come la delega di responsabilità possa essere uno degli strumenti più potenti nell'arsenale di un *leader*.

Velocità d'azione. Nel dinamico teatro della guerra di manovra, la velocità assume un ruolo decisivo, non tanto in termini di rapidità assoluta, quanto piuttosto come capacità di agire e reagire più prontamente del nemico. Questa agilità strategica permette di tenere l'avversario in uno stato di perenne incertezza e di ritardo, incrementando così le probabilità di prevalere nel corso del tempo. La guerra di manovra, infatti, si gioca tanto sulla capacità di anticipare e adattarsi rapidamente, quanto sulla forza bruta. Un esempio storico emblematico è rappresentato dalla "Battaglia d'Inghilterra", dove l'uso innovativo del *radar* permise agli inglesi di intercettare e contrastare gli assalti aerei tedeschi con un'efficacia tale da indurre infine il nemico a rinunciare ai bombardamenti diurni. Questa abilità di sfruttare la velocità relativa, trasformando la reattività in un vantaggio tattico, evidenzia come la guerra di manovra richieda non solo la forza, ma anche e soprattutto una superiore capacità di giudizio e di coordinamento delle proprie risorse.

Coordinazione (Combined Arms). Nella guerra di manovra, l'uso innovativo di armi complementari permette di mettere il nemico di fronte a dilemmi tattici, aumentando così l'efficacia complessiva delle forze in campo. Questo approccio, tuttavia, si scontra con la limitata disponibilità e fungibilità delle risorse. Esempi storici e moderni, come la citata operazione *Desert Storm* o le innovazioni di Napoleone con i corpi d'armata, dimostrano come la coordinazione tra diverse unità e tipologie di armi possa generare vantaggi significativi, superando le limitazioni logistiche e incrementando la potenza offensiva. Questa strategia richiede una gestione accurata delle risorse e un'adattabilità alle mutevoli condizioni di battaglia, enfatizzando l'importanza di una pianificazione strategica e di un'esecuzione coordinata nel conseguire il successo militare.

Identificare le proprie vulnerabilità e anticipare quelle avversarie

La guerra di manovra, nonostante alcuni scetticismi legati alla sua efficacia e alla preferenza per strategie più dirette come la guerra di attrito, ha dimostrato nel tempo la sua validità in scenari di conflitto variabili e complessi. Questo approccio richiede non solo abilità tattiche ma anche qualità umane come flessibilità, indipendenza di pensiero, audacia e integrità morale, essenziali per navigare l'incertezza e il disordine del campo di battaglia. Lontano dall'essere una tattica del "combattere sporco", la guerra di manovra si pone come strategia del "combattere intelligentemente", tenendo conto delle implicazioni etiche di ogni azione e sottolineando l'importanza dell'integrità e dell'autodisciplina.

Il contesto dinamico della guerra di manovra implica che i comandanti, e i loro *staff*, debbano essere sempre pronti a riconoscere e sfruttare le vulnerabilità dei rivali, consapevoli che questi ultimi possano adottare strategie simili per invertire le condizioni a loro vantaggio. Il caso storico dell'inganno sul D-day nel 1944 – quando gli *Alleati* indussero i tedeschi a pensare che l'attacco sarebbe avvenuto in un punto diverso del fronte rispetto a quello che fu il centro di gravità dell'operazione – dimostra come la velocità e la sorpresa possano ribaltare le dinamiche competitive, costringendo gli avversari sulla difensiva. Identificare le proprie vulnerabilità e anticipare quelle degli avversari è dunque cruciale non solo per la sopravvivenza immediata ma anche per assicurarsi un vantaggio strategico nel lungo termine, evitando sconfitte inaspettate e garantendo il successo attraverso l'evoluzione continua delle proprie tattiche.

Strategia militare delle Israel Defense Forces (Idf)

Il conflitto Israele-Hamas, con l'avvio dell'operazione *Iron Swords* (2023) in conseguenza degli attacchi palestinesi del 7 ottobre, apre a un nuovo approccio alla guerra: un'evoluzione coerente con l'evoluzione del campo di battaglia e delle tecnologie a disposizione degli eserciti. Il successo di Hamas, la violenza delle azioni terroristiche, l'impiego strutturato e massiccio di razzi da Gaza e la capacità di penetrazione all'interno del territorio israeliano di *commando* palestinesi attraverso tecniche, tattiche e procedure strutturate che hanno colto di sorpresa l'*intelligence* israeliana hanno messo in evidenza l'emergere di scenari di guerra e minacce molto diversi da quelli che hanno caratterizzato la Seconda guerra del Libano (2006), le operazioni *Protective Edge* (2014) e *Wall Guardian* (2021). Queste campagne non possono essere prese a riferimento per la guerra Israele-Hamas, semplicemente perché questa è frutto della sovrapposizione di tutte le minacce potenziali: interne, esterne, regionali e globali, intrecciate tra di loro.

Lo sviluppo dell'offensiva israeliana nella Striscia di Gaza e a difesa delle probabili minacce interne ed esterne, dagli attacchi in Israele, alla Cisgiordania, al Libano, si è sviluppata seguendo i principi della dottrina strategica delle Idf,[182] così come delineata dal generale Gadi Eizenkot, capo di stato maggiore della Difesa israeliana dal 2015 al 2019, a cui, nel 2020, è seguito il nuovo concetto operativo denominato *"Decisive Victory"*[183] che definisce i gruppi come Hamas e Hezbollah non come "insorti" o "guerriglieri", ma come «eserciti organizzati, ben addestrati, ben equipaggiati per le loro missioni» in grado di migliorare le proprie capacità con il tempo. La riforma delle Idf, che ha seguito i dettami della dottrina strategica e del concetto operativo, è stata anche modellata dalle preoccupazioni sulle prospettive di un'*escalation* orizzontale, cioè l'apertura

---

[182] *Official Strategy of the Israel Defense Forces*, Belfer Center for Science and International Affairs Harvard Kennedy School, Cambridge, in https://www.belfercenter.org/sites/default/files/files/publication/Idf%20doctrine%20translati on%20-%20web%20final2.pdf.

[183] Ortal E., *Going on the Attack: The Theoretical Foundation of the Israel Defense Forces' Momentum Plan*, Dado Center Journal, 1 ottobre 2020, in https://www.Idf.il/en/mini-sites/dado-center/vol-28-30-military-superiority-and-the-momentum-multi-year-plan/going-on-the-attack-the-theoretical-foundation-of-the-israel-defense-forces-momentum-plan-1/.

di più fronti contemporaneamente, premessa a una regionalizzazione dello scontro. Secondo questa logica, il conflitto iniziato a Gaza ha dato il via a scontri in Cisgiordania, nel sud del Libano, sulle alture del Golan e all'episodio storico, dell'attacco diretto di Teheran a Israele il 13-14 aprile 2024 e la conseguente risposta israeliana del successivo 18 aprile, per giungere all'attacco israeliano contro le infrastrutture nucleari iraniane il 13 giugno 2025 e relativa contro-reazione iraniana.

Il documento strategico della Difesa israeliana

La dottrina strategica delle Idf è l'infrastruttura teorica e pratica da cui discendono tutti gli altri documenti militari, si concentra su interessi nazionali vitali, sulla sicurezza nazionale e sui fondamenti di impiego dello strumento militare. È, in sintesi, una linea guida per combinare le convenzioni elementari della sicurezza nazionale con i principi e le regole delle teorie militari.

Il documento identifica gli obiettivi nazionali di Israele: il primo è garantire l'esistenza dello Stato di Israele, proteggerne l'integrità territoriale e la sicurezza dei suoi cittadini e residenti; il secondo è preservare i valori dello Stato, inteso come casa per il popolo ebraico, e il suo carattere di stato ebraico e democratico.

La dottrina strategica illustra poi i fattori di minaccia allo Stato. In primo luogo gli Stati lontani (Iran) e vicini (Libano), falliti o in fase di ricostituzione (Siria); poi identifica le organizzazioni sub-statali (Hezbollah, Hamas) o le organizzazioni terroristiche senza collegamento a uno Stato o comunità specifiche (Jihad Globale Palestinese, Stato Islamico e altri).

Tra i principi su cui si basa il concetto di sicurezza nazionale si impone la primazia di una strategia difensiva, volta a garantire l'esistenza di Israele creando un'efficace cornice di deterrenza, neutralizzando le minacce incombenti e ritardando l'eventualità di un conflitto. Ma, come evidenzia il documento, si impone la necessità di definire l'applicazione di un concetto militare offensivo, partendo dall'assunto di base che il nemico non può essere sconfitto tramite la difesa. Si rende pertanto necessaria una capacità offensiva per ottenere risultati militari chiari in cui l'uso della forza sia previsto in modo determinato, al fine di raggiungere gli obiettivi politici, e operando in conformità con il diritto internazionale.

Altro aspetto rilevante è l'accento sulla cooperazione strategica, in particolare il rafforzamento delle relazioni con gli Stati Uniti e lo sviluppo di relazioni strategiche con altri paesi chiave, oltre alla volontà di stabilire e rafforzare le buone relazioni a livello globale.

Alla cooperazione strategica fa eco la necessità di rafforzare la posizione di Israele all'interno dell'arena regionale, attraverso il mantenimento degli accordi di pace e la realizzazione del potenziale di cooperazione con elementi regionali moderati. Uno sviluppo, questo, che alla luce del processo di normalizzazione avviato con gli *Accordi di Abramo* e le conseguenze degli attacchi del 7 ottobre, ha attraversato una fase critica che però non ha precluso una nuova fase di vicinanza e supporto da parte dei paesi arabi in occasione dell'atto di rappresaglia iraniana del 13-14 aprile 2024, momento in cui la Giordania e l'Arabia Saudita hanno attivamente sostenuto gli israeliani contribuendo alla sua difesa militare.

Il mantenimento di un vantaggio relativo sui *competitor* di Israele – evidenzia il documento – si basa sulla qualità umana, sulla disponibilità di tecnologia militare avanzata e su una straordinaria capacità di *intelligence*. Un vantaggio incentrato su obiettivi perseguibili in termini di sicurezza, termine declinato in tutte le sue accezioni e che sia intesa all'istituzione di lunghi periodi di calma per garantire lo sviluppo della società, dell'economia e della scienza, nonché il miglioramento continuo delle capacità israeliane di far fronte alle emergenze e alla guerra. In tale visione si colloca l'obiettivo di rafforzare, senza soluzione di continuità, una condizione di deterrenza a livello regionale e nei confronti di tutte le minacce potenziali; un obiettivo perseguibile mediante il mantenimento di un potere militare forte e coerente, e sulla determinazione di utilizzare la forza militare fino in fondo, se necessario. Una capacità di deterrenza, quella israeliana, che agisce parallelamente all'azione preventiva finalizzata a indebolire le capacità del nemico – sia in situazioni di emergenza che in stato di guerra –, neutralizzare tempestivamente le minacce e limitare i danni allo Stato di Israele nel rispetto del diritto dei conflitti armati e dei quattro principi fondamentali: necessità militare, distinzione, proporzionalità e umanità.

Infine, un riferimento importante alla necessità di coordinamento e chiarezza tra la volontà politica e l'impiego dello strumento militare. Un rapporto sinergico che deve prevedere, in primo luogo, la definizione degli obiettivi e gli *"end states"* strategici richiesti, in secondo luogo, il ruolo delle forze armate e come dovrebbero integrarsi nel raggiungimento degli obiettivi, inoltre, quali sono i vincoli e i *caveat* previsti per l'uso della forza militare e, infine, quali sono gli altri strumenti (politici, economici, mediatici, sociali) e come le Idf devono tenerne conto e coordinarsi con essi. Un approccio, quello descritto, che prevede un dialogo continuo tra il vertice militare (il capo di stato maggiore generale) e quello politico, poiché l'indirizzo politico è l'elemento essenziale su cui vengono avviati i processi di pensiero strategico dello stato maggiore e, di conseguenza, il processo di pianificazione operativa.

Dalla strategia all'operazione offensiva

Partendo dalla strategia delle Idf, come si è sviluppata la pianificazione e la condotta di un'operazione contro Gaza in contemporanea con la necessità di proteggere lo Stato di Israele e la sua popolazione da azioni militari e terroristiche?

Per cercare di definire quanto più correttamente lo scenario che si è realizzato dobbiamo tenere in considerazione la natura della minaccia: multipla e trasversale, sia esterna che interna. E questo è stato confermato dalle attività violente o minacce esplicite da Siria (uno stato frammentato e instabile, ancorché in fase post-*regime change* dal dicembre 2024 poi collassato nel dicembre 2024), Libano (a rischio di implosione), Iran (soggetto che trae il maggior vantaggio dall'indebolimento di Israele), da *Ansar Allah* degli Houthi in Yemen, così come dalla Cisgiordania, da attori non statali operativi a livello locale e regionale, come il libanese Hezbollah e il *gazawi* Hamas – o dal contributo di organizzazioni militari esterne – come ha confermato l'attivismo in Libano di Abu ala al-Walai, il comandante della formazione sciita *Kata'ib Sayyid al Shuhada*, dagli stretti legami con il corpo delle guardie rivoluzionarie islamiche dell'Iran e del gruppo *Badr* – e dalla galassia *jihadista* che è accorsa a supporto di Hamas. E ancora, tra le minacce identificate dalla dottrina strategica che incombono come macigni su Israele, anche le organizzazioni terroristiche senza legami con Stati o comunità, in particolare Jihad islamico palestinese, il gruppo Stato islamico e altri.

Guardando al documento strategico emerge come Israele fino al 7 ottobre 2023 abbia coerentemente fatto affidamento sul duplice approccio difensivo-offensivo. Da un lato, dunque, la strategia di sicurezza difensiva, basata sull'impegno ad assicurare l'esistenza di Israele creando una deterrenza efficace, neutralizzando le minacce ed evitando, per quanto possibile, lo scontro diretto. Dall'altro lato, l'adozione e l'applicazione del concetto militare offensivo, partendo dall'assunto di base che il nemico non possa essere sconfitto attraverso una postura difensiva e che, pertanto, è necessario usare la forza militare in una posizione offensiva.

Ma entrambi gli approcci si sarebbero dovuti basare, come essenziale elemento di forza, sulla conoscenza della minaccia attraverso l'*intelligence*, altro pilastro della dottrina strategica israeliana. Un elemento essenziale che invece è mancato a Israele e il cui risultato sono le migliaia di morti e feriti registrati in due giorni di feroce barbarie da parte delle brigate *Izz ad-Din al-Qassam* di Hamas, a cui è seguita un'offensiva militare in cui gli obiettivi militari sono stati ben definiti all'avvio dell'operazione *Iron Swords*, ma non quelli politici di lungo periodo, in particolare il futuro dell'amministrazione politica di Gaza.

La dottrina militare di Israele per la *urban warfare*

La guerra urbana, sia nelle città che, ampliando la definizione a tutti gli spazi confinati artificiali, in fortezze e castelli, è stata una caratteristica della guerra fin dall'antichità. Molti dei princìpi riconosciuti come caratterizzanti la guerra urbana contemporanea, erano ampiamente applicabili nel periodo premoderno, ad eccezione degli aerei o, andando ancora più indietro nel tempo, degli esplosivi.[184] Quali sono i parametri e le caratteristiche della guerra urbana contemporanea? John Spencer, in un recente contributo sulla *urban warfare*,[185] offre un utile elenco di otto fattori caratterizzanti la guerra urbana moderna che, alla luce dei più recenti sviluppi tattici e tecnici, invitano a una doverosa riflessione sulla loro validità e su quanto i fattori "innovazione" e "adattamento" possano condizionare non solo i processi decisionali e di pianificazione operativa, ma anche gli esiti dei confronti asimmetrici.

Primo fattore. I difensori godono quasi sempre di un vantaggio tattico, in particolare nelle città, anche se ciò non implica che avranno necessariamente successo a livello operativo o strategico.

Secondo fattore. Il terreno urbano ostacola la capacità della forza attaccante di utilizzare l'*intelligence*, la sorveglianza, di dispiegare risorse aeree e di ingaggiare i difensori a distanza.

Terzo fattore. Le forze attaccanti hanno difficoltà nel godere dell'elemento sorpresa poiché sono monitorate dalle truppe in difesa, che rimangono nascoste agli attaccanti.

Quarto fattore. Gli edifici, in particolare quelli in cemento armato o in pietra, svolgono il ruolo di *bunker* fortificati dai quali le forze difensive possono colpire.

Quinto fattore. Gli attaccanti tendono a utilizzare una grande quantità di esplosivi per accedere agli edifici e negarli alle forze in difesa.

---

[184] Morag N., *Urban Warfare: The Recent Israeli Experience*, Journal of Strategic Security 16, no. 3 (2023): 78-99. DOI: https://doi.org/10.5038/1944-0472.16.3.2084. In: https://digitalcommons.usf.edu/jss/vol16/iss3/6.

[185] Spencer J. (2021), *The Eight Rules of Urban Warfare and Why We Must Work to Change Them*, Modern War Institute at West Point, (West Point, NY: United States Military Academy, January 12, 2021), in: https://mwi.usma.edu/the-eight-rules-of-urban-warfareand-why-we-must-work-to-change-them/

Sesto fattore. I difensori hanno il vantaggio di una capacità di manovra relativamente libera all'interno della città e una conoscenza particolare delle vie di comunicazione, primarie e secondarie (strade, vicoli e labirinti); tale capacità è ridotta dall'utilizzo da parte degli attaccanti di dispositivi aerei senza pilota (*droni*), o altri dispositivi, di sorveglianza o attacco.

Settimo fattore. I difensori possono costruire infrastrutture sotterranee (tunnel, depositi di armi, aree logistiche) e utilizzarle per accedere e attaccare molteplici obiettivi all'interno della città e in prossimità della stessa. Gli attaccanti in genere hanno poca o nulla conoscenza di queste infrastrutture.

Ottavo fattore. Né le forze attaccanti né quelle difensive possono mantenere le loro unità e i loro equipaggiamenti concentrati in un'unica area. La concentrazione delle forze è uno dei fattori decisivi sul campo di battaglia nelle guerre convenzionali in quanto, storicamente, l'obiettivo delle operazioni campali è concentrare la propria forza per decimare l'esercito avversario. L'impossibilità di utilizzare forze di massa offre svantaggi per entrambe le parti. Come la storia più recente ci ha dimostrato, dall'Iraq alla Siria, all'Afghanistan allo Yemen, la forza in difesa è in genere di natura "irregolare" mentre la forza attaccante, che è un esercito moderno, gode di vantaggi tecnologici, numerici, di addestramento e di equipaggiamento che in molti casi non possono essere sfruttati efficacemente come nella guerra in campo aperto. Data la differenza dei due avversari schierati sul campo e la differente capacità militare, la forza militare moderna è spesso costretta a schermaglie con combattenti irregolari, con entrambi i fronti equipaggiati in modo simile; in tale contesto, il vantaggio in termini di addestramento da parte delle forze regolari viene ridimensionato, quando non addirittura annullato, dalla conoscenza del terreno che possiedono le unità irregolari in difensiva.

Inoltre, i gruppi irregolari in difesa di posizioni in contesto urbano godono di un notevole vantaggio in termini di tempo per preparare il loro sistema difensivo, adattando – a proprio vantaggio – la città al conflitto, includendo misure quali la predisposizione di tunnel, l'interdizione di spazi e aree per le imboscate, la costruzione di depositi di munizioni, l'allestimento di postazioni per cecchini e di trappole esplosive (*booby traps*).[186]

---

[186] Una trappola esplosiva è un dispositivo o una configurazione che ha lo scopo di uccidere, ferire o sorprendere un avversario. È innescato dalla presenza o dalle azioni della vittima e talvolta ha una qualche forma di esca progettata per attirare la vittima verso di esso. La

Poiché la guerra moderna ha avuto negli ultimi decenni una prevalenza asimmetrica, dall'Afghanistan all'Iraq alla Siria, le formazioni irregolari di guerriglieri e insorti sanno di non poter superare i loro avversari in battaglie in campo aperto e quindi devono fare affidamento sui vantaggi offerti da una copertura estensiva, sia in ambienti naturali come giungle, montagne, deserti, o in altre località difficili da accedere e controllare, sia nelle città.[187]

Dal 1979 al 2011, la minaccia militare tradizionale verso Israele è diminuita drasticamente, per poi scomparire di fatto. Parallelamente, si è assistito a un aumento graduale della minaccia asimmetrica da parte di forze irregolari, come gruppi terroristici, forze di guerriglia o insurrezionali, incapaci di schierare aerei, artiglieria o carri armati in numero o capacità sufficienti per rappresentare una qualsiasi minaccia sul campo di battaglia per le Idf.[188] Di conseguenza, gli unici luoghi in cui le forze irregolari hanno potuto tentare di bilanciare le forze sul campo con le Idf sono stati gli ambienti urbani ad alta densità di popolazione, dove i militari israeliani sono sempre stati riluttanti a concentrare il massimo sforzo militare e a sfruttare pienamente le capacità belliche convenzionali. Di fatto, lo scenario della guerra urbana ha in parte privato le Idf di uno dei principali vantaggi tattici: il supporto aereo.

Pertanto, poiché i principali avversari "irregolari" di Israele sono insediati, quasi totalmente nel caso di Hamas e di altri gruppi palestinesi, o in gran parte, come nel caso di Hezbollah, in ambienti urbani, le città palestinesi e libanesi e i grandi villaggi sono diventati il principale campo di battaglia di Israele; avversari che si associano, in termini di minaccia, allo scenario di attacchi aerei e navali israeliani a lungo raggio contro il programma nucleare iraniano.

A differenza delle armate arabe nei primi decenni dell'esistenza di Israele, le attuali forze irregolari – Hamas, Hezbollah, Jihad islamico palestinese – non rappresentano una minaccia esistenziale per Israele come Stato, almeno

---

trappola può essere impostata per agire sui trasgressori che entrano in aree riservate e può essere attivata quando la vittima esegue un'azione (ad esempio, aprire una porta, raccogliere qualcosa o accendere qualcosa). Può anche essere innescato da veicoli che percorrono una strada, come nel caso degli ordigni esplosivi improvvisati (Ied).

[187] Bernard V., Policinski E., *Interview with Eyal Weizman*, International Review of the Red Cross (2016), 98 (1), 21-35.

[188] Morag N., *Urban Warfare: The Recent Israeli Experience*, Journal of Strategic Security 16, no. 3 (2023): 78-99. DOI: https://doi.org/10.5038/1944-0472.16.3.2084.

fino a quando non saranno in grado di provocare un'*escalation* orizzontale con il coinvolgimento di tutti gli attori ostili a Israele; ma, al netto di questa considerazione, le forze irregolari sono la più temuta minaccia esistenziale per i singoli cittadini dello Stato di Israele. Le forze irregolari hanno infatti dimostrato di essere in grado di produrre o contrabbandare tecnologie missilistiche e razzi, così come *droni*, e impiegarli contro obiettivi militari e civili: questo, come dimostrano i fatti del 7 ottobre, conferma la concretezza di una minaccia crescente che sa trarre vantaggio dai continui progressi tecnologici, spesso provenienti dal mercato civile, sia dalle relazioni con analoghi gruppi o Stati a livello regionale.

I cittadini israeliani, e non le infrastrutture militari, sono così divenuti il primo obiettivo dei razzi lanciati da Hezbollah e dalle varie fazioni palestinesi in Libano, così come da Hamas, il Jihad islamico palestinese e altre fazioni nella Striscia. E, nonostante i fatti del 7 ottobre, è ancora il libanese Hezbollah a essere considerato il pericolo principale tra gli attori non convenzionali, essendo molto meglio equipaggiato (con un arsenale di circa 150.000 razzi e missili), addestrato e godendo di maggiore mobilità rispetto a Hamas e le altre organizzazioni palestinesi, tanto da imporsi come minaccia prioritaria per le città israeliane, la loro infrastruttura e la popolazione civile.[189]

Sul piano prettamente militare, è innegabile che le Idf siano tra le più esperte nella condotta di operazioni terrestri. Fin dalla loro istituzione insieme alla fondazione dello Stato di Israele nel 1948, le Idf hanno condotto numerose operazioni terrestri, come parte di conflitti sia lunghi che brevi, contro vari attori e in diverse circostanze. La "Guerra d'Indipendenza" del 1948, la "Guerra dei sei giorni" del 1967 e la "Guerra del Kippur" del 1973 hanno tutte contribuito a far acquisire esperienza in operazioni terrestri contro eserciti statali organizzati. La manovra su larga scala nella "Prima guerra del Libano" del 1982 e la manovra più limitata nella "Seconda guerra del Libano" del 2006 sono esempi di operazioni terrestri contro gruppi armati non statali (*Non-State armed groups*, NSAGs) operanti nel territorio di altri Stati. E le manovre limitate nei conflitti di Gaza del 2008/2009 e 2014 sono esempi di operazioni terrestri contro i NSAGs che operano in territori sotto il loro pieno controllo.

---

[189] Morag N., *Urban Warfare*, cit.

Nei più recenti di questi conflitti, le operazioni sono state sempre più "manovrate" nel terreno urbano. Come ha evidenziato il generale israeliano Nitsan Alon nel suo articolo *Operational Challenges in Ground Operations in Urban Areas: An Idf Perspective*, questo, insieme al modo in cui gli avversari di Israele hanno saputo sfruttare tali ambienti a loro vantaggio, ha imposto una serie di sfide e complessità uniche nel loro genere.[190]

La necessità di condurre operazioni terrestri in aree urbane

Le operazioni terrestri in aree urbane generano sfide uniche sui piani tattico, umanitario e politico. Qualsiasi comandante militare esperto e capace concorda sul fatto che il terreno di scontro urbano presenti le sfide tattiche più complesse di qualsiasi altro possibile campo di battaglia. Questo non è vero solo per i conflitti attuali: la "battaglia di Stalingrado" nella Seconda guerra mondiale, le "battaglie del Canale di Suez" nel 1956 o la "Prima battaglia di Grozny" nel 1994, per esempio, – rileva il generale Nitsan – sono esempi di come il teatro urbano renda la guerra estremamente difficile e la vittoria decisiva sfuggente. Le strutture fisiche limitano la manovra, riducono la gamma di mezzi impiegabili, nascondono le posizioni nemiche, le trappole esplosive, le loro manovre, e aumentano gli spazi e le direzioni da cui possono provenire gli attacchi. Ogni singola struttura ha il potenziale di essere una risorsa militare e di rappresentare una minaccia per le forze impegnate in una manovra di attacco. Il semplice dispiegamento delle forze in combattimento le espone a danni – sia diretti dal fuoco che attraverso altri mezzi (ad esempio il rapimento) –, un rischio che aumenta con la ristrettezza degli spazi che limitano lo schieramento dei soldati e l'impiego di equipaggiamenti pesanti. Fondamentalmente, gli ambienti urbani ostacolano la capacità delle forze di concludere la loro missione.

Le operazioni di terra in aree urbane creano poi anche sfide umanitarie, poiché la condotta di operazioni implica necessariamente rischi diretti per la popolazione; un rischio che le forze militari sono tenute a considerare nella pianificazione e nella condotta delle loro azioni e ad adattarsi, limitando il potenziale operativo, quando tale eventualità si traduce in rischi concreti per i non combattenti.[191] Ciò è particolarmente vero per gli eserciti come le Idf,

---

[190] Nitsan A. (2016), *Operational Challenges in Ground Operations in Urban Areas: An Idf Perspective*, Vanderbilt Journal of Transnational Law, VOL. 51:737, pp. 737-738.
[191] *Ivi*, pp. 738-744.

la cui etica implica il mitigare il più possibile il rischio di danno ai civili. Un rischio che non può essere considerato secondario ma che, al contrario, rientra tra gli aspetti prioritari nel processo di pianificazione operativa che prevede l'adozione di misure atte a mitigare il rischio di danni alle infrastrutture civili in grado di fornire servizi minimi essenziali alla popolazione civile, come i servizi fognari e idrici, sia perché il funzionamento continuo di tali infrastrutture riduce il rischio che i civili si espongano a danni cercando l'accesso a tali servizi, sia perché l'onere di fornire quei servizi nelle aree sotto il controllo israeliano spetterebbe alle Idf, che di fatto dovrebbero privarsi di quei beni e servizi a favore della popolazione sia perché dovrebbero distrarre personale militare da destinare agli stessi servizi. Tuttavia, la necessità di esercitare una forza sostanziale per raggiungere la missione e preservare le proprie forze è spesso in contrasto con il desiderio di minimizzare il rischio di danni ai civili e all'ambiente circostante, con ciò creando sfide significative.[192]

Va rilevato che le operazioni terrestri comportano anche costi politici, nella decisione stessa di mandare i propri soldati in guerra, nel rischio che il ritiro delle forze terrestri dal campo di battaglia venga percepito come resa o ritirata, e nell'esposizione a critiche (sia interne che internazionali) riguardo ai danni ai civili. Oggi, i conflitti si combattono in maniera rilevante nel regno dell'opinione pubblica e dei fori internazionali, e in particolare sul piano della reputazione internazionale dello Stato e della legittimità del proprio operato, rendendo maggiormente impegnativo lo sforzo bellico complessivo ed estendendone i confini, oggi ben oltre i limiti fisici del campo di battaglia.

Risulta quindi evidente la ragione per cui molti Stati democratici siano riluttanti a mettere i propri soldati con gli "stivali sul terreno" e perché, fin quando possibile, vengano privilegiate alternative come le operazioni aeree, l'impiego di *droni* e, comunque, impegni che limitino la presenza fisica del proprio strumento militare sul terreno.

Ora, a fronte di questi limiti, in quali casi gli Stati inviano le loro forze militari a condurre operazioni terrestri nelle aree urbane? Il generale israeliano Alon Nitsan illustra sei ragioni della supremazia delle forze terrestri rispetto a quelle aeree in aree urbane.

---

[192] *Ibidem.*

Prima di tutto, ci sono obiettivi tattici che possono essere raggiunti solo schierando le forze di terra. Alcuni obiettivi militari e capacità del nemico non possono essere neutralizzati dal cielo con attacchi aerei poiché un attacco aereo su un obiettivo puntiforme e protetto, come un tunnel ad esempio, – rileva Nitsan – non consente di interdire l'intera infrastruttura che, al contrario, può essere utilizzata in altre diramazioni o deviare il suo percorso intorno alla parte danneggiata. E, in questo caso, risulta evidente la necessità di schierare unità del genio militare per mappare e posare esplosivi lungo l'intera lunghezza del tunnel.[193]

Anche dove specifici obiettivi militari potrebbero essere attaccati dall'aria, gli interessi e le tattiche militari potrebbero richiedere un'azione alternativa. Consideriamo un conflitto in cui l'avversario effettui azioni di fuoco utilizzando lanciarazzi schierati all'interno di una vasta area. In una situazione del genere, le operazioni aeree sarebbero in grado di colpire solamente singoli lanci una volta identificati, con notevole ritardo, e colpendo solamente l'ultimo anello di una catena organizzativa e logistica strutturata. Al contrario, l'impiego delle forze di terra potrebbe interrompere la loro intera operazione identificando la centrale di comando e controllo, ingaggiando in combattimento i militanti e costringendoli alla ritirata, o semplicemente interrompendo la loro libertà di movimento in conseguenza della loro presenza nell'area di operazioni dell'avversario.

In secondo luogo, le operazioni terrestri consentono anche di condurre attività che vadano oltre la distruzione di infrastrutture o l'eliminazione del nemico, come missioni di cattura o detenzione e missioni di raccolta di *intelligence* (sia ricognizione che reperimento di oggetti fisici o documenti).[194]

In terzo luogo, a differenza delle operazioni aeree, quelle terrestri facilitano l'azione laddove l'*intelligence* sia limitata o non disponibile. Dall'aria, gli attacchi sono generalmente condotti sulla base di specifiche informazioni di *intelligence* che indicano un obiettivo. Dove tale *intelligence* non esista, le risorse aeree diventano meno efficaci e possono individuare solo ciò che è rilevabile con l'osservazione dall'alto, con grandi limiti sostanziali. Le forze terrestri, tuttavia, possono facilitare l'individuazione e

---

[193] *Ibidem.*
[194] *Ibidem.*

la localizzazione delle risorse avversarie senza specifiche informazioni di *intelligence* e consentono di scoprire risorse avversarie situate all'interno di edifici o in ambienti sotterranei: questo perché le risorse aeree vedono il campo di battaglia in due dimensioni, mentre le forze di terra operano in uno spazio tridimensionale.[195]

Quarto, le operazioni terrestri forniscono ampia flessibilità operativa ai comandanti in quanto aumentano la gamma di decisioni tattiche disponibili, come condurre incursioni mirate in diversi settori del fronte avversario, attaccare il nemico in punti ritenuti inattaccabili, tagliare le linee di rifornimento. Il nemico cerca costantemente di apprendere i metodi e le capacità della parte opposta e di eluderli. Ad esempio, Hamas ha imparato a posizionare lanciarazzi e mortai sotto le tende e sottoterra per evitare la rilevazione dall'aria, oltre ad aumentare la distanza tra le basi di lancio e gli operatori per preservarli dalle automatiche ritorsioni attraverso l'azione di contro-fuoco dell'artiglieria israeliana. Contro tali obiettivi, così dispersi sul terreno e occultati dalle infrastrutture urbane e sotterranee, le operazioni aeree sono meno efficaci, imponendo l'impiego delle forze di terra per colpirli.

Quinto, le operazioni terrestri possono avere uno scopo strategico che non può essere ottenuto attraverso operazioni aeree. Ad esempio, se lo Stato persegue la distruzione completa dell'avversario – come nel caso della guerra Israele-Hamas – è ovvio che l'unica azione perseguibile sia l'impiego massiccio di forze terrestri per strappare il controllo del territorio all'avversario e garantirne l'espulsione. Gli attacchi aerei possono indebolire le capacità dell'avversario, disturbare le loro operazioni, ma non possono essere il fattore decisivo in una vittoria completa. E ancora, gli interessi strategici dello Stato, possono richiedere il taglio di un'importante rotta di trasporto o il controllo di un porto, tipi di atti che richiedono la presenza fisica. Le operazioni terrestri all'interno delle aree controllate dal nemico o in prossimità dei suoi centri di comando possono anche servire a interessi strategici più ampi, come esercitare pressioni sull'avversario per cessare gli attacchi o portarli al tavolo negoziale.[196]

---

[195] *Ibidem.*
[196] *Ibidem.*

Sesto, le considerazioni umanitarie possono, in alcuni casi, pesare a favore delle operazioni terrestri. In determinate circostanze, le operazioni terrestri possono comportare un rischio ridotto di danno ai civili e danneggiamenti alle strutture urbane, poiché le forze di terra hanno la capacità di esercitare una forza maggiormente mirata e possono essere in grado di valutare meglio la presenza di civili sul campo di battaglia rispetto all'osservazione aerea e ad altri sensori.

Date le considerazioni qui riportate, Nitsan rileva che la natura dei conflitti armati affrontati più recentemente da Israele, in particolare la guerra contro Hamas, dimostra la necessità di schierare forze terrestri. Tutti i conflitti di Israele – vecchi e nuovi – si sono svolti entro o lungo i confini di Israele. Un paese piccolo con una limitata profondità strategica, il che ha comportato un impatto diretto e significativo sia sulla popolazione civile – e dunque sulla percezione di sicurezza collettiva – sia sullo Stato, minacciato nella sua esistenza. Questo comporta, da parte delle Idf un'azione rapida e decisa in caso di attacco, in fase di pianificazione o esecuzione, poiché a tale attacco sono associati effetti diretti e deleteri per lo Stato e i suoi cittadini. Facendo ciò, le Idf devono impiegare qualunque mezzo sia in grado di rimuovere la minaccia, nella maniera più rapida possibile, spesso attraverso l'impiego diretto delle forze terrestri.[197]

---

[197] *Ibidem.*

Le dinamiche del campo di battaglia urbano

La natura dello spazio organizzato e il contributo degli urbanologi

La natura dello spazio organizzato in ambito urbano e il conseguente dinamismo imposto dalla conformazione urbana creano difficoltà per un comandante che si sforza di mantenere il controllo delle forze e di rispondere in modo razionale alle minacce. Venire a patti con questo stato di cose non è cosa facile, ma è comunque perseguibile, come dimostrato dalle Idf che hanno dovuto costantemente affrontare queste sfide più di quanto abbia fatto qualsiasi altra forza militare occidentale. Sul piano della dottrina militare, e dunque dell'approntamento e dell'addestramento avanzato, l'esercito israeliano ha dovuto fare uno sforzo straordinario per prepararsi alla guerra di manovra incentrata sulla difesa dello Stato da minacce esterne, pur rimanendo pronto ad affrontare le forze irregolari non statali in un ambiente urbano nel contesto di una guerra asimmetrica.

Dall'assedio di Beirut del 1982 all'operazione *Iron Swords* nella Striscia di Gaza, le Idf hanno partecipato a una serie di campagne urbane contro avversari asimmetrici che si sono adattati rapidamente e hanno sfruttato l'ambiente urbano a loro vantaggio. Questo paragrafo, che parte dalle riflessioni condivise da Wesley A. Moerbe in *Seven times around a city: The evolution of Israeli operational art in urban operations*,[198] si concentra sulla mutevole capacità delle Idf di "leggere" e gestire lo spazio fisico di una città e sull'evoluzione del processo di pianificazione operativa, ponendo in evidenza le accresciute capacità e audacia israeliana nel reinterpretare e adattare la gestione dello scenario urbano al fine di contrastare l'azione e il raggiungimento degli obiettivi avversari. Una capacità che ha tenuto conto del contributo di pensiero, oltre che militare, anche di figure professionali come gli urbanologi che, sebbene tradizionalmente siano focalizzati sugli aspetti di pianificazione urbana, sviluppo sostenibile e qualità della vita nelle città, hanno svolto un ruolo indiretto e teorico nel contesto della *urban warfare*, fornendo competenze essenziali per comprendere la complessità degli ambienti urbani in scenari di conflitto.

---

[198] Moerbe W.A. (2016), *Seven Times Around a City: The Evolution of Israeli Operational Art in Urban Operations*, School of Advanced Military Studies United States Army Command and General Staff College Fort Leavenworth, Kansas.

Un contributo che si è distinto nell'attività di analisi e pianificazione, *in primis* sulla mappatura e l'analisi degli spazi urbani, ambito in cui gli urbanologi hanno offerto una profonda comprensione della struttura fisica e sociale delle aree urbane, cruciale per le operazioni militari in contesti urbani; la conoscenza delle reti viarie, degli edifici, dei sottosuoli e degli spazi aperti può aiutare a pianificare le operazioni, migliorare i movimenti di truppe e identificare punti strategici per il controllo e la difesa.

Altro contributo significativo si è concretizzato nella valutazione dei rischi e delle vulnerabilità. La capacità di valutare i rischi associati a specifiche caratteristiche urbane (come la densità di popolazione, le infrastrutture critiche e le zone residenziali) ha contribuito ai processi decisionali di pianificazione per l'implementazione di strategie per minimizzare i danni collaterali e proteggere i civili.

Inoltre, il contributo degli urbanologi ha contribuito a fornire un fondamentale supporto strategico sia nella valutazione della capacità di resilienza di uno specifico contesto urbano, sia nell'adattamento tattico dove, in particolare, la conoscenza degli urbanologi delle dinamiche sociali e della configurazione degli spazi urbani ha aiutato le forze militari ad adattare le loro tattiche alle specificità del contesto, come l'uso di sistemi sotterranei o la comprensione dei modelli di movimento della popolazione.

Sebbene l'urbanologo non sia direttamente coinvolto nelle operazioni militari, la sua competenza nella comprensione e nella progettazione degli spazi urbani può offrire contributi significativi, come abbiamo accennato, alla pianificazione e all'esecuzione di operazioni in ambienti urbani complessi, nonché alla mitigazione degli impatti dei conflitti sul tessuto urbano e sulla popolazione civile.

L'esperienza operativa israeliana nella urban warfare

Per comprendere l'evoluzione dell'approccio israeliano al combattimento nei centri urbani, vale la pena soffermarsi un attimo sulla domanda: cos'è che rende diversi, rispetto ad altri ambienti operativi, gli ambienti urbani in relazione all'organizzazione delle azioni tattiche nel tempo, nello spazio e nello scopo per raggiungere gli obiettivi strategici?

Piuttosto che rivedere le ben documentate sfide tattiche del conflitto urbano, in questo paragrafo ci concentreremo prevalentemente sugli aspetti operativi che, come rileva Moerbe, sono principalmente legati alla natura specifica dello spazio e al dinamismo del contesto urbano.[199] Questi fattori determinano il modo in cui una forza militare risponde alla sfida delle operazioni urbane.

Sebbene sfugga a definizioni nettamente delineate, la maggior parte degli urbanologi concorda sul fatto che densità di insediamento e presenza di attività siano le caratteristiche principali di ciò che si considera un'area urbana. È un luogo dove "si rileva una presenza significativa di persone". Fin dalle prime forme di insediamento urbano, le società potevano trovare una misura di protezione e sopravvivenza; nell'epoca contemporanea, insediamenti e città forniscono ancora la stessa funzione. Pertanto, nelle aree urbane, lo spazio è relativamente ben organizzato rispetto al terreno non urbano; tuttavia, questa organizzazione può essere non completamente comprensibile per un osservatore esterno, eccetto per gli abitanti dello spazio o dei suoi immediati dintorni, rendendo un'attività operativa attraverso di esso disorientante e il combattimento caotico.[200]

L'organizzazione urbana, infatti, non implica necessariamente una semplificazione degli spazi: le costruzioni, le barriere, così come le recinzioni e i muri perimetrali di spazi o aree aperte possono essere utilizzate per una varietà di scopi e funzioni differenti, così da ridurre la prevedibilità del movimento nello spazio urbano sfidando chiunque non sia un residente ad aver chiare le linee d'azione per il perseguimento di un obiettivo. Inoltre, l'antropizzazione urbana, la sua espansione verso l'alto, negli edifici, e verso il basso, nei tunnel sotterranei, aumenta il volume reale rispetto all'equivalente chilometro quadrato di terreno non antropizzato.

Il dinamismo dello "spazio urbano"

Lo spazio urbano è essenzialmente umano ed è il punto focale dell'attività economica, politica e sociale che beneficia dalle economie di scala e dallo sviluppo infrastrutturale. Spesso, se non sempre, le attività civili e militari sovrapposte avvicinano le due e creano opportunità e rischi nei conflitti asimmetrici. L'alta densità antropica e la tendenza a modificare gli insediamenti, danno origine a un altro importante fattore caratterizzante le aree urbane: il dinamismo.[201]

---

[199] *Ivi*, pp. 9-10.
[200] *Ibidem*.
[201] *Ibidem*.

In ambienti non antropizzati, dalla campagna, alle zone montane, alle aree fluviali, il campo di battaglia rimane relativamente statico, a differenza delle città dove l'interazione tra i belligeranti, i non combattenti e l'ambiente genera cambiamenti quasi costanti: «nessun risultato finale, solo una continua successione di fasi» – come ha descritto l'architetto Keith Lynch – «costruite in modo unico per consentire tali transazioni, le strade e gli edifici della città agiscono come organi di un sistema circolatorio».[202] E come il corpo umano, un tale sistema si adatta alle circostanze: gli edifici crollano, mentre altri vengono costruiti, folle umane protestano e manifestano riempiendo aree pubbliche ma svuotandone altre, la polizia e talvolta i civili, erigono barricate o le abbattano, scavano tunnel o chiudono strade in risposta alle condizioni locali. In tale contesto, urbanologi e pianificatori militari hanno assimilato nel loro processo di analisi e valutazione la metafora del metabolismo organico associato alle città.

Il fatto dell'esistenza umana nelle aree urbane, sia che si tratti di forze militari rivali o civili che vivono nelle città, significa che gli abitanti delle aree urbane possono cambiare e cambieranno la struttura e la composizione della città, sia visibilmente sia in modi più intangibili. A causa del ritmo accelerato delle relazioni umane e degli ambienti urbani, tale cambiamento si impone a un ritmo sostenuto nella maggior parte delle attività sociali, guerra inclusa. E questa rapidità di adattamento ha la capacità di imporre aggiustamenti ai piani meglio congegnati.[203]

Gli effetti operativi multipli dello spazio urbano: i limiti della pianificazione
L'unicità dello spazio urbano ha implicazioni sugli aspetti spaziali della pianificazione operativa. Le recinzioni e i compartimenti della città, per loro natura, impongono la dispersione delle grandi formazioni, di fatto frammentando l'attività militare e, di conseguenza, complicano gli sforzi per l'attività di comando, controllo e comunicazione. Questo pone lo *staff* militare, impegnato nel processo decisionale di pianificazione, in una posizione di svantaggio nel tentare di applicare il principio militare della massa nel senso più tradizionale. La difficoltà di generalizzare sullo spazio – generalizzazione che di norma avviene nelle battaglie campali in spazi non

---

[202] *Ivi*, pp. 11-12.
[203] Armitage J. (2020), *Paul Virilio: From Modernism to Hypermodernism and Beyond*, London: SAGE, p. 105.

antropizzati – rende pericoloso fissare obiettivi e su questi definire i tempi della battaglia poiché, più che sul campo di battaglia convenzionale, in quello urbano i probabili insuccessi o gli sviluppi differenti da quelli pianificati tendono a cambiare, influenzandola, la condotta della battaglia e i suoi esiti.

Una linea d'azione operativa può rapidamente perdersi nel groviglio degli intricati paesaggi urbani, specialmente negli insediamenti precari che si formano nelle periferie.[204] Vicoli ciechi, sia in senso letterale che figurativo, possono limitare forze ben equipaggiate e ben supportate dall'*intelligence*, rallentando il ritmo della battaglia. In questo senso, la capacità di un'area urbana di assorbire un gran numero di combattenti può non solo aumentare i tempi delle operazioni, ma richiedere un numero maggiore di soldati rispetto a quelli previsti nell'attività di pianificazione che, se disponibili, aumentano i costi in termini di equipaggiamenti e risorse umane e, se non disponibili, limitano la portata operativa. Di fatto, il calcolo del rischio accettabile, inteso come entità del costo umano, va a incidere significativamente, sia sugli stati maggiori chiamati a definire l'entità dello schieramento militare, sia il livello politico che deve assumersi l'onere di una decisione rischiosa.

La multidimensionalità dello spazio urbano rende altresì sfidante l'identificazione sia del centro di gravità, su cui basare l'attività di pianificazione operativa, sia i punti decisivi funzionali al raggiungimento dello scopo militare. In tale quadro complessivo, in cui l'indebolimento dell'avversario non necessariamente può essere perseguito attraverso l'impiego di mezzi cinetici, come un bombardamento o la distruzione di un tunnel, le linee d'azione possono perdere il loro *focus* e diventare irrazionali nel contesto "incontrollabile" delle reti sociali che si sviluppano nelle aree urbane.[205]

Infine, la *urban warfare* si pone come sfida primaria riguardo al diritto dei conflitti armati, al diritto umanitario, ai valori nazionali e alle relazioni civili-militari. Il cinismo dei gruppi irregolari, terroristi, insurrezionali, tende sempre più a sfruttare a proprio favore il limite imposto dai suddetti istituti giuridici e dei valori etici e morali, che sono vincolanti per le democrazie liberali; cinismo dei gruppi irregolari che si concretizza nella scelta razionale di rendere difficile per l'avversario la discriminazione dei bersagli, spesso

---

[204] Moerbe W. A. (2016), *Seven Times Around a City*, cit., pp. 13-14.
[205] *Ibidem*.

collocando dentro infrastrutture civili come ospedali, scuole e luoghi di culto, propri centri di comando, depositi di armi, ricoveri per combattenti. Gli istituti giuridici divengono così strumento di guerra rivolto contro gli eserciti dei paesi liberali, a cui i gruppi insurrezionali fanno sempre più ricorso deridendo le istituzioni legali, rivolgendole contro lo Stato, e riuscendo a ottenere, al contempo, il sostegno di parte della Comunità internazionale grazie a intense campagne propagandistiche e comunicative (*info-warfare*, *cognitive warfare*). Con lo *status* confuso di questi campi di battaglia urbani e la mescolanza di gruppi civili e armati, diventa difficile distinguere gli uni dagli altri.

Il dinamismo delle aree urbane ha, dunque, effetti profondi sul piano temporale delle operazioni militari; con l'accelerazione dell'interazione operativa, gli avversari possono adattarsi più rapidamente, rendendo così difficile definire aspettative realistiche riguardo all'*end state* da perseguire e a come perseguirlo. Il ritmo operativo, un principio delle operazioni offensive, diventa più difficile da mantenere quando l'avversario può rispondere così rapidamente alle circostanze; la sfida maggiore nelle operazioni urbane – e degli *staff* di stato maggiore impegnati nella pianificazione – diventa dunque la capacità di percepire il cambiamento e rispondere in modo razionale ed efficace con soluzioni perseguibili.[206]

Una valutazione sulla capacità di risposta e l'adattamento alla guerra urbana

Le conseguenze degli effetti operativi appena descritti gravano in maniera rilevante sugli eserciti moderni che, nel perseguimento degli obiettivi strategici, mantengono una postura democratica e liberale rispettando le norme internazionali. Per tracciare la traiettoria dell'arte operativa israeliana in ambito urbano e valutarne l'efficacia – afferma Moerbe – i criteri di osservazione devono riflettere quanto bene le Idf rispondano a tali effetti operativi tenendo conto dello spazio antropizzato e del dinamismo urbano.[207]

Sulla base delle caratteristiche urbane descritte e dei conseguenti effetti operativi, l'analisi (o valutazione) dell'arte operativa urbana delle Idf – rileva Moerbe –, e del suo continuo adattamento, può essere distinta in tre principali

---

[206] *Ibidem.*
[207] *Ibidem.*

linee di indagine, alle quali contribuiscono alcune questioni complementari: primo, come percepiscono e reagiscono le Idf allo spazio fisico delle città e come ne recepiscono la compartimentazione, la multidimensionalità e l'aumento del volume urbano? Secondo, come percepiscono e rispondono le Idf ai domini intangibili della guerra urbana (*info warfare*, *cognitive warfare*, *law-fare*)? In che misura e con quali mezzi pianificano e combattono gli avversari in questo campo di battaglia *sui generis*? Infine, terzo, è necessario considerare il quadro cognitivo alla base del processo di risoluzione delle sfide militari; un aspetto che l'esercito statunitense, e quelli occidentali più in generale, conosce come "processo operativo". Come recepiscono le difficoltà le Idf, e come implementano soluzioni in un ambiente così complesso e dinamico? Come apprendono nuove capacità? Come definiscono un piano d'azione?

In estrema sintesi, assumendo che il conflitto urbano rappresenti un'ecologia adattiva complessa, l'ambiente fisico, il dominio intangibile e l'approccio alla risoluzione dei problemi interagiranno tra di loro offrendo opzioni e scenari difficili da prevedere. Ad esempio, azioni nell'ambiente fisico come la messinscena di vittime civili, hanno la capacità di alimentare narrazioni nel dominio intangibile attraverso sia i *social media*, sia i *media* tradizionali. Un processo operativo deve prevedere e pianificare tale eventualità per mitigarla o addirittura trarre vantaggio da tali atti che si svolgono sia nei domini fisici sia in quelli cognitivi. Pertanto, nel corso della pianificazione, è necessario essere pronti a deviare in linee di analisi, principali e complementari.[208]

Una valutazione delle Idf può dunque essere fatta solo partendo da una solida conoscenza politica, sociale e militare di Israele. Comprendere l'unicità del contesto israeliano fornisce elementi per capire la propensione israeliana ad agire in un certo modo e aiuta a perfezionare l'analisi delle scelte e dei risultati ottenuti, sia sul fronte politico che su quello militare. E, aspetto maggiormente rilevante, può anche impedire di trarre conclusioni errate sull'applicabilità delle risposte israeliane in altri contesti operativi, così come può aiutare a non valutare, o giudicare, le scelte israeliane sulla base di una visione o propensione estranea a quel contesto. Un avvertimento all'opinione pubblica occidentale che sempre più spesso è vittima della

---

[208] *Ibidem.*

cognitive warfare di Hamas e dei gruppi terroristi e di opposizione armata sempre più consolidati all'interno dell'"Asse della resistenza" anti-Israele, i cui obiettivi consistono nell'erodere la volontà dell'*establishment* politico e dell'opinione pubblica israeliana nel sostenere le operazioni di sgombero nella Striscia e nel ristabilire Hamas come autorità di governo a Gaza.

La complessità operativa in aree urbane

Come evidenzia il generale Nitsan, le operazioni terrestri nelle aree urbane presentano numerose sfide per i comandanti. Logistica, comunicazioni, atti tattici ed esfiltrazione dei feriti dal campo di battaglia sono solo alcuni degli aspetti che pongono sfide nelle operazioni terrestri, e più ancora in un contesto urbano. In questo paragrafo ci concentreremo su quattro particolari complessità operative: la manovra, il fattore sotterraneo, la presenza civile e l'identificazione del bersaglio.

La "manovra" nel contesto urbano

I difensori irregolari sono ben consapevoli dei vantaggi tattici offerti dall'imporre il confronto sul terreno urbano. L'esperienza delle Idf durante il conflitto di Gaza del 2014 conferma come le capacità di un esercito che conduce operazioni in aree urbane siano messe a dura prova dalle tecniche, tattiche e procedure di gruppi come Hamas che sono in grado di sfruttare con perizia gli impedimenti presenti nell'ambiente urbano. L'infrastruttura fisica nasconde il movimento e la presenza dell'avversario, rendendo difficile identificare e localizzare beni e attività militari e, per questo, rendendo necessario danneggiare le strutture urbane per renderle inutilizzabili dal nemico. Nemico che, godendo della presenza di infrastrutture fisiche, riesce a imporre la tecnica di combattimento casa per casa dove ogni struttura ha la capacità di fornire molteplici superfici da cui possono scaturire attacchi, imponendo così più tempo per liberare spazi limitati.[209] A differenza dei campi di battaglia aperti dove l'avversario è, in linea di principio, di fronte a chi attacca, in un ambiente urbano la minaccia rappresentata dal nemico può provenire da molteplici direzioni: dall'alto – inclusi tutti i piani di un edificio e il tetto – come dal sottosuolo – scantinati, fognature e tunnel – (rappresentazione grafica della direzione della minaccia in *Figura 16*).

---

[209] Nitsan A. (2016), *Operational Challenges*, cit., p. 744.

Figura 16. Un soldato in area urbana è esposto a rischi provenienti da molte direzioni.

L'infrastruttura fisica ha poi un altro grande potere, quello di limitare la capacità di utilizzare le forze meccanizzate. Veicoli grandi e medi generalmente non sono in grado di manovrare con facilità in aree edificate e il loro impiego nella manovra può essere limitato alle ampie strade per ridurre i danni alle strutture (vedi *Figura 17*), di fatto delegando alla fanteria leggera il controllo e la bonifica di tutte le vie secondarie e di limitate dimensioni che, nell'area mediorientale, rappresentano la maggior parte delle vie di comunicazione urbana.

Ne consegue un'accresciuta capacità del nemico di prevedere meglio le direttrici d'azione utilizzate dall'attaccante in avvicinamento, agevolandolo nel decidere dove collocare trappole esplosive o tendere imboscate.

L'infrastruttura fisica può anche limitare la gamma di mezzi a disposizione delle forze. Lo spazio di fuoco dei carri armati è limitato dall'angolo a cui può puntare (brandeggio della bocca da fuoco; si veda *Figura 18*) e non può colpire, ad esempio, un avversario che si trovi nei piani superiori degli edifici, con questo negandogli la possibilità di neutralizzare una minaccia o di fornire supporto di fuoco diretto alla fanteria impegnata nella bonifica di edifici a più piani.

Figura 17. Le aree urbane riducono la capacità dei veicoli meccanizzati di manovrare senza causare danni all'ambiente circostante.

L'ambiente urbano può inoltre limitare la capacità di supporto aereo. Il combattimento a distanza ravvicinata aumenta il ritmo dei combattimenti e la presenza di infrastrutture fisiche amplifica il rischio per le forze a causa dei maggiori punti da cui può scaturire un attacco, il che significa che il supporto aereo può diventare irrilevante a causa del tempo necessario per richiedere, coordinare e ricevere tale supporto. Inoltre, la stretta vicinanza tra le forze amiche e nemiche impegnate nel combattimento urbano rende difficile utilizzare efficacemente il supporto aereo senza aumentare il rischio di "fuoco amico".

L'infrastruttura fisica su cui è chiamata a operare un'unità di fanteria, può essere utilizzata per celare minacce ulteriori, come esplosivi e trappole (*booby traps*). Pertanto, le unità di fanteria sono chiamate a liberare ogni singola struttura prima di avanzare; un'operazione che potrebbe imporre esplosioni controllate per neutralizzare le trappole esplosive, il che richiede la creazione di un perimetro sicuro, l'impiego delle unità del genio e la loro protezione mentre operano.

Tutti questi elementi riducono la capacità delle forze di completare rapidamente la loro missione e di avanzare con rapidità attraverso un'area di minaccia e superarla. È un assioma della guerra terrestre che una progressione lenta sia contraria alle operazioni terrestri di successo, poiché ciò comporta un'esposizione prolungata delle proprie forze e permette all'avversario di correggere e intensificare il suo fuoco. I progressi lenti comportano inoltre maggiori danni alle aree circostanti, poiché più a lungo i combattimenti sono concentrati in un'area, più a lungo tutto ciò che è in quell'area è oggetto di fuoco da entrambe le parti. L'utilizzo da parte dell'avversario delle strutture comporta inoltre un aumento del fuoco poiché, durante il tentativo di localizzare l'origine degli attacchi dell'avversario, è previsto il fuoco di copertura e di soppressione volti, rispettivamente, a garantire una cornice di sicurezza alle truppe in attacco e ad eliminare la minaccia avversaria.

Figura 18. Angolo di fuoco di un carro armato limitato a circa 20°.

L'identificazione del bersaglio è particolarmente difficile nelle operazioni terrestri, dove il rischio per le forze e i loro equipaggiamenti a terra spesso impone la necessità di agire in una condizione in cui prevale la condotta di operazioni nella "nebbia della guerra" (*fog of war*). Se una forza di terra in movimento è oggetto di fuoco nemico ed è sotto minaccia concreta allora, anche senza essere in grado di localizzare la fonte esatta del fuoco, agisce con il fuoco per disturbare, sopprimere o fermare l'origine dell'attacco in modo da poter completare la missione e preservare le sue forze. Questo è particolarmente vero nelle aree urbane, dove la "nebbia di guerra" è un elemento costante. Qui, le forze di terra che sono oggetto di fuoco nemico mentre si muovono controllando casa per casa, possono trovare particolarmente difficile identificare la fonte del fuoco in arrivo per le ragioni sopra descritte: le strutture fisiche nascondono le posizioni e le risorse dell'avversario, i tunnel permettono di sparare e spostarsi immediatamente in modo occulto in un'altra posizione, le infrastrutture urbane interrompono le visuali necessarie per identificare attacchi da lontano. In tale contesto dinamico, le unità devono prendere decisioni, rapidamente e sotto il fuoco, e reagire. In altri casi, il bersaglio può essere difficile da localizzare – una missione per catturare un obiettivo di alto valore, ad esempio, è particolarmente difficile in un'area densamente popolata comprendente innumerevoli luoghi dove tale persona potrebbe trovarsi,[210] come nel caso specifico di prigionieri – così come rilevato nella guerra Israele-Hamas, iniziata con l'obiettivo di liberare gli ostaggi catturati il 7 ottobre 2023.

Queste complessità sono state riscontrate nell'area di operazione del conflitto di Gaza del 2014 e tenute in debita considerazione nella successiva guerra Hamas-Israele avviata nel 2023.

La manovra e il fattore sotterraneo: vecchio campo di battaglia, nuova realtà

Il principio fondamentale delle operazioni terrestri è garantire che le aree di operazione siano prive della presenza nemica. Le forze di terra sono addestrate a ingaggiare, ripulire e assicurare le aree e ad avanzare per il perseguimento della missione. I tunnel negano tale capacità, di fatto imponendo la sovrapposizione di forze che avanzano con postura offensiva e forze in difesa.[211]

Le forze combattenti e quelle di supporto al combattimento – logistica, comunicazioni, genio – sono continuamente suscettibili di attacchi da parte dell'avversario che emerge dai tunnel scavati sotto strutture e aree già sgomberate. Di conseguenza, le forze che avanzano devono, oltre a partecipare al combattimento, anche localizzare le aperture dei tunnel; localizzazione che può così trasformarsi nella missione principale. Cercare piccoli fori che portano sottoterra in un denso quartiere urbano è come cercare un ago in un pagliaio, tranne per il fatto che in questo caso l'ago è intenzionalmente nascosto e camuffato per evitare il rilevamento. Nel Conflitto di Gaza del 2014 le forze cercarono le aperture dei tunnel di assalto con un approccio di tipo "porta a porta"; aperture spesso nascoste sotto tappeti, armadietti e tavoli all'interno di edifici residenziali e religiosi.

---

[210] Nitsan A. (2016), *Operational Challenges,* cit., p. 750.
[211] *Ibidem.*

Una volta localizzata, la rete del tunnel deve essere mappata e successivamente neutralizzata, spesso attraverso la posa di esplosivi lungo la sua lunghezza: questo comporta diversi rischi e attività onerose. Primo, l'avversario può condurre un attacco attraverso il tunnel mentre questo viene allestito per la distruzione, o potrebbero essere presenti esplosivi posati nel tunnel destinati a esplodere a danno delle unità avversarie. Durante il conflitto di Gaza del 2014, tre soldati furono uccisi e quattordici feriti entrando in una clinica medica appartenente all'Anp per cercare l'accesso del tunnel: una squadra di sorveglianza palestinese fece esplodere un dispositivo composto da circa quattrocento chilogrammi di esplosivo nascosti sotto l'edificio. Secondo, richiede molteplici forze e strumenti, come le unità dedicate del genio per demolire le strutture in cui le aperture sono nascoste al fine di raggiungere il tunnel, e le unità meccanizzate dotate di *bulldozer* e trivelle per raggiungere i tunnel. E più forze sono concentrate in un'area, più facile è per l'avversario eliminarne. Terzo, tali attività possono richiedere tempo, e più a lungo le unità in attacco rimangono in posizione statica, maggiore è l'esposizione al danno; per proteggere le unità del genio e quelle meccanizzate, può essere necessario uno sforzo maggiore, come tiri continui d'artiglieria o bombardamenti aerei di soppressione, al fine di consentire il completamento della missione e la preservazione delle forze.[212]

Infine, il fattore sotterraneo significa che le forze devono considerare una dimensione aggiuntiva in cui l'avversario può operare: centri di comando e controllo, depositi di armi e centri di comunicazione possono essere facilmente duplicati o spostati sottoterra. Questo non solo aumenta lo spazio fisico da cui l'avversario può operare, ma serve anche a negare ulteriormente la superiorità aerea proteggendo meglio le risorse militari.

La "tattica dello sciame", o "imprevedibilità pianificata", delle Idf

Nei decenni, le Idf hanno costantemente perfezionato le loro tattiche di contro-guerriglia urbana, nel tentativo di eliminare le cellule militanti nelle zone contese della Cisgiordania e della Striscia di Gaza.[213]

---

[212] *Ibidem.*
[213] Tiron R., *Israeli Defense Forces Trying to Perfect Urban Combat Tactics, Techniques*, National Defense Magazine, 1 agosto 2004, in:

L'obiettivo è quello di passare gradualmente da una posizione difensiva a una offensiva, descrive il colonnello Boaz Cohen, già addetto militare presso l'ambasciata di Israele a Washington, D.C., coerentemente con l'enunciato principale della strategia di difesa israeliana.

Una postura offensiva crea sfide significative per i soldati israeliani, che devono essere pronti a identificare le cellule terroristiche e lanciare un attacco senza uccidere civili innocenti.[214] Non è un compito facile, in particolare nella parte vecchia delle città che spesso assomigliano a labirinti: hanno strade strette e sono densamente popolate, le armi a lungo raggio non sono efficaci in tali spazi ristretti e, nella maggior parte dei casi, sono utilizzate da postazioni molto distanti dagli obiettivi.

In un'operazione offensiva che può includere più aree urbane e obiettivi, un'unità a livello di brigata è chiamata a portare a compimento un'azione tattica con un primo atto volto a circondare aree sospette che ospitano terroristi. L'attacco avviene poi da diverse direzioni, con l'intento di spezzare la resistenza. Gli israeliani sono noti per la loro "tattica dello sciame", o "imprevedibilità pianificata". Invece di usare tattiche convenzionali, come occupare prima la periferia di una città, attaccano sistematicamente da molte direzioni; la tecnica dello sciame, tuttavia, può creare problemi di coordinazione.

Quando operano in piccole unità tattiche, in genere i soldati si concentrano su un singolo obiettivo, entrano nei quartieri a bordo di veicoli blindati, penetrano rapidamente nell'area e isolano il bersaglio. Una volta raggiunto questo obiettivo, entrano in gioco le unità corazzate. La prima sfida è quella di circondare il bersaglio o l'obiettivo, e poi iniziare ad agire quando si hanno tutte le forze disponibili:

> «Noi la chiamiamo operazione chirurgica, cercando di non colpire la popolazione civile (...). Ci muoviamo attraverso le case, attraverso i muri; abbiamo attrezzature per lo sfondamento e l'abbattimento di muri (...). I soldati israeliani fanno dei buchi nei muri tra le case, in modo da evitare di muoversi per le strade – testimonia il colonnello Cohen – (...) anche se

---

https://www.nationaldefensemagazine.org/articles/2004/8/1/2004august-israeli-defense-forces-trying-to-perfect-urban-combat-tactics-techniques.
[214] *Ibidem.*

causano danni, riescono a preservare l'incolumità di molti civili, salvando vite umane».[215]

Inoltre, gli ufficiali di *staff* degli stati maggiori delle Idf sono noti per prevedere un ampio impiego di veicoli aerei senza pilota per monitorare le operazioni in tempo reale.

Ma nonostante le raffinate tattiche e procedure delle Idf, il nemico è difficile da sconfiggere. Non si tratta di limitata capacità nell'applicare tutta la potenza militare, poiché le Idf hanno più potere militare di qualsiasi altra organizzazione terroristica o insurrezionale a livello regionale. Il dilemma è come tenere separati i civili dai terroristi; un problema che i soldati statunitensi dovettero affrontare anche in Iraq: catturare i terroristi a volte non spezza la resistenza; i soldati devono evitare di uccidere i civili che si confondono con i terroristi, per errore o a volte volontariamente per distrarre e ingannare i soldati.[216]

Con l'operazione *Iron Swords* abbiamo assistito a una duplice tipologia d'impiego delle unità in offensiva: l'attacco a sciame per la condotta di operazioni veloci, tese a liberare i prigionieri o a catturare/eliminare vertici nemici, e una variante più strutturata dell'attacco a sciame, con una prevalenza di mezzi corazzati, limitato personale appiedato, velocità nell'accerchiamento degli obiettivi ma molta cautela – e dunque limitata velocità di avanzamento – nell'azione tattica di bonifica e conquista di aree urbane.

La guerra dei tunnel nell'esperienza israeliana di "Protective Edge"

Dal 17 luglio al 4 agosto 2014, nel contesto dell'operazione *Protective Edge*, le Idf portarono a compimento un'offensiva terrestre limitata per localizzare e distruggere le entrate dei tunnel, circoscrivendo l'attacco a una zona di tre chilometri attorno al perimetro di Gaza; una scelta basata sulla volontà di evitare l'ingresso in profondità nell'area urbana così da mantenere l'operazione concentrata sui tunnel che attraversavano il confine con Israele. Contemporaneamente, gli attacchi aerei continuarono a disturbare le forze di Hamas impedendo loro di manovrare contro lo sforzo delle Idf e di impiegare

---

[215] *Ibidem.*
[216] *Ibidem.*

le squadre deputate al lancio di razzi e mortai impegnati a sparare su Israele.[217]

A differenza dell'Operazione *Cast Lead* (*Piombo Fuso*), che aveva goduto del vantaggio di una sorpresa operativa, con ciò garantendo alle Idf una maggiore iniziativa, nell'operazione *Protective Edge* le Idf condussero essenzialmente operazioni di ricerca e attacco durante l'operazione di terra. A causa del mancato effetto sorpresa per Hamas, i miliziani palestinesi furono in grado di difendersi con maggiore efficacia rispetto ai conflitti precedenti, tanto da riuscire a infliggere a Israele elevati danni materiali e umani, che contò alla fine dell'operazione sessantasei vittime, spesso cadute nella trappola della rete di tunnel sfruttate dai miliziani di Hamas, in molti casi equipaggiati con le uniformi dell'esercito israeliano, così da confondere le Idf, o nascosti tra la popolazione. Raggiunti gli obiettivi dell'operazione terrestre, le Idf si ritirarono il 5 agosto dopo aver localizzato o distrutto trentadue tunnel.[218]

Una terza fase di attacchi aerei e fuoco di artiglieria si concluse alla fine di agosto. Durante questo periodo, le Idf cercarono di mantenere un equilibrio attento tra l'atto punitivo nei confronti di Hamas, al fine di porre fine al conflitto ma evitando razionalmente di indebolire troppo il movimento così da escludere un collasso del regime che avrebbe avuto ripercussioni negative nella gestione politica di Gaza.[219]

---

[217] Moerbe W. A. (2016), *Seven Times Around a City*, cit., pp. 62-63.
[218] *Ibidem.*
[219] *Ibidem.*

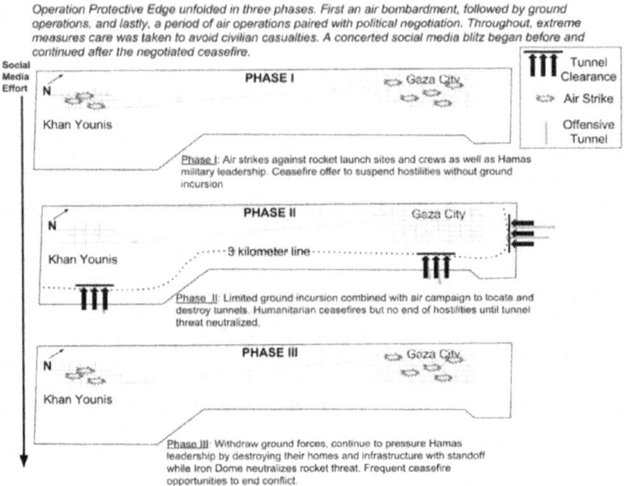

Figura 19. Approccio operativo dell'operazione Protective Edge (Fonte: Wesley A. Moerbe).

La presenza dei civili nel campo di battaglia urbano

La presenza civile e le infrastrutture nelle operazioni terrestri in aree urbane sono i due fattori impeditivi o limitanti della manovra, sia offensiva che difensiva, di cui gli *staff* militari impegnati nel processo di pianificazione operativa tengono debitamente conto poiché l'interesse diretto dell'esercito, e specialmente quello di uno Stato rispettoso del diritto bellico, consiste nel preservare la vita dei civili e ridurre gli effetti collaterali a danno della popolazione.

Per fare ciò, le forze che avanzano sul campo di battaglia urbano tendono a impiegare le proprie risorse per creare spazio e tempo necessari a incoraggiare e sostenere l'evacuazione della popolazione prima e durante le operazioni. Tali azioni non solo richiedono di deviare risorse da altre attività militari, come la sorveglianza aerea per monitorare l'evacuazione, ma possono anche compromettere l'elemento sorpresa nell'attacco.[220] Ad esempio, nel 2014, prima di entrare nel quartiere densamente popolato di Shuja'iyeh nella Striscia di Gaza per neutralizzare i tunnel di assalto transfrontalieri verso Israele e per fermare il fuoco incessante di razzi e mortai provenienti dall'interno, le Idf avvertirono ripetutamente i residenti di evacuare, notificando loro l'imminente operazione di terra. Dopo tre

---

[220] Nitsan A. (2016), *Operational Challenges*, cit., pp. 753-755.

giorni di avvertimenti, le Idf ritardarono ulteriormente le operazioni di ventiquattro ore, così da consentire altre evacuazioni prima di dare inizio all'operazione offensiva. Avvertimenti che, per contro, consentirono a Hamas di preparare una risposta strutturata alla manovra israeliana.

Nonostante gli sforzi di evacuazione, è possibile che alcuni civili possano rimanere all'interno dell'area di operazioni; una presenza che può determinare il trasferimento di individui, nuclei o gruppi tra luoghi, o radunandosi con altri civili in strutture specifiche (campi di raccolta, infrastrutture di accoglienza, spazi delimitati). Ma potrebbero anche rimanere in siti specifici che costituiscono obiettivi militari, in alcuni casi anche consapevoli dell'uso militare che l'avversario potrebbe fare di quella struttura o di una adiacente, e potrebbero addirittura collaborare con l'avversario per "proteggere" infrastrutture e attività militari. Infatti, non è stato raro, durante i conflitti di Israele a Gaza e in Libano, che i civili agissero come "scudi umani", a volte anche volontariamente, sfruttando la loro presenza per proteggere un obiettivo dall'attacco. In altri casi, i civili sono stati invece costretti o forzati a rimanere nell'area delle operazioni o in siti specifici.

Insomma, è evidente come la presenza dei non combattenti possa influire sul risultato delle operazioni, determinandone anche il fallimento o la mancata realizzazione e, addirittura, possa determinare una rinuncia a priori quando il danno o il rischio calcolato in termini di vittime civili sia valutato eccessivo, o in presenza di limitazioni, quali regole d'ingaggio limitanti o *caveat* imposti a livello politico. Una condizione complessiva che storicamente rappresenta più la norma che l'eccezione per le Idf.

Nel conflitto di Gaza del 2014, molti comandanti di Hamas, del gruppo Jihad islamico palestinese e di altri gruppi armati non statali, utilizzarono le loro abitazioni per scopi militari – stoccaggio di armi, centri di comando e controllo, comunicazioni, e simili. Questo comportò che la loro attività militare fosse intrecciata con la vita familiare. I militanti non lasciarono le loro case e le famiglie per andare a combattere sul campo di battaglia, ma piuttosto "lavorarono da casa" – riducendo la capacità di tracciare un confine netto tra l'area di operazioni e la sfera civile. Anche se le loro abitazioni non furono specificamente utilizzate per operazioni militari, quando i militanti combattono all'interno dei loro quartieri significa che non c'è distinzione tra la linea del fronte e il fronte interno – e quindi i militanti si spostano regolarmente tra il combattimento e le loro case, per ottenere primo soccorso, cibo, e persino cambiare i loro vestiti. Tale indeterminatezza rende più difficile definire gli sforzi per colpire le specifiche attività militari evitando di coinvolgere i civili presenti nella stessa area.

Hamas e gli altri gruppi palestinesi sono consapevoli dei limiti, anche etici e morali delle Idf, che impongono su base dottrinale la minimizzazione dell'uso della forza sulla popolazione. E sanno che il teatro urbano è fonte di sfide per le forze in attacco. Infatti, i *leader* di Hamas hanno ben assimilato la dottrina israeliana, e la utilizzano contro gli stessi soldati delle Idf, sfruttando razionalmente i civili che sono così divenuti il pilastro della pianificazione di difesa e attacco di Hamas, elemento imprescindibile della dottrina militare del gruppo – di cui si è parlato nel capitolo precedente. E sono consapevoli del fatto che, oltre a limitare la capacità militare delle Idf, la presenza civile può anche distrarre l'attenzione e le risorse delle forze avversarie per attività non strettamente operative e funzionali al raggiungimento dello scopo militare, come le evacuazioni mediche e il trattamento dei civili feriti.

La natura del combattimento sconvolge talmente tanto l'ambiente civile, i suoi spazi e i suoi tempi, con la distruzione e la presenza forzata di forze combattenti, che molti cittadini, impauriti e frastornati dalla guerra, commettono movimenti errati e spesso imprevedibili, con annesse difficoltà da parte delle forze militari nel prevedere le loro azioni, spesso con conseguenti effetti tragici. Un quadro che si aggrava quando le operazioni sono intraprese usando l'elemento della sorpresa e non sono precedute da sforzi di evacuazione con effetti contraddistinti da grandi difficoltà per i comandanti sul campo nell'accertare la presenza civile e valutare l'eventuale danno collaterale. Nell'esperienza di Israele, queste sfide sono aggravate dagli sforzi dell'avversario di mescolarsi deliberatamente con la popolazione civile.

La validazione di un processo operativo

Gran parte dell'approccio israeliano alla risoluzione dei problemi attraverso lo strumento militare si è sviluppato in continuità con l'operazione *Cast Lead* (*Piombo Fuso*) del 2008-2009, in particolare per quanto concerne la decentralizzazione del processo decisionale e dell'esecuzione a livello tattico su cui si basa l'attuale processo di pianificazione operativa delle Idf.[221]

Sebbene inizialmente concepita come una campagna aerea, le unità impegnate nell'operazione *Cast Lead* si trovarono ben presto impegnate nel contrasto di una minaccia sconosciuta, in grado di muoversi nel sottosuolo e da lì colpire, confermando il possesso da parte palestinese di una significativa capacità militare offensiva.[222] Uno scenario, non previsto in fase di pianificazione, che portò il comando israeliano a ridefinire il proprio approccio manovriero, spostando il *focus* sull'individuazione, il contrasto e la distruzione dei tunnel di Hamas, e assumendo così, per necessità, un approccio decentralizzato alla risoluzione dei problemi[223] affinato dal costante e razionale contributo delle lezioni apprese in combattimento

Durante l'operazione *Protective Edge* (2014), in particolare, questa capacità di adattamento e di decentralizzazione delle decisioni a livello tattico fu una qualità assolutamente essenziale poiché le Idf si trovarono al principio ad affrontare un nemico non ben definito né riconoscibile su un campo di battaglia ingannevole e senza una preparazione tecnica e mentale, né una pianificazione, per un combattimento che prevedesse la dimensione sotterranea. Ma l'esperienza pregressa, da un lato, e l'elevata flessibilità dottrinale e operativa, dall'altro, consentirono alle Idf di rilevare i cambiamenti nelle procedure avversarie, determinando pronte risposte condivise nell'immediato a tutte le unità impegnate al fronte – il cosiddetto "apprendimento in combattimento" –, consentendo così di superare il ciclo di adattamento di Hamas.[224]

Applicazione del concetto di "mission command" e dell'apprendimento in combattimento

Il concetto di *mission command* costituisce un fondamento essenziale della dottrina militare occidentale, rappresentando una filosofia di comando fondata sulla pianificazione centralizzata e sull'esecuzione decentralizzata.

---

[221] Moerbe W. A. (2016), *Seven Times Around a City*, cit., pp. 66-67.

[222] *Ibidem.*

[223] Harel A., *With the Troops in the Strip, In Gaza Israel's Facebook generation fights well*, Haaretz, 26 July 2014, ultimo accesso 8 gennaio 2024, in: https://www.haaretz.com/2014-07-26/ty-article/.premium/israels-facebook-generation-fights/0000017f-e5ba-dea7-adff-f5fbb3820000.

[224] Moerbe W. A. (2016), *Seven Times Around a City*, cit., pp. 66-67.

Questa approccio promuove la libertà d'azione e valorizza l'iniziativa individuale, garantendo ai comandanti subordinati un'ampia discrezionalità nell'adempimento delle missioni loro assegnate, sempre nel rispetto dell'intento del proprio comandante. Data la complessità dell'ambiente operativo contemporaneo e l'orientamento manovriero delle operazioni, la decentralizzazione del comando diventa ancora più cruciale, specialmente in circostanze che oggi richiedono una sempre maggiore dispersione delle unità sul campo di battaglia rispetto al passato.

In dettaglio, gli ordini impartiti devono delineare chiaramente la missione, evidenziando il compito assegnato e lo scopo dell'azione, con il minor numero possibile di vincoli e restrizioni: ciò consente agli esecutori di decidere autonomamente come adempiere alla missione, adattandosi alle mutevoli situazioni. È importante sottolineare che, anche se l'autorità superiore ritiene necessario stabilire misure di coordinamento, queste non devono limitare la libertà di pensiero dei comandanti subordinati sulla modalità di adempimento dei rispettivi compiti. Ciò mira a sfruttare le vulnerabilità nemiche man mano che emergono, promuovendo al contempo un atteggiamento proattivo che eviti esitazioni potenzialmente fatali in situazioni di combattimento.

L'evoluzione e l'applicazione del *mission command* ha consentito alle Idf di trarre vantaggio dal punto di osservazione dei comandanti in azione, sfruttando i loro sensi e intuizione per agevolare il processo decisionale e le revisioni dei piani anche in fase condotta. Questo ha rappresentato una netta rottura rispetto alla guerra del Libano del 2006, in cui i comandanti adottarono lo stile di gestione detto dello "schermo al plasma", lontano dal campo di battaglia e con una visione bidimensionale derivante prevalentemente dall'osservazione aerea.

L'esperienza dell'operazione *Cast Lead*, al contrario, fu determinata dall'applicazione dell'approccio del *mission command* che permise azioni tattiche accuratamente organizzate atte a raggiungere il desiderato risultato strategico: ripristinare la capacità di deterrenza delle Idf che, detto in altri termini, si traduce nel messaggio di certezza di una "capacità militare efficace in ambito urbano ed eliminazione della minaccia avversaria". I comandanti sul campo applicarono tale logica nella guida di operazioni decentralizzate, ottenendo risultati positivi in termini di gestione di un campo di battaglia – quello urbano – che impone di adeguare celermente la manovra alle mutevoli situazioni tattiche.

Per contribuire a questo successo in termini di capacità di comando e controllo, lo stato maggiore delle Idf adottò una soluzione *ad hoc*, inviando istruttori alle unità di prima linea per condividere con i comandanti sul campo le lezioni apprese e le informazioni sulle minacce nemiche emergenti. Essenzialmente, le condizioni del campo di battaglia cambiavano così rapidamente che le Idf assegnarono ufficiali ai battaglioni per migliorare l'apprendimento sul campo e condividere in maniera capillare tali conoscenze attraverso il citato "addestramento in combattimento", così consentendo alle Idf di adattarsi più rapidamente di Hamas, la cui capacità di comunicare tra i suoi combattenti era stata gravemente danneggiata all'inizio della campagna.

La strategia israeliana di contrasto alla dimensione sotterranea

Abbiamo evidenziato, sotto molteplici punti di osservazione, come la costruzione di tunnel nella Striscia di Gaza sia un processo complesso e impegnativo che richiede un'attenta pianificazione ed esecuzione. Il conflitto tra Israele e Hamas si è evoluto in una lotta complessa con una sostanziale e preponderante componente sotterranea, tale da rendere la situazione tesa e imprevedibile. Così come i tunnel sono diventati più sofisticati, parimenti è stato per la strategia di Israele nel trattarli. Per affrontare la minaccia che i tunnel di Hamas rappresentano, Israele ha adottato un approccio multiforme, utilizzando tecniche di ingegneria da combattimento e un muro di confine esteso anche in profondità; un'innovativa barriera anti-tunnel, unica e molto complessa, progettata per porre fine alla minaccia strategica sviluppata e utilizzata da Hamas. Ubicata sotto una recinzione che costeggia l'intero confine con Gaza, lunga sessantacinque chilometri e con un'estensione sotterranea di sei metri, la barriera è dotata di una sofisticata tecnologia di sensori che consentono a Israele di rilevare il movimento, i lavori di scavo e qualsiasi tipo di attività dinamica svolta nel sottosuolo. Un'infrastruttura passiva il cui potere di contrasto agli attacchi di Hamas si associa alle operazioni cinetiche, terrestri e aeree, per distruggere le infrastrutture sotterranee o renderne inagibili i punti di accesso.

Durante la guerra del 2014, Israele lanciò l'offensiva di terra a Gaza per distruggere parti del sistema di tunnel palestinesi, ma dovette affrontare notevoli criticità per individuarle e demolirle. Gli stessi tentativi di eliminazione dei tunnel dal cielo, anche facendo ricorso ai massicci bombardamenti con bombe "*bunker buster*", provocarono vittime tra i civili: un effetto calcolato da Hamas nella scelta delle ubicazioni militari volutamente coincidenti con quelle civili.

Facendo tesoro delle lezioni apprese, sia nello scontro con Hamas sia con Hezbollah, e dando immediato avvio a un addestramento specifico, Israele ha acquisito una crescente capacità militare nella guerra nei tunnel, sviluppando al contempo nuove tecnologie per rilevarli e farli collassare, nonché piattaforme robotiche per mappare e combattere in ambienti sotterranei.

La complessità della dimensione sotterranea e il supporto dell'ingegneria

La geopolitica elementare richiede una riconfigurazione della nostra comprensione della guerra come fenomeno spaziale, tenendo conto del ruolo agente delle materialità di roccia e suolo, e delle pratiche di ingegneria militare che li sfruttano, o ne sono limitati. I tunnel di Gaza, rileva Ian Slesinger nel suo articolo *A Cartography of the Unknowable: Technology, Territory and Subterranean Agencies in Israel's Management of the Gaza Tunnels*, si sono imposti come pericolo politico per Israele a causa della convergenza di un insieme di fattori umani e fisici che si uniscono in un luogo specifico determinando l'emergere di un saliente militare. Per costruire i tunnel, sia le pratiche di scavo di Hamas sia le condizioni terrestri di Gaza e del Negev occidentale sono diventate elementi determinanti nel conflitto tra Hamas, l'Anp e Israele.[225] Allo stesso modo, l'eterogeneità dei suoli nell'area e la composizione chimica in combinazione con le specifiche profondità che i tunnel attraversano, e le pratiche di confine e i modelli di insediamento dell'area, hanno reso difficile per scienziati, ingegneri e lo stato maggiore israeliano trovare i tunnel. È proprio l'abilità di Hamas, di sfruttare questi limiti della capacità scientifica di definire la densità dello spazio sotterraneo, ad aver fatto dei tunnel una "ragione di preoccupazione" politica.[226]

Per comprendere la relazione materiale tra la composizione del suolo e la questione politico-strategica associata al rilevamento dei tunnel, o del mancato rilevamento, è necessario prima accennare alla dimensione geofisica delle tecniche di rilevamento sismico ed elettromagnetico.

Diverse tecniche di rilevamento geofisico sono state sperimentate per il rilevamento dei tunnel di Gaza, tra cui tecniche sismiche classiche che utilizzano onde acustiche generate da una fonte sonora, radar a penetrazione del suolo (Gpr), che utilizza onde radio, e mappatura elettromagnetica a dominio di frequenza (Fdem), che misura la varianza nella conduttività elettromagnetica di diversi materiali.

Le tecniche sismiche e i radar a penetrazione del suolo (Gpr) sono simili nei loro principi di base. Onde, sonore o elettromagnetiche, vengono proiettate da una fonte nel sottosuolo sfruttando la loro capacità di essere

---

[225] Slesinger I. (2020), *A Cartography of the Unknowable*, cit.
[226] *Ibidem.*

deviate dai materiali sotto-superficiali. I dati vengono raccolti da un sensore superficiale misurando il tempo di ritorno del segnale. Le diverse superfici intercettate dal segnale riflettono frequenze a ritmi diversi a seconda delle proprietà del materiale di cui sono composte; i dati raccolti di tempo/distanza vengono poi manipolati e convertiti in una rappresentazione leggibile di una sezione trasversale del terreno. Un segnale è in grado di penetrare più in profondità, o riflettere più facilmente, a seconda della densità di un dato materiale sotto-superficiale; tuttavia, deve essere fatto un compromesso tra la profondità di penetrazione e la risoluzione dei dati raccolti: lunghezze d'onda a frequenza più bassa possono penetrare più profondamente sotto la superficie, ma la risoluzione tende a diminuire repentinamente a frequenze più basse.[227]

La mappatura elettromagnetica a dominio di frequenza (Fdem) è un sistema con caratteristiche differenti in quanto utilizza un grande e potente elettromagnete per produrre un segnale, mentre un sensore misura le perturbazioni nel campo magnetico sotterraneo. A differenza dei più vecchi tunnel di Rafah, utilizzati per il contrabbando dall'Egitto, che raggiungevano di norma una profondità variabile da dieci a dodici metri, i tunnel di attacco più recenti utilizzati da Hamas per raggiugere Israele scendono a profondità superiori a venti-trenta metri e per questo sono molto più problematici poiché si trovano al di sotto della profondità di circa dieci metri, distanza entro la quale le onde elettromagnetiche ad alta frequenza utilizzate nel Gpr sono più efficaci. Inoltre, poiché la risoluzione tende a diminuire con l'aumentare della profondità, le onde a più bassa frequenza faticano a rilevare i tunnel anche a causa delle loro ridotte dimensioni che, come abbiamo detto, di norma sono meno di un metro di larghezza e inferiori ai due metri di altezza. Mentre il sistema Fdem può, in alcuni casi, produrre immagini fino a cinquanta metri di profondità, è però particolarmente suscettibile all'interferenza da anomalie magnetiche.

Come abbiamo descritto nel *Capitolo 3*, sotto Gaza ci sono strati variabili di sabbia, argilla, *loess* e roccia, posti sia in sezione orizzontale che verticale, e sono altresì presenti rocce più dure incastonate nel suolo che riflettono le onde a ritmi diversi, complicando il processo di raccolta dei dati geofisici. Un'ulteriore criticità è dovuta alla natura del suolo, che contiene un alto

---

[227] *Ibidem.*

contenuto salino; poiché il sale è igroscopico, il suolo è caratterizzato dalla presenza di numerose tasche di sale liquefatto che riflettono le onde elettromagnetiche sulla superficie, spesso con angoli obliqui rispetto alla fonte del segnale, producendo anomalie che limitano la capacità di ottenere un'immagine sotterranea chiara e realistica.

Nel complesso, come rilevato da Slesinger nel suo articolo, le condizioni del suolo al confine di Gaza vengono descritte come "disturbate"[228] a causa di sedimenti e reperti associati all'antropizzazione storica dell'area, punto di insediamento umano da millenni. L'intensa e storica attività agricola endemica dell'area, poi, ha contribuito in modo significativo a mescolare gli strati di suolo naturali, con l'effetto di collocare in maniera imprecisa la posizione degli oggetti nelle immagini geofisiche.

Il rilevamento sotterraneo è poi ulteriormente complicato da altre interferenze, associate alla presenza di insediamenti e attività umane: le vibrazioni provocate dal traffico stradale e dalle pesanti attrezzature agricole interferiscono con le tecniche sismiche su piccola scala che possono meglio prendere di mira la gamma di profondità di venti-trenta metri dei tunnel. Parimenti, sia il Gpr che il Fdem sono condizionati dalla presenza della barriera di protezione israeliana al confine con la Striscia, poiché questa è in grado di produrre anomalie a causa della conduttività elettromagnetica; così, paradossalmente, l'interferenza generata dall'estensiva attività militare e dall'infrastruttura di sicurezza periferica, insieme alla presenza di postazioni e infrastrutture di comunicazione, contribuiscono a ridurre la capacità di rilevamento dei tunnel a causa delle interferenze degli apparati e delle stesse attività militari israeliane.

Ciò che si è qui voluto porre in evidenza è che gli sforzi tecnologici per rendere conoscibile il territorio sotterraneo sono, da un lato, una risorsa straordinaria in termini di capacità ma, dall'altro lato, sono estremamente dipendenti sia dalle condizioni geologiche sia da quelle geopolitiche e per questo comportano un impegno e una sfida costanti in termini di ricerca e sviluppo. Le caratteristiche del sottosuolo unite ai modelli di attività umana e all'impatto delle infrastrutture di sicurezza israeliane, insieme, tendono a imporre una forza inerziale agli sforzi per la sicurezza a cui si associa la difficoltà di disporre di tecnologie e tecniche aggiornate di rilevamento e

---

[228] *Ibidem.*

raccolta di dati funzionali a rappresentare cartograficamente la dimensione sotterranea; «poiché l'opacità e la densità del suolo richiedono una percezione al di fuori dell'esperienza visiva diretta, diventano [*pertanto*] necessarie nuove forme di visualizzazione che si distacchino dall'intuitività della percezione visiva diretta».[229]

[229] *Ibidem.*

La "svolta urbana" dell'addestramento

Ieri, oggi

Il racconto dell'assedio di Gerusalemme del 70 d.c. da parte delle legioni romane, descritto da Giuseppe Flavio, mette in luce tattiche belliche che rimangono tutt'oggi rilevanti e attuali. Durante l'assedio, i difensori ebrei utilizzarono la loro profonda conoscenza del terreno urbano per sferrare attacchi a sorpresa contro gli assedianti romani, applicando strategie tipiche della guerriglia urbana, come l'uso di vie nascoste e il superamento di ostacoli architettonici, simili alle tattiche contemporanee. Il tentativo di descrivere la guerra urbana come un fenomeno "post-moderno" trova una forte eco nelle operazioni militari di epoche passate, dimostrando così che le strategie di combattimento in ambiente urbano hanno profonde radici che affondano nella storia.

La creazione dell'Operational Theory Research Institute da parte delle Idf negli anni Novanta e l'integrazione di concetti filosofici nella dottrina militare non hanno fatto che riaffermare l'importanza di adattarsi al contesto urbano, anche se alcune critiche sottolineano l'eccessiva complessità di tali approcci. L'architetto Eyal Weizman, nel suo libro *Hollow Land: Israeli's architecture of occupation*, descrive i meccanismi di controllo militare dello spazio, in cui tutte le caratteristiche naturali e costruite dall'uomo assumono una funzione militare. Weizman traccia lo sviluppo di questo approccio militare allo spazio urbano, dall'influenza dell'archeologia sulla pianificazione urbana, alla ri-concettualizzazione della difesa militare di Ariel Sharon durante la guerra del 1973, passando per la pianificazione e l'architettura degli insediamenti, fino alla teoria e alla pratica israeliani contemporanei della guerra urbana e degli attacchi aerei mirati. La tattica di "camminare attraverso i muri",[230] descritta nel suo libro, pur sembrando innovativa, ricalca in realtà metodi antichi di manovra e combattimento in contesti urbani ad alta densità di popolazione, evitando trappole e tendendo agguati in maniera imprevedibile. Questo approccio, lungi dall'essere una novità radicale, rispecchia consolidate strategie di adattamento al tessuto urbano per ottenere vantaggi tattici.

---

[230] Weizman E. (2012), *Hollow Land: Israeli's architecture of occupation*, Verso Books, pp. 318.

L'evoluzione della guerra urbana così come la conosciamo oggi dimostra che, nonostante i cambiamenti tecnologici e teorici, le basi del combattimento in ambiente urbano rimangono costanti nel tempo, caratterizzate dalla necessità di adattarsi e superare gli ostacoli architettonici con soluzioni creative. La critica israeliana post-2006 all'intervento militare in Libano, contenuta nel "Rapporto Winograd"[231] (poi ritirata dallo stesso relatore, il giudice Eliyahu Winograd), evidenzia come l'adozione di nuove narrazioni e concetti non debba oscurare le lezioni apprese dalla storia e dalla pratica militare tradizionale.

In tale cornice caratterizzata da riflessioni teoriche e applicazioni pratiche di tecniche innovative e lezioni apprese, lo stato maggiore della difesa israeliana opera nella consapevolezza di una "svolta urbana" nella condotta dell'azione militare e strategica. Ciò ha stimolato la riflessione sulla necessità di sviluppare (o forse più precisamente ri-sviluppare) capacità militari in termini di azioni offensive contro obiettivi fortificati all'interno del tessuto urbano, assedio, *tunneling* e contro-*tunneling*, e la guerra urbana in generale.[232]

Nell'ottobre del 2013, le forze di sicurezza israeliane scoprirono oltre trenta tunnel sotterranei costruiti da Hamas funzionali a infiltrarsi in territorio israeliano partendo dalla Striscia di Gaza. Questa scoperta, che alla presenza di Hamas somma quella di Hezbollah in Libano, e pone oggi sfide particolari legate agli ambienti urbani e periurbani dove questi gruppi sono attivi, spinse allora le Forze di Difesa Israeliane a integrare nell'addestramento dei propri soldati la preparazione specifica per operazioni complesse e prolungate in aree urbane densamente popolate e in ambienti sotterranei; di conseguenza, i battaglioni di fanteria d'*élite* delle Idf introdussero nella loro formazione *standard* l'addestramento al combattimento sotterraneo.[233]

---

[231] Winograd E. (2012), *Winograd Commission: Final Report*, Jewish Virtual Library, in: https://www.jewishvirtuallibrary.org/winograd-commission-final-report-january-2008.
[232] Betz D., *Peering into the past and future of urban warfare in Israel*, Commentary War on the Rocks, 17 dicembre 2015, in: https://warontherocks.com/2015/12/peering-into-the-past-and-future-of-urban-warfare-in-israel/.
[233] *Ibidem.*

Lo scenario urbano di "Baladia City": il Tzeelim training centre

Da due decenni, l'esercito israeliano si esercita nella guerriglia urbana in una città artificiale situata a circa un'ora di distanza dalla Striscia di Gaza. Questa città, nota come *Baladia City* (dove *"baladia"* significa "città" o "municipalità" in arabo), si trova all'interno di una base militare vicino al Kibbutz Tze'elim, nel deserto del Negev. Attraverso foto e immagini satellitari, è possibile osservare il finto insediamento con le sue case bianche, costruite con una densità urbana simile a Gaza, complete di una moschea, un ospedale e case arredate. Sui muri e sulle facciate si trovano anche graffiti anti-israeliani (*Figura 20*).[234]

Figura 20. Tzeelim training centre (Foto AFP).

Frank Ledwidge, esperto di strategia militare presso l'Università di Portsmouth nel Regno Unito, descrive le forze israeliane come tra le migliori al mondo per questo tipo di addestramento. Tuttavia, secondo l'esperto di sicurezza tedesco Christian Mölling, intervistato da *Deutsche Welle*, «tale addestramento rappresenterebbe solo un'approssimazione delle sfide reali che Israele affronta nel nord di Gaza».[235] Mölling, che dirige il Centro per la Sicurezza e la Difesa presso il Consiglio tedesco per le relazioni estere

---

[234] Hofmann F., *How Israel is training for urban warfare*, Deutsche Welle, 18 ottobre 2023, in https://www.dw.com/en/how-israel-is-training-for-urban-warfare/a-67134424.
[235] *Ibidem.*

(Dgap), sottolinea come, a Gaza, i combattenti di Hamas siano difficilmente distinguibili dai civili, rendendo il conflitto particolarmente complesso.

La città simulata di *Baladia*, costruita nel deserto nel 2004 con l'aiuto dell'esercito americano, viene utilizzata per attività di addestramento, oltre che dai *marines* statunitensi, anche dai contingenti militari che operano sotto l'egida delle Nazioni Unite e, dal 2015, dalle forze armate tedesche, in particolare le unità di reazione rapida e la fanteria di montagna.

La percezione e l'utilizzo di *Baladia City* nell'addestramento alla guerriglia urbana possono variare in base agli obiettivi di osservazione e agli argomenti più ampi a cui si intendono collegare tali osservazioni. Alcuni critici, condizionati da ideologie antimilitariste *tout court* o a sostegno di campagne oppositive nei confronti di Israele, la descrivono come «un'incarnazione tangibile della violenta impresa coloniale alla radice del capitalismo neoliberista, sottolineando la "banale materialità" di questo tipo di addestramento».[236]

Tuttavia, la dimensione e il realismo di *Baladia* non vanno sottovalutati: è eccezionalmente grande e autentica, con edifici di vari tipi disposti in modo realistico e un sistema di sensori e altoparlanti per creare un ambiente sonoro molto vicino alla realtà. Nonostante le sfide intrinseche alle operazioni urbane, che includono difficoltà nel comando e controllo, nella manovra delle forze e nella discriminazione tra combattenti e civili, *Baladia City* offre un terreno fertile per lo sviluppo e la sperimentazione di tattiche efficaci. La complessità delle megalopoli contemporanee richiede addestramenti realistici e ampi per preparare adeguatamente le forze armate a gestire una gamma di sfide, sia tattiche che operative, nel contesto urbano.

Addestrarsi per gestire la guerriglia urbana: da sfida a opportunità

Riconsiderare l'approccio militare tradizionale, che generalmente tende a evitare le città, in favore di una visione che interpreta gli ambienti urbani come fonti di opportunità anziché solo sfide, potrebbe sembrare impraticabile nell'attuale contesto delle operazioni militari. Tuttavia, attraverso l'innovazione e una sperimentazione rigorosa, potrebbe emergere che le caratteristiche delle operazioni urbane, spesso viste con apprensione dai comandanti militari, possano trasformarsi in vantaggi significativi per

---

[236] *Ibidem.*

coloro che sono disposti a esplorare tattiche nuove e ad addestrarsi di conseguenza.[237]

In un'epoca dominata dalla tecnologia degli *smartphone*, ogni individuo ha il potenziale per agire come un "sensore" o un reporter, apportando una nuova dimensione all'osservazione civile che potrebbe rivelarsi preziosa per le forze amiche. La presenza di civili non deve essere necessariamente vista come ostile in ogni scenario di combattimento urbano; anzi, in situazioni di conflitto attivo, la popolazione locale e le forze di sicurezza potrebbero trovarsi a combattere dalla stessa parte.

L'idea di addestrare i militari a operare nella dimensione urbana e sotterranea, sfruttando a proprio favore le complesse infrastrutture di tunnel, come suggerisce l'esempio delle scuole di guerra sotterranea, non è priva di precedenti. Le forze armate in tutto il mondo hanno già istituito unità specializzate per combattere in vari terreni, come dimostrano gli esempi della scuola di guerra nella giungla dell'esercito britannico e dei centri di addestramento alla guerra in montagna e artico dei *royal marines* o delle truppe alpine italiane. Espandere questa specializzazione alle sfide peculiari delle guerre urbane, magari sfruttando l'*expertise* di urbanisti e studiosi di infrastrutture urbane sotterranee potrebbe aprire nuove frontiere nell'addestramento militare.

L'urbanizzazione e la diffusione dei *media* hanno offerto ai guerriglieri urbani un vantaggio, come descritto nel *Minimanuale della guerriglia urbana* di Carlos Marighela, grazie alla capacità di attirare l'attenzione globale attraverso operazioni di informazione e inganno[238] (*info-ops* e *cognitive warfare*). Tuttavia, questa non è una garanzia di successo per i ribelli, poiché le stesse dinamiche possono trasformarsi in vulnerabilità sfruttabili dalle forze opposte. Ad esempio, l'uso strategico di barriere fisiche può trasformare i flussi all'interno di una città, non solo a scopo di protezione ma anche come tattica offensiva.[239]

L'esperienza della battaglia irachena di Sadr *City*, nel 2007/2008, in cui la costruzione di un muro lungo la *Route Gold* costrinse il nemico a un confronto diretto, evidenzia come la manipolazione dell'ambiente urbano

---

[237] *Ibidem.*
[238] Maringuella C. (1969), *Minimanual do Guerrilheiro Urbano* (titolo in inglese: *Minimanual of the Urban Guerrilla*), Foreign Languages Press, Utrecht.
[239] Hofmann F., *How Israel is training for urban warfare*, cit.

possa costringere l'avversario a rinunciare ai suoi vantaggi. Quali furono gli elementi caratterizzanti di quell'episodio? La battaglia vide confrontarsi le forze statunitensi e irachene contro la milizia *Mahdi*, fedele al clerico Muqtada al-Sadr. Questo episodio rappresentò uno dei più intensi combattimenti urbani durante l'occupazione dell'Iraq, evidenziando le complessità dei conflitti in aree densamente abitate. Sadr *City*, quartiere a prevalenza sciita e roccaforte di al-Sadr, vide aumentare le tensioni all'inizio del 2008, quando il governo iracheno tentò di imporre il proprio controllo, portando a violenti scontri. La battaglia fu caratterizzata da combattimenti ravvicinati, imboscate e l'uso di *droni* e attacchi aerei da parte statunitense e un muro di cemento fu eretto per limitare i movimenti della milizia, influenzando la vita dei residenti. Dopo settimane di lotta, un accordo di cessate il fuoco mediato da *leader* locali portò al controllo iracheno di Sadr *City* e al ritiro graduale delle forze americane. Il conflitto causò numerose vittime e danni, sottolineando le sfide delle operazioni urbane e l'importanza della cooperazione locale per la gestione del post-conflitto. Questa strategia, che portò al successo delle forze della *Coalizione*, sottolinea l'importanza di riconsiderare e adattare le tattiche urbane esistenti.

Il crescente *focus* sul contesto urbano riflette non solo la realtà del nostro mondo in continua urbanizzazione ma segnala anche un ritorno a tecniche di combattimento che, pur avendo profonde radici storiche, richiedono un'innovazione continua per affrontare le sfide moderne. La ricerca di nuove soluzioni per la guerra urbana diventa, quindi, imperativa in un'era dove i metodi tradizionali si rivelano sempre più inadeguati.[240]

Il "potenziale operativo sotterraneo (gli effetti psico-fisiologici sui soldati)

Un elemento importante nella preparazione dei soldati e nell'addestramento al combattimento urbano deve tenere in particolare considerazione la capacità di operare in condizioni di elevato *stress*. Inoltre, la specificità del combattimento nella dimensione sotterranea impone un'attenta selezione, fisica ma prima ancora psicologica, del personale destinato a essere impiegato nella lotta all'interno dei tunnel. Un aspetto di primaria importanza poiché le operazioni nei tunnel inducono una specifica attivazione psico-fisiologica che è correlata a un deterioramento cognitivo e

---

[240] *Ibidem.*

a una riduzione delle *performance* operative. Detto in altri termini, lo *stress* a cui sono sottoposti i soldati impegnati all'interno dei tunnel può avere effetti determinanti per il successo delle operazioni nella dimensione sotterranea.

Un recente studio, condotto da Corinne Berger, Uzi Ben-Shalom, Niv Gold e Avishai Antonovskye, pubblicato sulla rivista "Military Medicine", introduce l'innovativo concetto di "potenziale operativo sotterraneo" (Sop, *subterranean operational potential*),[241] applicabile alla capacità militare (israeliana) di operare nel sottosuolo, e atto a valutare gli effetti psico-fisiologici dell'impiego nella dimensione sotterranea attraverso l'analisi di tre capacità specifiche dei combattenti: prestazione, *leadership* e orientamento.

Lo studio ha messo in evidenza come la *leadership* e la prestazione siano entrambe negativamente correlate con lo *stress* percepito, che la claustrofobia sia negativamente correlata con la *leadership* e, infine, che la capacità cognitiva sia positivamente correlata con la *performance*. Una differenza sostanziale, nella valutazione della *performance*, è correlata all'impiego di personale addestrato o non addestrato per lo svolgimento dell'attività sotterranea: i livelli di cortisolo nella saliva dei militari con specifica esperienza operativa sotterranea risultano più bassi rispetto ai campioni raccolti tra i militari con poca o nessuna esperienza. Se ne deduce che l'addestramento è un elemento in grado di condizionare la capacità psicologica di operare, e non solamente di garantire il possesso di una competenza tecnica. Una constatazione che si scontra con i tempi e le risorse dedicate alla gestione e all'organizzazione dell'attività operativa poiché, nonostante gli aspetti fisici, tecnologici e geografici oggettivi della guerra sotterranea ricevano ampia attenzione nello sviluppo della dottrina operativa, l'aspetto umano di questo ambiente rimane preoccupantemente sottovalutato.

Eppure, la capacità di operare con efficacia, mantenendo un livello di efficienza adeguato sono aspetti primari da tenere in considerazione. Esempi di elementi caratterizzanti gli spazi sotterranei includono soffitti bassi,

---

[241] Berger C., Ben-Shalom U., Gold N., Antonovskye A., *Psychophysiological Predictors of Soldier Performance in Tunnel Warfare: A Field Study on the Correlates of Optimal Performance in a Simulation of Subterranean Combat*, Military Medicine, 188, 3/4:e711, 2023.

pendenze ripide, pavimenti irregolari, buchi, carenza di ossigeno e poca o nessuna luce; inoltre, gli ambienti sotterranei includono pericoli esclusivi per questo specifico ambiente operativo. Gli aspetti labirintici e non geometrici dei tunnel sotterranei richiedono un'elevata abilità cognitiva per navigare e orientarsi. Considerando che l'attivazione psico-fisiologica è correlata a una diminuzione delle prestazioni cognitive e della memoria, è necessario un esame dei correlati fisiologici, psicologici e cognitivi delle operazioni nei tunnel sotterranei.[242]

Lo studio su cui si basa la valutazione della *performance* dei militari chiamati a operare nei tunnel ha dunque preso in considerazione la questione dell'adattamento dei combattenti agli ambienti sotterranei. Le valutazioni soggettive su claustrofobia e *stress* sono risultate indicative di una riduzione delle prestazioni, con una correlazione positiva tra claustrofobia e *stress*. Lo stile cognitivo indipendente dal campo – ossia la capacità di una persona di utilizzare processi e strategie cognitive in modo efficace e adattivo, indipendentemente dal campo o dal dominio specifico di conoscenza – è risultato essere positivamente correlato con le prestazioni del potenziale operativo sotterraneo. Ciò significa che le persone che mostrano stili cognitivi indipendenti dal campo sono propense a fornire migliori prestazioni nella guerra nei tunnel, con ciò allineandosi ai risultati di una meta-analisi sulle caratteristiche dei migliori sommozzatori militari, caratterizzati da una forte capacità di operare in autonomia, i quali hanno dimostrato che l'esperienza pregressa non estingue la risposta allo *stress*, ma piuttosto altera l'attivazione dell'asse ipotalamo-ipofisi-surrene (Hpa) – coordinatore centrale dei sistemi di risposta neuroendocrina allo *stress* – del soggetto. Con ciò dimostrando che il cortisolo viene rilasciato sostanzialmente in risposta a *stress* psicologici minacciosi ed è una misura oggettiva di (di)*stress* in intense attività di addestramento e operazioni in situazioni critiche.[243]

In conclusione, l'addestramento al combattimento in ambienti sotterranei non può prescindere da una preparazione che tenga conto della dimensione psico-fisica e cognitiva dei combattenti. La ricerca di Berger e colleghi ci ricorda che la vera efficacia operativa nasce dalla capacità di integrare competenze tecniche con resilienza psicologica e agilità cognitiva.

---

[242] *Ibidem.*
[243] *Ibidem.*

Affrontare e superare le sfide imposte dalla guerra sotterranea richiede dunque un ripensamento profondo degli approcci addestrativi, orientandoli verso una preparazione olistica che equipaggi i soldati non solo con le armi, ma anche con le strategie mentali per vincere le battaglie sia esterne che interne.

"Iron Dome sotterraneo": la barriera difensiva intelligente

Le attività condotte dalle forze terrestri e aeree delle Idf lungo il confine con Gaza si concentrano intensamente sulla localizzazione di infrastrutture sotterranee nemiche. Ogni volta che viene scoperto un tunnel, questo viene meticolosamente mappato e analizzato in preparazione della sua demolizione; tuttavia, gli sforzi convenzionali di ricerca sul campo e dal cielo si rivelano insufficienti per affrontare una minaccia che, come abbiamo ampiamente descritto, è tanto estesa e radicata quanto difficile da mappare. Di conseguenza, il sostegno fornito dalle tecnologie avanzate è diventato fondamentale per rafforzare le operazioni di ricerca.

La strategia anti-tunnel di Israele nasce dalla collaborazione tra l'Amministrazione per lo Sviluppo delle Armi e delle Infrastrutture Tecnologiche del Ministero della Difesa, il General Officer Commanding Army Headquarters (Goc),[244] e le aziende Elbit Systems e Rafael Advanced Defense Systems. Quest'ultime, riconosciute per il loro ruolo cruciale nel contribuire alla revisione dell'approccio alla minaccia dei tunnel di Hamas. La messa in campo di sistemi e unità specializzate nella rilevazione dei tunnel evidenzia il profondo cambiamento nelle strategie di sicurezza adottate da Israele: un cambiamento radicale imposto dalle nuove sfide in materia di sicurezza.

Sfide peculiari che hanno spinto l'*establishment* della difesa israeliana non solo a costruire nuove strutture, ma a innovare i dispositivi e le tecnologie utilizzate nella loro costruzione. Progressi che hanno conferito

---

[244] Il Quartier Generale dell'Esercito della Goc (General Officer Commanding Army Headquarters), noto anche come Goc Army Headquarters, è una delle principali componenti delle Idf. È responsabile del comando e del controllo delle unità di terra, fornendo linee guida strategiche, pianificazione operativa e supporto per le varie unità e comandi sul campo; questo include l'addestramento, la logistica, l'*intelligence*, la pianificazione delle operazioni e il mantenimento dell'alta prontezza delle truppe. In termini di struttura organizzativa, il Goc è guidato da un generale (di solito con il grado di maggior generale), che dipende direttamente dal capo di stato maggiore delle Idf. Questa struttura permette un'efficace gestione e coordinamento delle operazioni di terra, essenziale per la difesa di Israele e per le sue operazioni militari. Il Goc gioca anche un ruolo fondamentale nella pianificazione strategica a lungo termine, sviluppando concetti operativi e dottrine che vengono poi implementate attraverso le varie branche e unità dell'esercito. La sua influenza si estende alla formulazione di requisiti per nuovi sistemi d'arma e tecnologie, alla valutazione delle minacce e alla preparazione dell'esercito israeliano per affrontare le sfide future.

alle Idf un indubbio vantaggio tecnologico e operativo. L'esercito israeliano ha infatti individuato e distrutto numerosi tunnel che partivano dalla Striscia di Gaza e si estendevano fino al territorio israeliano. La "tecnologia rivoluzionaria" sviluppata per localizzare questi tunnel è frutto di anni di ricerca e sviluppo, culminati in particolare durante e dopo il conflitto con Hamas del 2014, che aveva tra gli obiettivi principali proprio la distruzione dell'infrastruttura sotterranea palestinese. Trentadue i tunnel distrutti dalle unità israeliane nel corso della guerra; di questi, quattordici si estendevano in territorio israeliano, tre le infrastrutture individuate nel periodo immediatamente successivo.

Il progetto di identificazione e neutralizzazione dei tunnel – la barriera sotterranea e di superficie denominata "Iron Dome sotterraneo", ispirandosi al noto sistema di difesa antimissile israeliano – si avvale di tecnologie di punta, descritte come senza precedenti e "quasi da fantascienza", con l'obiettivo di limitare – e neutralizzare – l'uso da parte di Hamas dei tunnel come arma strategica. Un sistema che, una volta adottato, ha contribuito a prevenire centinaia di attacchi terroristici, confermandone l'efficacia. Tuttavia, i dettagli specifici su questa tecnologia anti-tunnel rimangono largamente non accessibili al pubblico, e sono menzionati solo occasionalmente dai funzionari israeliani senza descriverne le capacità nel dettaglio.

Quel che sappiamo è che, per costruire la barriera di protezione, l'esercito ha utilizzato un mulino idraulico costituito da una trivella dalla capacità di penetrare qualsiasi materiale; una volta raggiunta la profondità desiderata, l'area è stata riempita di bentonite, una sostanza che si trasforma in adesivo a contatto con l'acqua. Oltre a una recinzione con filo spinato provvista di centri di osservazione e la presenza di sensori di prossimità e telecamere, la barriera è stata dotata di tecnologie – fornite dal produttore della difesa israeliano Elbit Systems – che monitorano e prevedono i cambiamenti sismici: un complesso sistema costituito da gabbie in metallo contenenti sensori, in grado di tracciare la costruzione e l'utilizzo delle gallerie, che monitorano le vibrazioni sotterranee per localizzare i tunnel e i cui dati sono analizzati dagli algoritmi avanzati che ne delineano lunghezza e posizione esatta. La barriera ha anche la capacità di inondare un tunnel con cemento liquido, impedendo così a qualsiasi galleria di essere utilizzata per l'infiltrazione di terroristi.

Il ministero della Difesa di Israele ha investito ingenti somme nello sviluppo di questo sistema negli ultimi anni: circa cento realtà, tra aziende, società e organizzazioni, hanno contribuito al suo sviluppo; tra questi anche gli Stati Uniti, che hanno finanziato parte della ricerca, mirando a sviluppare capacità anti-tunnel che potessero essere di beneficio sia a Gerusalemme che a Washington. Un investimento impegnativo che ha portato alla costruzione, nel 2017, della vasta barriera sotterranea lungo il confine tra Israele e Gaza, dotata di una recinzione fuori terra con sensori, palloni di osservazione e sistemi di ripresa e di un avanzato complesso di protezione sotterranea per contrastare ulteriormente la minaccia rappresentata dai tunnel: barriera le cui effettive capacità sono al centro di critiche e oggetto di ampio dibattito, pubblico, politico e militare, in conseguenza degli attacchi del 7 ottobre 2023, in cui i terroristi di Hamas e Jihad islamico palestinese ne hanno *bypassato* le capacità di controllo e contrasto.

Costi e benefici di una strategia offensiva rispetto a quella difensiva

Le recenti innovazioni tecnologiche sviluppate in Israele, che sfruttano rilevatori di movimento avanzati e tecnologie geologiche innovative per individuare i tunnel di Hamas, hanno creato una capacità offensiva in un contesto che fino ad ora è stato prevalentemente difensivo. Queste tecnologie non solo permettono di identificare con precisione la posizione dei tunnel, ma offrono anche la possibilità di neutralizzarli attivamente o di rendere più semplice la loro distruzione. La componente principale di questa infrastruttura strategica, come abbiamo sopra descritto, consiste di una barriera, sia in superficie che sotterranea, la quale ha lo scopo di prevenire e dissuadere la costruzione di nuovi tunnel d'attacco.

La creazione di questa infrastruttura strategica anti-tunnel attorno a Gaza e il mantenimento del personale necessario per la sua gestione rappresentano un investimento significativo. Questo impegno economico ha comportato non soltanto la realizzazione di opere edili di vasta portata, ma ha richiesto anche l'impiego di numerosi scienziati e tecnici specializzati nella gestione e nello sviluppo delle tecnologie applicate. Spese che, nonostante i costi elevati associati a tali realizzazioni, sono ritenute giustificate dalla gravità dei danni che il sistema è in grado evitare. In questo contesto, una strategia meramente difensiva, che avesse previsto l'azione solo in risposta a un attacco da parte Hamas, sarebbe potuta risultare svantaggiosa in termini di perdite per Israele. Al contrario, la nuova "barriera intelligente" e le tecnologie ad essa associate permettono invece di prevenire proattivamente eventuali attacchi sotterranei, proteggendo in tal modo la vita dei soldati delle Idf e dei civili che risiedono nelle vicinanze del confine.

Una prospettiva che, nel complesso – e al netto degli eventi del 7 ottobre che si sono realizzati non attraverso la dimensione sotterranea, bensì quella di superficie – riflette un approccio pragmatico alla sicurezza, che ha tenuto conto non solamente dei costi in termini economici delle soluzioni tecnologiche, ma principalmente della loro efficacia nel prevenire perdite di vite umane e nel mantenere l'integrità territoriale.

Le sfide dell'offensiva terrestre israeliana

Sul piano tattico, i soldati israeliani hanno combattuto l'ultima grande battaglia terrestre nel 2014, quando Israele schierò le proprie truppe all'interno di Gaza; dal punto di vista strategico, lo stato maggiore della Difesa israeliana da allora si è invece concentrato nell'opera di contrasto delle potenziali minacce dall'Iran, piuttosto che dal nemico della porta accanto. Un quadro complessivo che ha di fatto distratto le forze armate israeliane da una minaccia sostanziale, ma di natura diversa.

Al contrario, rispetto alle origini, Hamas si è rafforzato militarmente rispetto al 2008/2009, quando dovette affrontare per la prima volta un assalto di terra da parte israeliana. Allora l'ala militare di Hamas, la brigata *Izz ad-Din al-Qassam*, consisteva in 16.000 miliziani e circa 2.000 truppe "specializzate" nel combattimento. Situazione ben diversa quella alla vigilia dell'offensiva del 2023, momento in cui, secondo le Idf, Hamas poté contare su una forza di ben 40.000 combattenti *d'élite*, un arsenale di *droni* e circa 30.000 razzi, una quantità che, il 7 ottobre 2023, mise in difficoltà gli intercettori del sistema *Iron Dome*, portato a saturazione di capacità (maggior numero di razzi sparati da Hamas rispetto alla capacità del sistema di difesa israeliano), al punto da indurre gli Stati Uniti ad inviare rifornimenti con estrema urgenza.

Con l'avvio dell'offensiva terrestre dell'operazione *Iron Swords*, le forze di difesa israeliane impegnate nell'area urbana di Gaza, la parte più densamente popolata della Striscia, diedero avvio a una nuova fase del conflitto incentrata principalmente sulla guerra urbana, una parte della quale nel sottosuolo, in cui le unità del genio sono state impegnate in operazioni di apertura di varchi per l'accesso ai tunnel, consentendo alle unità specializzate nel combattimento sotterraneo di sopraffare il nemico.[245]

Come parte del loro piano di difesa, i genieri di Hamas ebbero a disposizione un'enorme serie di tunnel tattici; alcuni interconnessi, altri isolati. Molti, come abbiamo argomentato in precedenza, scavati a una profondità di sicurezza dall'azione di bombardamento aereo, altri posti vicini

---

[245] Schalit A., *Hidden tunnels, ambushes and explosives in walls: the Israel-Hamas war enters a precarious new phase*, The Conversation, 23 novembre 2023, in https://theconversation.com/hidden-tunnels-ambushes-and-explosives-in-walls-the-israel-hamas-war-enters-a-precarious-new-phase-216830.

alla superficie per consentire l'accesso o l'uscita dei miliziani. E ancora, tunnel e "buchi di topo" furono predisposti da Hamas per consentire ai propri combattenti di muoversi in maniera occulta tra gli edifici e per attaccare i soldati israeliani per poi scomparire di nuovo.[246] Oltre a godere di questi vantaggi tattici per muovere le proprie truppe, i genieri palestinesi allestirono e predisposero anche dispositivi esplosivi improvvisati (*Ied*) – alcuni nascosti nei muri per esplodere al passaggio dei veicoli corazzati, altri più grandi sepolti sotto il manto stradale o i cumuli di macerie; altri casi, ancora, videro la presenza di tunnel con trappole per attirare e colpire i soldati israeliani impegnati nella ricerca e recupero di ostaggi.

La guerra urbana è estremamente lenta

La guerra ha affrontato una fase critica con l'ingresso delle unità all'interno del perimetro urbano di Gaza, dove l'esercito israeliano, dotato di competenze di primo livello in ambito di combattimento urbano, fronteggiò un nemico determinato a lottare fino all'ultimo che si era preparato per anni per quello scontro. Una battaglia che si svolse in un contesto favorevole al difensore.[247]

Le esperienze di combattimento in aree urbane, come quelle vissute a Mosul in Iraq e Marawi nelle Filippine tra il 2016 e il 2017, offrono importanti insegnamenti. A Mosul, un contingente iracheno di 100.000 unità sostenuto dagli Stati Uniti impiegò nove mesi per neutralizzare un gruppo di militanti del gruppo Stato islamico in una città fortificata, subendo la perdita di 8.000 uomini e di numerose attrezzature militari a causa di esplosivi improvvisati. Analogamente, a Marawi, le forze filippine impiegarono cinque mesi per superare i militanti dello Stato islamico-*Maute*, affrontando la difficile realtà di poter prendere il controllo di un solo edificio al giorno, dato il costante rischio di imboscate e la presenza di esplosivi nascosti. Questi scenari testimoniano le complesse sfide del combattimento urbano e la resilienza necessaria per affrontarle.

---

[246] *Ibidem.*
[247] *Ibidem.*

I tre livelli di sfida della guerra urbana

Come abbiamo detto, la guerra urbana è una delle sfide più complesse e multiformi che un esercito possa affrontare. Questo tipo di conflitto si distingue per la sua intensità e per le implicazioni profonde non solo dal punto di vista tattico, ma anche percettivo ed etico-morale.

A livello percettivo, la guerra urbana mette in luce un contrasto marcato tra le aspettative di una società incline alla moderazione e alla ricerca di una condotta eticamente accettabile nel conflitto, e la realtà brutale dei combattimenti urbani, dove i costi in termini di vite umane, distruzione materiale e perdita di legittimità internazionale possono essere devastanti. Questa discrepanza crea una sorta di dissonanza cognitiva, rendendo difficile per gli eserciti moderni, ancorati ai valori delle società liberali, prepararsi adeguatamente alla brutalità intrinseca di questo tipo di combattimento.

Dal punto di vista tattico, gli scenari di guerra urbana presentano una serie di difficoltà uniche, che abbiamo in parte già illustrato. Il combattimento in ambienti densamente costruiti comporta il rischio di attacchi a distanza tramite *droni* o dispositivi esplosivi improvvisati, aumentando significativamente il pericolo per le forze sul campo. L'ambiente urbano facilita poi la possibilità per gli avversari di nascondersi e tendere agguati, creando un clima di incertezza costante. Le truppe in manovra si trovano esposte a rischi elevati, con il loro potere di fuoco diluito dalla necessità di disperdersi tra gli edifici, spesso con visibilità ridotta. A ciò si aggiunge il problema del degrado delle capacità dei sensori e dei sistemi di comunicazione, fondamentali per la coordinazione delle operazioni.

Sul piano etico e morale, la presenza di civili nel teatro di guerra urbano introduce dilemmi di grande rilevanza. I civili subiscono le conseguenze del conflitto in maniera sproporzionata, sia direttamente, come vittime degli scontri, sia indirettamente, a causa degli sfollamenti e delle epidemie derivanti dalla distruzione delle infrastrutture urbane. I comandanti militari si trovano di fronte al delicato dilemma della proporzionalità, dovendo bilanciare la necessità di agire per la sicurezza dei propri soldati con la responsabilità di evitare danni ai civili, in conformità con il diritto internazionale umanitario (Diu). Questo equilibrio è complicato ulteriormente dalla presenza di civili che possono usare dispositivi elettronici e *social media,* da coloro che si mostrano ostili o resistono in maniera non armata, e dal peso psicologico e politico che tali decisioni impongono sui comandanti, potenzialmente influenzando il loro giudizio e le loro scelte.

Lo sviluppo delle capacità tecniche e tattiche delle forze israeliane

Le forze armate israeliane hanno storicamente affrontato numerose sfide nel contesto urbano di Gaza, soprattutto dopo il ritiro del 2005, con le operazioni militari del 2008 e le successive del 2014; momenti diversi in cui le forze israeliane hanno appreso preziose lezioni. Dal punto di vista politico, Gerusalemme ha riconosciuto l'importanza cruciale di guadagnarsi il favore dell'opinione pubblica, sia a livello internazionale che nazionale. Sul fronte militare, si è reso evidente che la potenza aerea da sola non è mai sufficiente, inducendo a ridefinire le capacità e l'organizzazione delle forze terrestri, in particolare per quanto riguarda l'acquisizione e l'impiego di robusti veicoli corazzati e l'applicazione di tecniche, tattiche e procedure innovative finalizzate a gestire la minaccia proveniente dal sottosuolo.

Come diretta conseguenza di queste lezioni, le Idf si è equipaggiato con alcune delle migliori tecnologie per le operazioni urbane; tra queste, spiccano carri armati e veicoli blindati per il trasporto truppe, considerati tra i più sicuri al mondo. L'arsenale israeliano comprende anche i *bulldozer* corazzati tipo *"Doobi"* D9 della Caterpillar, progettati per abbattere edifici e creare percorsi sicuri in ambienti potenzialmente minati, così riducendo il rischio di imboscate e attacchi con ordigni esplosivi improvvisati (Ied). Questi potenti mezzi, che possono essere anche comandati a distanza, sono stati oggetto di controversie per il loro uso nella demolizione di abitazioni, interpretato da alcuni come misura punitiva.

Ma l'impiego operativo dei D9, contrariamente alle critiche che si inseriscono nel più ampio panorama di opposizione strumentale, prevede di aprire vie sicure attraverso aree rischiose, creare percorsi alternativi distruggendo parzialmente gli edifici, e costruire barriere protettive intorno a zone strategiche per consolidare le conquiste territoriali delle unità militari. Questo approccio riflette una combinazione di forza e ingegnosità, segnando la continua evoluzione delle strategie militari israeliane di fronte alle sfide uniche della guerra urbana.

Figura 21. Il buldozeer blindato Caterpillar D9R in dotazione alle Idf. (Foto: Zachi Eve-nor/Wikimedia Commons).

L'esercito israeliano, nel suo vasto arsenale di veicoli specialistici, dispone poi di un veicolo particolare, il *"Puma"*, dedicato alla neutralizzazione dei campi minati e nel contrasto agli ordigni improvvisati. Dotato di un elaborato sistema di sgombero mine chiamato *"Ied Carpet"*,[248] il *"Puma"* ha la capacità di far detonare o neutralizzare dispositivi esplosivi nascosti tramite esplosioni controllate con razzi. Oltre a questa tecnologia di punta, gli stessi veicoli in dotazione alle unità del genio militare sono equipaggiati con dispositivi in grado di disturbare i circuiti o le trasmissioni utilizzate per l'attivazione controllata degli *Ied*, alcuni dei quali includono il sistema *"Thor"* che utilizza laser di precisione per innescare gli ordigni a distanza.[249]

---

[248] Sgombero Campi Minati e Neutralizzazione *Ied*: il Carpet è un sistema moderno di sgombero campi minati e neutralizzazione *Ied*, prodotto dall'israeliana Rafael, che può aprire un percorso di cento metri in un campo minato con alta efficienza di bonifica e può neutralizzare tutti i tipi di *Ied*. Per raggiungere la massima sopravvivenza dell'equipaggio, il sistema è operato da due soldati all'interno del veicolo. Il sistema Carpet consiste in un lanciatore che contiene venti razzi dotati di testate Fae (*Fuel-Air Explosive*). Il lanciatore è un kit aggiuntivo autonomo che può essere assemblato facilmente e rapidamente sul campo su qualsiasi veicolo. Il Carpet è il sistema più efficiente per lo sgombero di campi minati e la neutralizzazione/detonazione di Ied in qualsiasi terreno e in tutte le condizioni atmosferiche, mantenendo al contempo la sicurezza dell'equipaggio.
[249] Schalit A., *Hidden tunnels, ambushes and explosives in walls: the Israel-Hamas war enters a precarious new phase*, The Conversation, 23 novembre 2023, in:

Nell'ambito del combattimento sotterraneo, l'esercito israeliano vanta poi unità specializzate, come gli elementi del *Sarayet Yahalom*, addestrati nell'individuazione, nella manovra e nella distruzione di tunnel. Queste forze speciali fanno uso di cariche esplosive speciali, *droni* e *robot* sotterranei per condurre le loro operazioni, con ciò confermando quanto Israele sia all'avanguardia nella ricerca di tecnologie di rilevamento sotterraneo, impiegando un ampio ventaglio di strumentazioni che spaziano dall'ambito geo-spaziale a quelli acustico, sismico, tomografico a resistività elettrica (Ert), fino al radar a penetrazione del suolo, in grado di mappare tunnel fino a venti metri di profondità.

L'approccio delle Idf nei confronti dei tunnel è volto prevalentemente alla loro distruzione dalla superficie, evitando ove possibile l'ingresso e la messa in pericolo degli operatori militari. Tuttavia, per missioni specifiche come il recupero di ostaggi, sono state addestrate unità speciali, incluse squadre di ricognizione *Yahalom* e l'unità cinofila *Oketz*, dotate di attrezzature specifiche per operazioni sotterranee. La possibilità di dover effettuare ricognizioni dirette mediante l'impiego di soldati all'interno di questa vasta rete di tunnel suggerisce l'impiego di tecniche operative altamente specializzate, potenzialmente affidate alle unità di *élite Mista'arvim*, capaci di operare sotto copertura e mimetizzarsi tra i combattenti avversari.

In questo scenario di confronto tecnologico e tattico, entrambi gli schieramenti potrebbero riservarsi sorprese impreviste e devastanti. Se da un lato le Idf dispongono della superiorità tecnologica e militare necessaria a prevalere, dall'altro l'esito della battaglia e le sue ripercussioni umane e geopolitiche rimangono avvolte in un velo di incertezza, testimoniando la complessità e l'imprevedibilità del conflitto moderno.[250]

Guerra Israele-Hamas: il ruolo dell'unità Yahalom

La campagna terrestre intrapresa da Israele nella densamente popolata Gaza ha esposto le forze israeliane a una serie di complessità. L'uso dei tunnel è stata quella più insidiosa: l'intricata rete di gallerie di centinaia di chilometri sotto l'*enclave* palestinese ha costituito un dilemma particolarmente arduo per le forze israeliane, in grado di mettere a dura prova

---

https://theconversation.com/hidden-tunnels-ambushes-and-explosives-in-walls-the-israel-hamas-war-enters-a-precarious-new-phase-216830.
[250] *Ibidem.*

le capacità e il processo di pianificazione operativa poiché l'uso strategico dei tunnel da parte di Hamas ha giocato un ruolo chiave sia in difesa che in attacco. Le forze israeliane, ben consapevoli della minaccia spesso si sono riferite ai sistemi di tunnel del gruppo come alla "metropolitana": una vera e propria città sotto Gaza.[251]

Nell'ambito della campagna terrestre i tunnel hanno storicamente presentato sfide tattiche uniche per le Idf, come dimostrato dall'esperienza del 2014, con condizioni che hanno spesso richiesto equipaggiamenti specializzati per affrontare l'oscurità, la mancanza d'aria, e i pericoli dei combattimenti in spazi ristretti, in particolare nell'ambito dell'operazione *Iron Swords* (2023-2024) quando lo stato maggiore israeliano fu obbligato a limitare la distruzione dei tunnel dalla superficie e impiegare unità specializzate all'interno degli stessi al fine di preservare l'incolumità degli eventuali prigionieri israeliani lì segregati da Hamas.

I tunnel di Hamas, caratterizzati da una struttura molto stretta e profonda, come abbiamo avuto modo di descrivere, riflettono la complessità e l'adattabilità delle tattiche di guerra sotterranea. Eyal Pinko, un ex funzionario dei servizi segreti israeliani, ha evidenziato la difficoltà di localizzare con precisione i tunnel, «molti dei quali si estendono ben al di sotto della portata dei radar di penetrazione del suolo».[252]

La responsabilità principale di affrontare i tunnel ricade sull'unità *Yahalom* del *Combat Engineering Corps*, la forza d'*élite* specializzata nel rilevamento, sgombero e distruzione di queste strutture. Con l'aumento della minaccia da parte di Hamas, a partire dal 2016 il personale di questa unità è stato significativamente aumentato, migliorando la capacità di Israele di affrontare efficacemente la sfida sotterranea.[253]

Lo *Yahalom* è una delle più grandi unità al mondo che addestra, equipaggia, sperimenta e sviluppa nuovi approcci e tecniche per affrontare la guerra sotterranea e comprende unità subordinate come il reparto

---

[251] Spencer J. (2023), *Underground nightmare: Hamas tunnels and the wicked problem facing the Idf*, Modern War Institute at West Point, in:
https://mwi.westpoint.edu/underground-nightmare-hamas-tunnels-and-the-wicked-problem-facing-the-Idf/.

[252] *Ibidem.*

[253] Idf, *This is the Idf's Plan to Combat Hamas Terrorist Tunnels*, Israel Defense Forces, 27 novembre 2016, in https://www.Idf.il/en/mini-sites/the-hamas-terrorist-organization/this-is-the-Idf-s-plan-to-combat-hamas-terror-tunnels/.

"*Sayfan*", che si addestra a gestire la minaccia di armi non convenzionali (Wmd, *weapons of mass destrucion*), lo "*Yael*", l'unità di ricognizione del genio, il "*Samur*", che è specializzata nella fase di accesso, bonifica e distruzione dei tunnel, e l'"*Oketz*", l'unità cinofila specializzata nel combattimento sotterraneo.

L'unità cinofila K-9 "*Oketz*" (in ebraico "pungiglione"),[254] dispone di cani altamente addestrati, anche per operare nella dimensione sotterranea;[255] un livello di specializzazione talmente elevato che consente all'unità di avere cani specificatamente impiegabili per azioni di attacco, ricerca e salvataggio, localizzazione di armi, rilevamento di esplosivi, ecc. Fondata nella base di Sirkin nel 1974, sulla scia della serie di eventi terroristici che colpirono Israele nei primi anni Settanta, l'unità prese parte a una serie di missioni durante gli anni Settanta e Ottanta, operando in completa segretezza fino al 1988.

La tipologia di schieramento dell'unità prevede l'impiego congiunto, ossia abbinato ad altre unità, in genere forze speciali. Nella prima fase della guerra Israele-Hamas, a partire da ottobre 2023, l'unità operò divisa in tre compagnie distinte, al fine di contribuire più attivamente ai combattimenti in prossimità e, poi, all'interno della Striscia,[256] sia nella città di Gaza, sia a Rafah obiettivo finale dell'offensiva terrestre israeliana.

Una volta all'interno dei tunnel, gli specialisti dell'unità d'*élite Yahalom* utilizzano un'ampia varietà di metodi per perquisire, registrare e distruggere i tunnel, tra cui le citate unità cinofile K-9 dotate di telecamere e cariche di gel esplosivo. Per ridurre i pericoli a cui sono sottoposti gli operatori, le Idf hanno inoltre adottato l'uso di *droni* dotati di tecnologie avanzate, come immagini termiche e sensori LiDAR (*Light Detection and Ranging*), che possono mappare l'ambiente in 3D. I sensori LiDAR sono strumenti tecnologici avanzati utilizzati per misurare la distanza tra il sensore stesso e

---

[254] Swaminathan S., *Israeli canine unit 'Oketz' helped rescue 200 lives, neutralise 10 Hamas terrorists*, 15 ottobre 2023, in: https://www.israelhayom.com/2023/10/26/how-the-Idfs-canine-unit-rushed-to-the-scene-on-its-own-initiative-and-saved-lives/.

[255] *Paw Power: All about Israel military's canine unit Oketz which helped save 200 lives*, First Post, 16 ottobre 2023, in https://www.firstpost.com/explainers/paw-power-all-about-israel-militarys-canine-unit-oketz-which-helped-save-200-lives-13255872.html.

[256] Shoval L., *How the Idf's canine unit rushed to the scene on its own initiative – and saved lives*, Israel Hayom, 26 ottobre 2023, in https://www.israelhayom.com/2023/10/26/how-the-Idfs-canine-unit-rushed-to-the-scene-on-its-own-initiative-and-saved-lives/.

un oggetto o superficie, sfruttando la riflessione di impulsi laser; il principio su cui si basa il sistema è simile a quello del radar e del sonar, ma, invece di utilizzare onde radio o suoni, impiega la luce nella forma di un laser. In pratica il sistema funziona per emissione di impulsi laser – il dispositivo emette rapidamente impulsi di luce laser verso l'area o l'oggetto da mappare –, rilevando e misurando lo spazio analizzato – i sensori del dispositivo rilevano la luce riflessa dagli oggetti colpiti dagli impulsi; misurando il tempo impiegato dall'impulso laser per ritornare al sensore, il LiDAR calcola la distanza tra il dispositivo e l'oggetto con grande precisione: ripetendo questo processo a una velocità molto elevata e su larga scala, il sistema produce rappresentazioni dettagliate e in tre dimensioni dell'ambiente circostante.

Figura 22. Operatore dell'unità cinofila K-9 "Oketz" delle Idf (Fonte Idf).

Idf, polizia e servizi di *intelligence* dispongono poi di unità speciali – come *Sayeret Matkal*, gli *Yamar* e altri – che condividono le migliori pratiche per trattare con i terroristi e i miliziani paramilitari.

La *Yahalom* e poche altre unità delle Idf hanno attrezzature speciali sviluppate specificamente per l'impiego nella dimensione sotterranea. Le unità di ricognizione dei tunnel, ad esempio, utilizzano sensori terrestri e aerei, i già descritti radar a penetrazione del suolo, le apparecchiature di perforazione e altri sistemi per identificare le gallerie. Ci sono radio e tecnologie di navigazione che funzionano sottoterra, binocoli per la visione notturna che utilizzano tecnologie termiche e di altro tipo per vedere nella completa oscurità e la disponibilità di *droni* volanti o striscianti telecomandati o filo-guidati che possono perlustrare e mappare i tunnel senza mettere a rischio l'incolumità dei soldati. Le Idf utilizzano anche simulatori per l'addestramento in realtà virtuale che consentono ai soldati di prepararsi alla guerra sotterranea anche quando non si trovano nei siti di addestramento fisico che includono ambienti sotterranei.

Israele ha poi sviluppato tattiche speciali per affrontare i tunnel una volta trovati. Ha una vasta gamma di munizioni penetranti, come il Gbu-28, che può penetrare fino a trenta metri nel terreno o sei metri di cemento. Le forze israeliane dispongono inoltre di molteplici tipi di esplosivi, per far crollare o sigillare i tunnel, e molti *bulldozer* utilizzati per sigillarli, una tattica già utilizzata dai *marines* statunitensi durante l'ultima parte della battaglia di Iwo Jima del 1945, quando chiusero le uscite dei tunnel e delle caverne ai difensori giapponesi. Quando, nel 2017, furono scoperti diversi tunnel di Hezbollah lungo il confine settentrionale di Israele durante l'operazione *Scudo del Nord*, le Idf inondò i tunnel con cemento liquido al fine di renderne impossibile l'utilizzo da parte dell'avversario; analogamente operò l'Egitto, neutralizzando i tunnel transfrontalieri di contrabbando, usati da Hamas lungo il confine con Gaza, inondandoli di acqua di mare e liquami.[257]

La sfida della "metropolitana di Gaza"
Guardando ai risultati raggiunti da Hamas possiamo prendere come punto di riferimento temporale e operativo la situazione allo scoccare dei primi cento giorni di guerra. Secondo valutazioni provenienti dall'*intelligence* statunitense, a quella data, Hamas avrebbe mantenuto la capacità di gestire e utilizzare il sessanta-ottanta percento dei tunnel e la disponibilità residua di oltre i due terzi dei miliziani in grado di operare.

A livello operativo, l'obiettivo dichiarato di Israele di distruggere Hamas, considerato difficile da realizzare, si concentrò sull'eliminazione di gran parte della forza militare e delle infrastrutture di Hamas, in particolare la complessa rete di tunnel sotterranei. Tunnel che Hamas continuò a utilizzare per attaccare di sorpresa l'esercito israeliano e per spostare e occultare armi, merci e miliziani.

---

[257] Spencer J. (2023), *Underground nightmare*, cit.

Nonostante le operazioni di terra abbiano portato alla scoperta di molte uscite di tunnel in superficie, l'esercito israeliano ritenne, a ragione, che fosse troppo rischioso accedervi per distruggerli dall'interno optando, come nel caso dell'operazione *Sea Atlantis*, per parziali inondazioni, ma ottenendo risultati non soddisfacenti a causa delle contromisure utilizzate da Hamas, come paratie, sbarramenti e pozzi di drenaggio.

Malgrado la guerra in superficie, Hamas continuò così a mantenere nascosto il grosso della propria forza all'interno dei tunnel, una scelta che consentì al gruppo di disporre di sufficienti truppe e munizioni per resistere a Israele per mesi. A tale scelta si associò la parallela volontà di dimostrare una concreta capacità di comando e controllo, riaffermando così agli occhi della popolazione *gazawi* la propria autorità all'interno di Gaza, attraverso il mantenimento di piccole pattuglie di polizia e soccorsi di emergenza nel nord della Striscia.[258] Questa zona fu particolarmente colpita da Israele nelle prime fasi della guerra, e il ritorno di Hamas venne interpretato come un segno della volontà di mostrare la propria resistenza agli attacchi.

La prima fase della manovra terrestre israeliana su Gaza portò le Idf ad assicurare il controllo sul "Quartiere dell'Elite" di Hamas nel centro della città di Gaza, compresa l'area da dove operava la *leadership* amministrativa e militare del gruppo. Il complesso, che comprendeva una grande rete di tunnel di collegamento tra nascondigli, uffici e appartamenti residenziali appartenenti alla *leadership*, era un centro di potere sia per le branche militari che politiche di Hamas.[259]

Nelle ultime settimane di dicembre 2023, la 401ª brigata della 162ª divisione, insieme alle forze dell'unità *Shaldag*, *Shayetet 13* e l'unità *Yahalom*, operarono nell'area di Rimal della città di Gaza, nell'area di "Palestina Square". Le Idf effettuarono un'offensiva combinata e coordinata proprio su "Palestina Square" e presero il controllo operativo della zona. Negli ultimi giorni, l'area fu completamente allestita per la difesa da parte delle Idf, che dovettero contrastare numerose azioni di disturbo da parte di Hamas al cui termine fu registrata l'eliminazione di circa seicento miliziani, caduti a seguito di risposte sia terrestri che aeree.

---

[258] Idf Media Center, *Idf Reveals Massive Tunnel Network in Downtown Gaza*, 21 dicembre 2023, in: https://www.Idf.il/en/Idf-media-center/Idf-reveals-massive-tunnel-network-in-downtown-gaza/.
[259] *Ibidem*.

"Palestina Square" era il centro del dominio militare di Hamas, composto da edifici con funzione di centri di comando e controllo, infrastrutture strategiche, ed epicentro della rete strategica di tunnel collegato alle infrastrutture sotterranee nell'area degli ospedali Rantisi e al-Shifa. Un' infrastruttura militare strategicamente collocata nelle immediate vicinanze di negozi commerciali, edifici governativi, residenze civili e una scuola per bambini portatori di *handicap*.[260]

Dopo aver messo in sicurezza l'area con un'operazione "*sweep and clear*"[261] (bonifica e sgombero), le Idf rilevarono l'estensione del sistema di tunnel, i cui accessi furono rinvenuti all'interno di residenze e uffici di alti funzionari di Hamas, allestiti in maniera tale da consentirne l'utilizzo in maniera discreta mediante ascensori e scale e con sistemi di chiusura a grate e porte blindate. Un sistema che permise ai funzionari di Hamas di fuggire e di rimanere nascosti per lunghi periodi. Questa rete fu utilizzata dagli alti funzionari dell'organizzazione, Ismail Haniyeh, Yahya Sinwar, Muhammad Deif e altri, per dirigere l'attività operativa di Hamas durante i primi giorni dell'offensiva israeliana.

Nelle vicinanze di questi edifici, le Idf rilevarono inoltre la presenza di un laboratorio specializzato per l'organizzazione e la gestione degli scavi della rete sotterranea con, all'interno, un tunnel utilizzato per la logistica e le attrezzature per la costruzione di tunnel, tra cui pannelli prefabbricati in cemento per pareti e archi destinati ai soffitti e, ancora, armi ed equipaggiamenti. Accanto all'officina fu rinvenuto un pozzo d'accesso profondo venti metri, dotato di scale a chiocciola e una porta blindata; prima di lasciare l'area, Hamas ne distrusse con l'esplosivo la parte di collegamento alla rete sotterranea.[262]

L'esercito israeliano scoprì poi, nel centro di Khan Younis, un altro tunnel lungo un chilometro – dotato di porte blindate, fortificazioni, impianti elettrici e idraulici – in cui i genieri dell'unità *Yahalom* e la 98ª divisione fecero irruzione eliminando i miliziani palestinesi lì asserragliati; al termine

---

[260] *Ibidem.*

[261] Il termine militare "*sweep and clear*", utilizzato per descrivere un tipo di operazione militare, si traduce in italiano con "bonifica e sgombero" o "pulizia e controllo". Queste operazioni consistono nel controllare meticolosamente un'area per identificare e neutralizzare eventuali minacce, come nemici nascosti, ordigni esplosivi improvvisati o altre insidie, al fine di rendere l'area sicura.

[262] Idf Media Center, *Idf Reveals Massive Tunnel Network in Downtown Gaza*, cit.

dell'azione, rilevati i dati tecnici e le caratteristiche dell'infrastruttura, il tunnel fu distrutto.

Alla fine di febbraio 2024, a meno di quattro mesi dall'avvio dell'offensiva terrestre, la 401ª brigata e la brigata *Nahal* (entrambe assegnate alla 162ª divisione) condussero operazioni di sgombero contro le infrastrutture e i combattenti della milizia palestinese, completando un'operazione di sgombero nella parte occidentale di Gaza. Le due brigate ingaggiarono i combattenti palestinesi a distanza ravvicinata. Una volta occupata l'area di Zaytoun i soldati israeliani vi trovarono siti per la produzione di munizioni e un tunnel di collegamento tra la città di Gaza e il centro della Striscia; infrastruttura sotterranea che avrebbe permesso ai combattenti palestinesi di infiltrarsi in aree precedentemente ripulite dagli israeliani nel nord della Striscia.[263]

E ancora, la brigata *Nahal* e l'unità *Yahalom* della 162ª divisione israeliana portarono alla luce una rete di tunnel di collegamento tra il governatorato centrale di Gaza al nord della Striscia, individuando almeno trentacinque pozzi d'accesso a un complesso sotterraneo lungo dieci chilometri, dotato di impianti idraulici, magazzini, camere da letto e attrezzature militari, e passante sotto l'ospedale dell'"*Amicizia turco-palestinese*" e l'Università *al-Isra* nella parte sud della città di Gaza. Tale infrastruttura risulterebbe essere stata utilizzata da Hamas per trasferire personale tra la brigata *Centrale* e la brigata *Gaza City*, in particolare tra i battaglioni *Zaytoun*, *Nuseirat* e *Sabra*. Anche in questo caso il tunnel venne distrutto dalle Idf al termine delle operazioni nell'area.[264]

Durante i combattimenti a Khan Yunis, a gennaio 2024, la 98ª divisione occupò un'area estesa in cui furono rinvenute rilevanti infrastrutture e postazioni di Hamas, inclusi il quartier generale del battaglione, i complessi di addestramento, centri di comunicazione e di comando della brigata *Khan Yunis*, un edificio dell'*intelligence* militare, un'importante struttura per la produzione di razzi e gli uffici di molti alti funzionari, inclusi l'ufficio di Yahya Sinwar. Il combattimento a Khan Yunis fu caratterizzato da manovre simultanee con un'azione integrata delle forze in superficie e sottoterra. Al termine dell'operazione furono localizzati e distrutti centinaia di pozzi di

---

[263] *Ibidem.*
[264] *Ibidem.*

accesso ai tunnel, alcuni dei quali portavano a importanti infrastrutture strategiche sotterranee. Inoltre, centinaia di terroristi furono eliminati nel sottosuolo, sia in combattimenti corpo a corpo con le forze israeliane sia in conseguenza ad attacchi aerei. Rileva il comandante della 98ª divisione, il generale Dan Goldfus:

«Siamo impegnati in una manovra simultanea – combattendo sia sopra che sotto terra, operando con professionalità, con la cooperazione tra forze speciali, *commando* e i *team* di combattimento della divisione. I terroristi di Hamas stanno fuggendo».[265]

Le dimensioni di alcune gallerie dimostrano una pianificazione e risorse significative. A metà dicembre del 2023, l'esercito israeliano scoprì il tunnel più grande; l'ingresso, ubicato in una duna di sabbia all'estremità settentrionale della Striscia – a soli cento metri a sud del *checkpoint* militare israeliano di Erez che controlla tutti gli accessi pedonali da Israele a Gaza – era dotato di un passaggio abbastanza largo da poter essere attraversato da un'auto (mappa del tunnel in *Figura 23*).

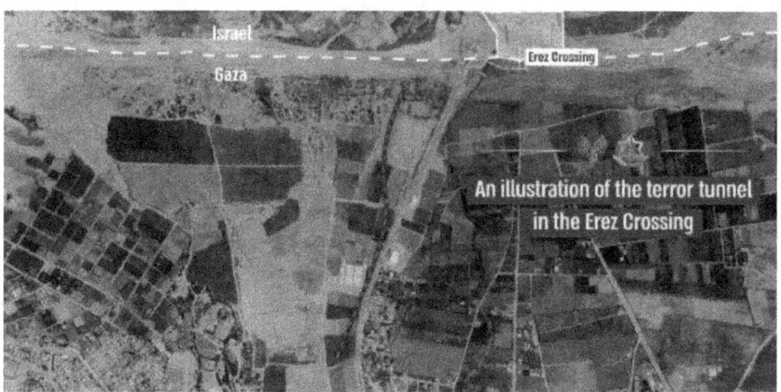

Figura 23. Mappa raffigurante il tracciato del tunnel di Erez (Fonte Idf)

Rinforzato con cemento e ferro, il tunnel aveva un diametro di tre metri e una lunghezza di quattro chilometri, abbastanza per raggiungere il nord della città di Gaza. Dotato di cavi e tubazioni per garantire il rifornimento

---

[265] Idf Media Center, *Combat in Khan Yunis: 98ᵗʰ Brigade Operations Above and Below Ground*, Idf Press Release, in: https://www.idf.il/en/mini-sites/idf-press-releases-regarding-the-hamas-israel-war/january-24-pr/combat-in-khan-yunis-98th-brigade-operations-above-and-below-ground/.

energetico e la ventilazione dell'aria, il tunnel scendeva lungo una rampa che portava a una profondità di cinquanta metri. [266]

Un'infrastruttura che, nel complesso, potrebbe essere costata qualche milione di euro. Uno dei tanti. Si parla di decine, centinaia di milioni di euro investiti da Hamas nella costruzione delle infrastrutture sotterranee. Fiumi di euro, di dollari che Hamas è riuscito a "investire" nella costruzione di tunnel trattenendo i fondi destinati all'*enclave*, e tra questi anche i fondi dell'Unione europea, in virtù del ruolo di governo della Striscia.

Non si può dire che quel singolo euro di provenienza europea sia stato usato per la costruzione di tunnel o la fabbricazione di razzi, ma del totale che è arrivato nelle casse di Gaza (da più parti e da più Paesi) «buona parte è stata investita da Hamas in spese militari e l'altra buona parte in servizi per il sociale al fine di creare consenso».[267] Il 21 novembre 2023 il collegio dei commissari europei, riunito a Strasburgo, approvò la revisione degli aiuti dell'Unione alla Palestina ordinata dopo il 7 ottobre, concludendo che non ci fossero indicazioni che soldi dell'Unione europea avessero prodotto benefici, diretti o indiretti, per l'organizzazione terroristica di Hamas, come spiegò il vicepresidente esecutivo della Commissione Valdis Dombrovskis. Ma neanche il contrario, come ho avuto modo di evidenziare in un'intervista per Adnkronos.[268]

---

[266] Idf media Center, *Idf Reveals Massive Tunnel Network in Downtown Gaza*, 21 dicembre 2023, in: https://www.Idf.il/en/Idf-media-center/Idf-reveals-massive-tunnel-network-in-downtown-gaza/.
[267] Virdis, A., *Maxi tunnel Hamas a Gaza, l'esperto: "Costato milioni di euro, fiumi di soldi da fondi dirottati. Intervista a C. Bertolotti* del 20 dicembre 2023, ADNKRONOS. In: https://www.adnkronos.com/internazionale/esteri/israele-hamas-tunnel-gaza-quanto-costano_5uYVmMOYhyyvuw3v08gv4Z.
[268] *Ibidem.*

Operazione nell'ospedale al-Shifa: un nuovo *standard* umanitario?

La guerra Israele-Hamas ha dato modo alle forze israeliane di concettualizzare e implementare uno *standard* umanitario innovativo di guerra urbana che non trova precedenti nella storia militare in relazione al concetto di *human security* sostenuto dalle Nazioni Unite. Nel marzo 2024, le Idf condussero un'operazione mirata nell'ospedale al-Shifa nella Striscia di Gaza – utilizzato come base logistica e operativa da Hamas – adottando precauzioni eccezionali per la protezione di civili nella fase di avvicinamento, accesso e gestione della struttura. Un approccio che vide l'impiego, unitamente a militari, di unità di medici e paramedici israeliani deputati all'assistenza dei pazienti civili palestinesi ricoverati nell'infrastruttura sanitaria, e squadre logistiche di supporto per il rifornimento di cibo, acqua e forniture mediche per gli stessi.[269]

Dunque, un approccio volto a limitare i danni causati dalla presenza di Hamas all'interno dell'infrastruttura sostenendo, al contempo, il massimo sforzo per andare incontro alle necessità dei pazienti ricoverati e per minimizzare le vittime civili. Primo esempio nella storia della guerra urbana, questo metodo rappresenta l'adozione di uno standard innovativo quanto oneroso, sia in termini di risorse impiegate sia per l'accettazione di un maggiore rischio intrinseco per il personale militare impegnato all'interno dell'infrastruttura. Dal punto di vista dottrinale, come su quello storico, è il primo caso di un esercito che abbia preso tali misure per occuparsi della popolazione civile avversaria, tenuto conto della concomitanza delle operazioni militari offensive all'interno dello stesso edificio. Secondo l'opinione dell'analista John Spencer, pubblicata nel suo articolo *Israel has created a new standard for urban warfare. Why will no one admit it?*, Israele avrebbe adottato «più precauzioni per prevenire danni ai civili di qualsiasi altro esercito nella storia, andando ben oltre ciò che richiede il diritto internazionale e più di quanto fatto dagli Stati Uniti nelle loro più recenti guerre in Iraq e Afghanistan».[270]

---

[269] Spenser J., *Israel Has Created a New Standard for Urban Warfare. Why Will No One Admit It?*, *Opinion*, Newsweek, 25 marzo 2024, in https://www.newsweek.com/israel-has-created-new-standard-urban-warfare-why-will-no-one-admit-it-opinion-1883286.
[270] *Ibidem.*

Un precedente, quello di al-Shifa, che si pone come caso studio per la gestione dello spazio urbano e la sicurezza dei civili in aree operative che, a fronte di un evidente svantaggio tattico, consente alle forze militari impegnate in operazioni dal potenziale forte impatto mediatico di prevenire accuse di violazioni dello *jus in bello* e delle convenzioni internazionali. Questo precedente apre doverosamente a una riflessione su tali applicazioni tattiche e sui limiti auto-imposti a tutela della popolazione civile, non solamente per ragioni prettamente umanitarie ma anche, e forse prevalentemente, in un'ottica difensiva sul piano della *cognitive warfare* e della propaganda avversaria che, da un lato e come abbiamo visto, utilizza infrastrutture civili per scopi militari e, dall'altro, strumentalizza a proprio favore le eventuali vittime civili in conseguenza dello scontro militare all'interno di quei siti (il *law-fare*).

La teoria occidentale predominante nella gestione delle operazioni militari, così come abbiamo descritto in apertura di questo capitolo, si basa sul concetto di "guerra di manovra", tesa a cercare di frantumare moralmente e fisicamente un nemico con forza e velocità sorprendenti e schiaccianti, colpendo i centri di gravità, politici e militari, affinché il nemico sia distrutto o si arrenda rapidamente. Questo è stato il caso nelle invasioni di Panama nel 1989, dell'Afghanistan nel 2001, dell'Iraq nel 2003 e del tentativo della Russia di prendere in tempi rapidi l'Ucraina nel 2022. In tutti questi casi, non è stato dato nessun preavviso o tempo sufficiente ai civili per evacuare le città, con ciò provocando la morte di un significativo numero di non combattenti. Israele ha abbandonato questo consolidato "approccio da manuale", e lo ha fatto nell'ottica primaria di prevenire danni ai civili. Le Idf hanno annunciato con anticipo quasi ogni azione affinché i non combattenti potessero trasferirsi, così rinunciando quasi sempre all'elemento sorpresa. Ciò ha permesso a Hamas di riposizionare in aree sicure i propri vertici militari e i *leader* politici (e con essi anche gli ostaggi israeliani) attraverso il tessuto urbano, nascondendoli tra i civili durante le evacuazioni o sfruttando i tunnel sotterranei.[271]

I combattenti di Hamas, a differenza delle Idf, non indossano uniformi, e questo è un vantaggio tattico che ha consentito loro di colpire nascosti tra i civili e, con i civili, lasciare il campo di battaglia. La conseguenza è che

---

[271] *Ibidem.*

Hamas è riuscito nella sua duplice strategia, da un lato, di generare sofferenza alla popolazione palestinese e, dall'altro, di creare una narrazione distruttiva attraverso le immagini, funzionale a ottenere una pressione internazionale su Israele affinché interrompesse le sue operazioni.

La comunicazione massiva di Israele e la teoria del dieci percento

Lo stato maggiore israeliano ha adottato molte precauzioni per mitigare i danni ai civili nella condotta delle sue operazioni, nel rispetto del principio di *human security* enunciato nella risoluzione 66/290 dell'Assemblea Generale delle Nazioni Unite. Tali misure sono state ampiamente applicate nel processo di pianificazione operativa (inclusa la scelta della tipologia di armamenti da impiegare e delle cadenze temporali delle operazioni), così come è stato adottato l'approccio precauzionale di annullare o posticipare le stesse operazioni in caso di rischio non accettabile in termini di perdite tra i non combattenti palestinesi.[272]

Israele, avendo ben compreso i rischi delle azioni militari e dei vantaggi comunicativi e propagandistici ottenibili da Hamas, guardando da una prospettiva tattica, ha così scelto di avvertire preventivamente le popolazioni residenti nelle aree interessate dalle proprie operazioni militari, in alcuni casi anche con settimane di preavviso, affinché i civili potessero evacuare e trasferirsi in spazi sicuri. In tale senso, le Idf hanno riferito di aver lanciato prima dell'operazione nel nord di Gaza, in anticipo rispetto all'avvio della campagna terrestre d'autunno 2023, oltre sette milioni di volantini, dispiegando al contempo tecnologie mai utilizzate in altri conflitti: la pubblicazione di messaggi sui *social media*, annunci via radio e via televisione a Gaza, oltre 70.000 chiamate telefoniche dirette, quindici milioni di messaggi di testo inviati telefonicamente, altrettanti messaggi vocali preregistrati per notificare ai civili e alle organizzazioni internazionali sul campo che avrebbero dovuto lasciare le aree di combattimento, dove andare e quale percorso seguire.[273] Le Idf hanno poi dispiegato *droni* con altoparlanti e paracadutato grandi radio con messaggi preregistrati invitanti i civili a lasciare le aree di combattimento e, ancora, hanno annunciato ed

---

[272] Israel Ministry of Foreign Affairs, *The War Against Hamas: Answering Your Most Pressing Questions*, 15 dicembre 2023, in: https://www.idf.il/en/mini-sites/hamas-israel-war-24/all-articles/the-war-against-hamas-answering-your-most-pressing-questions/#3.
[273] *Ibidem.*

effettuato pause quotidiane in tutte le operazioni per permettere ai civili di evacuare stabilendo unilateralmente corridoi umanitari facilmente riconoscibili,[274] utili altresì al riconoscimento – mediante sistemi biometrici su base *artificial intelligence* – di numerosi terroristi nascosti tra gli evacuandi.

Queste misure – poi replicate nella successiva operazione su Rafah a partire dal 6 maggio 2024 – sono state estremamente efficaci, consentendo l'evacuazione dell'ottantacinque percento della popolazione nelle aree urbane nel nord di Gaza prima che iniziassero i combattimenti più intensi; un dato che confermerebbe, sulla base della ricerca sulla storia della guerra urbana di John Spenser, la teoria della permanenza del dieci percento della popolazione in aree di combattimento urbane,[275] indipendentemente dallo sforzo per allontanarle e consentirne il deflusso.

Un'altra procedura adottata dalle Idf è stata la distribuzione di mappe militari ai civili per comunicare ogni giorno dove le Idf avrebbero operato, così che i non combattenti potessero restare al sicuro ed effettuare evacuazioni localizzate e in autonomia; una scelta che non trova precedenti storici in altre guerre a cui si associa la tracciatura della popolazione in tempo reale, attraverso le cellule telefoniche, unitamente a immagini satellitari e di *droni* e alla valutazione dei danni agli edifici per evitare di colpire i civili. A queste tecniche si è associato il contributo del *software* di intelligenza artificiale *Lavender*, i cui limiti e criticità sono descritti nel successivo paragrafo *Lavender e i suoi limiti: l'intelligenza artificiale per il targeting su Gaza*. Questo sistema si è basato sull'utilizzo di una mappa dettagliata di Gaza, in cui ad ogni quartiere è stato assegnato un numero univoco, condivisa con la popolazione *gazawi* e con le organizzazioni internazionali sul campo al fine di creare uno strumento di comunicazione comune con tutti i non combattenti (esempi di mappe distribuite ai civili palestinesi in *Figura 24*).

---

[274] *Ibidem.*
[275] *Ibidem.*

Figura 24. Esempi di distribuzione delle mappe urbane indicanti le aree di operazioni a Gaza: via "X" (già Twitter) e via Web.

Utilizzando questo sistema, le Idf hanno fornito informazioni su dove evacuare, quali corridoi di sicurezza seguire e dove sarebbero stati gli accessi ai rifugi, in anticipo rispetto alle operazioni intensificate. [276] L'unità dedicata alla gestione di questo sistema di comunicazione massivo è stata l'*"Unità per la Mitigazione dei Danni ai Civili"*, costituita da ufficiali superiori delle Idf, ufficiali di *intelligence*, soldati di lingua araba, consulenti legali e altri professionisti, il cui compito è consistito nel monitorare costantemente e in tempo reale l'attuazione delle raccomandazioni di evacuazione, inclusi l'uso di strumenti *open-source* come i *social media*, e le fonti di *intelligence*. Dati aggiornati sono stati continuamente forniti alle forze aeree, navali e terrestri operanti a Gaza per aumentare la loro consapevolezza dell'ambiente civile nelle aree di operazione. Sebbene sia stato impossibile evitare completamente i danni ai civili, per le ragioni già illustrate, pur a fronte della citata accettazione del rischio calcolato, questo meccanismo si è dimostrato efficace nel creare un'ampia cornice di sicurezza e ridurre significativamente il numero delle vittime.[277] Un approccio complessivo che, nonostante un elevato margine di errore del dieci percento associato all'utilizzo dei *software* di *targeting* basati sull'intelligenza artificiale, ha cambiato le statistiche della guerra contemporanea, portando a una drastica riduzione del

---

[276] *Ibidem.*
[277] *Ibidem.*

numero di vittime tra i non combattenti,[278] di fatto fornendo un campione di potenziali vittime civili pari all'uno percento degli abitanti (il citato dieci percento di popolazione che statisticamente non abbandona l'area di residenza colpita da una guerra): un dato significativamente inferiore a tutti i conflitti combattuti negli ultimi settant'anni, caratterizzati da una percentuale di perdite tra i civili medio del nove percento.

La mitigazione del danno come parametro per la pianificazione

Il numero delle vittime è forse la più grande incognita della guerra Israele-Hamas: come abbiamo discusso nel precedente capitolo, il vero numero di morti civili a Gaza è sconosciuto. La stima fornita da Hamas di oltre 31.000 al 1° marzo 2024 non riconosce nemmeno una singola morte tra i combattenti (né morti di civili provocate dai lanci falliti dei propri razzi o ad altro fuoco amico). Le Idf stimano di aver ucciso, a quella data, circa 13.000 miliziani, un numero credibile per via delle dimensioni delle unità dei gruppi palestinesi assegnate alle aree che sono state sgomberate e tenuto conto sia delle armi utilizzate che dello stato dei tunnel. Ciò significherebbe che circa 18.000 civili potrebbero essere morti a Gaza, con un rapporto di circa un combattente per 1,5 civili. Considerata l'ipotetica sovrastima del conteggio delle vittime da parte di Hamas, il dato reale potrebbe essere più vicino a 1 a 1: un numero storicamente basso rapportato agli altri esempi di guerra urbana moderna che si stabilizzano su un rapporto di 1:9.

Ironia della sorte, l'approccio attento adottato da Israele potrebbe aver provocato un livello di distruzione maggiore rispetto alle altre guerre urbane, poiché le Idf, preavvisando l'avvio delle operazioni e indicando le vie di deflusso per la popolazione civile, avrebbe creato maggiori opportunità tattiche per Hamas, con ciò prolungando la guerra e, con essa, la sua devastazione.

Nel complesso, appare evidente che pur avendo adottato un approccio innovativo per la sicurezza dei non combattenti e mitigato gli effetti e i danni sui civili, Israele non ha creato uno *standard* di sicurezza totale. Una considerazione che pone una serie di quesiti d'obbligo: esiste effettivamente uno *standard* di vittime civili in guerra che sia accettabile o non accettabile?

---

[278] Leonhardt D., *The Decline of Deaths in Gaza*, The New York Times, 22 gennaio 2024, in https://www.nytimes.com/2024/01/22/briefing/israel-gaza-war-death-toll.html.

Zero morti civili in guerra è un risultato possibile e dovrebbe essere l'obiettivo? Esiste un rapporto civile-combattente definito in guerra, indipendentemente dal contesto o dalle tattiche del nemico?

Domande legittime che si inseriscono in un più ampio contesto del rispetto delle leggi della guerra e degli obblighi legali che Israele non solo avrebbe rispettato, ma che avrebbe perseguito con le migliori pratiche nella mitigazione del danno nei riguardi dei non combattenti, tanto da ridurre statisticamente le vittime civili, più e meglio di quanto non abbiano fatto la *Coalizione* internazionale guidata dagli Stati Uniti in Afghanistan e in Iraq e la Russia in Ucraina e in Siria. Un risultato che farebbe della guerra Israele-Hamas il conflitto urbano con il più basso numero di vittime tra i non combattenti rispetto alla densità di popolazione (per un'analisi statistica sulle effettive vittime civili si rimanda al capitolo 4, paragrafo *Cognitive warfare: manipolare i numeri delle vittime per condizionare l'opinione pubblica globale*).

Gli effetti del nuovo standard umanitario per la guerra urbana a livello strategico, operativo e tattico

L'approccio israeliano all'operazione nell'ospedale di al-Shifa e l'adozione del nuovo *standard* umanitario nella guerra urbana si possono analizzare attraverso i risultati ai livelli strategico, operativo e tattico, offrendo una prospettiva multidimensionale sulle dinamiche di conflitto in aree urbane densamente popolate.

A livello strategico, Israele ha mirato a mantenere la sicurezza nazionale e neutralizzare le minacce rappresentate da Hamas. L'operazione nell'ospedale di al-Shifa riflette un obiettivo strategico di combattere Hamas minimizzando al contempo i danni ai civili e mantenendo l'integrità etica e legale delle forze israeliane. La decisione di implementare *standard* umanitari elevati, andando oltre i requisiti del diritto internazionale, è servita anche a rafforzare la posizione di Israele sulla scena internazionale, cercando di limitare le critiche e aumentare il sostegno o la comprensione globale per le sue operazioni militari.

Il livello operativo, agisce come ponte tra gli obiettivi strategici e le azioni tattiche sul campo; nell'operazione di al-Shifa, questo si è tradotto nella pianificazione e nell'esecuzione di operazioni che hanno tenuto conto sia della necessità di neutralizzare le minacce rappresentate dalle infrastrutture militari di Hamas situate in contesti urbani, sia dell'importanza di proteggere i civili. Le forze israeliane hanno adottato tale approccio innovativo, annunciando le operazioni in anticipo e impiegando tecnologie avanzate per informare i civili, oltre a integrare squadre di medici e di supporto logistico per assistere i civili presenti. Queste azioni rappresentano un tentativo di equilibrare il perseguimento degli obiettivi militari con la responsabilità umanitaria.

Sul campo, a livello tattico, le forze israeliane hanno messo in pratica le direttive operative attraverso metodi volti a minimizzare le vittime civili e i danni collaterali. L'impiego di unità mediche e logistiche, insieme alla distribuzione di cibo, acqua e forniture mediche, dimostra un'attenzione particolare alla sicurezza e al benessere dei non combattenti. Inoltre, l'uso di *droni* con altoparlanti e di altri metodi non convenzionali per comunicare con la popolazione civile ha dimostrato un'adattabilità tattica finalizzata a preservare la vita umana anche nelle circostanze più difficili.

L'approccio israeliano, che ha incorporato considerazioni etiche e umanitarie a tutti e tre i livelli di guerra, riflette un tentativo estremamente coraggioso di stabilire un nuovo standard nella conduzione di operazioni militari in contesti urbani densamente popolati. Questa strategia, sebbene onerosa e complessa, ha puntato a ridurre l'impatto del conflitto sui civili, pur perseguendo gli obiettivi di sicurezza nazionale. La sfida rimane nel bilanciare efficacemente queste due esigenze in un ambiente operativo estremamente complesso e sotto l'occhio critico della Comunità internazionale, spesso condizionata dalla propaganda ideologizzata di Hamas che, recepita da porzioni minoritarie ma "rumorose" dell'opinione pubblica, ha avuto il potere di influire sul dibattito interno agli Stati e di condizionarne le politiche di sostegno e collaborazione con Israele.

Lavender: l'intelligenza artificiale e il *targeting* su Gaza

L'Intelligenza Artificiale (AI, *Artificial Intelligence*) sta rivoluzionando il campo delle operazioni militari, offrendo capacità senza precedenti, in particolare nel contesto delle complesse e dinamiche aree urbane. In queste zone, la distinzione tra combattenti e non combattenti può essere particolarmente sfumata, rendendo il *targeting* preciso un aspetto cruciale per ridurre i danni collaterali e aumentare l'efficacia delle operazioni.

L'AI contribuisce in maniera fattiva all'attività di *targeting*, specialmente nell'identificazione di individui affiliati a organizzazioni terroristiche o forze nemiche. Un risultato reso possibile mediante sofisticati algoritmi di apprendimento automatico e *deep learning* che analizzano enormi volumi di dati provenienti da una varietà di fonti, tra cui immagini satellitari, *feed* video da droni, intercettazioni di comunicazioni e *database* dell'*intelligence*.

Una delle applicazioni più rivoluzionarie dell'AI a essere applicate al contesto urbano è stato il riconoscimento facciale e di *pattern*. Questi sistemi sono in grado di identificare specifici individui in mezzo alla folla, riconoscendo volti o comportamenti sospetti basati su modelli predefiniti. Questo è particolarmente utile in scenari dove individui noti per affiliazioni terroristiche o avversari si nascondono all'interno di gruppi non combattenti, come i civili che evacuano zone di guerra.

Un altro aspetto cruciale è l'analisi comportamentale predittiva, dove l'AI valuta i movimenti e le azioni degli individui per prevedere potenziali minacce prima che si concretizzino. Questo include il monitoraggio dei movimenti nelle aree urbane, l'analisi delle *routine* giornaliere e la previsione di attacchi basati su cambiamenti nel comportamento o nell'uso della tecnologia.

L'AI migliora anche la capacità di distinguere tra infrastrutture civili e militari, un compito particolarmente impegnativo in ambienti urbani densamente popolati. La capacità di analizzare rapidamente grandi quantità di immagini e dati permette di identificare in modo affidabile installazioni militari nemiche, riducendo il rischio di colpire bersagli non militari.

È però importante sottolineare che, nonostante l'enorme potenziale dell'AI nel supporto delle operazioni militari, il suo impiego solleva questioni etiche significative. La necessità di supervisione umana rimane fondamentale per garantire che le decisioni prese basandosi su raccomandazioni dell'AI rispettino il diritto internazionale umanitario e i principi etici. Questo potrebbe assicurare che, anche nell'efficienza e nella precisione offerte dall'AI, le decisioni finali tengano conto del valore della vita. In sintesi, l'integrazione dell'AI nelle operazioni militari, specialmente in contesti urbani, offre capacità innovative per l'identificazione e il *targeting* di minacce. Tuttavia, l'equilibrio tra sfruttare queste capacità e aderire a principi etici ed umanitari richiede una continua riflessione e un'attenta gestione.

AI: applicazione pratica e risultati dello Human-Machine Team

Nel 2021 è stato pubblicato un libro in forma anonima intitolato *The Human-Machine Team: How to Create Synergy Between Human and Artificial Intelligence That Will Revolutionize Our World*.[279] L'autore, che sulla base di alcune speculazioni si suppone possa essere Yossi Sariel, comandante dell'unità d'*élite* di *intelligence* israeliana "8200", suggerisce lo sviluppo e l'impiego di un avanzato *software* capace di processare rapidamente vasti volumi di dati per identificare migliaia di "obiettivi" potenziali per azioni di *targeting*. Questa soluzione tecnologica mira a superare i limiti legati alla lentezza della verifica e dell'approvazione degli obiettivi da parte degli operatori umani, considerati come un "collo di bottiglia" che rallenta sia la localizzazione dei nuovi bersagli sia il processo decisionale relativo alla loro neutralizzazione.

Un'inchiesta giornalistica, condotta da "*+972 Magazine*" e "*Local Call*" e pubblicata nell'aprile 2024,[280] ha portato alla luce l'esistenza e l'utilizzo del *software Lavender*, un programma sviluppato dall'esercito israeliano per l'identificazione di obiettivi e utilizzato nel conflitto Israele-Hamas a Gaza; di fatto un sistema di *targeting* gestito dall'AI con limitata supervisione umana e una *policy* relativamente permissiva in termini di vittime collaterali. Questo sistema avrebbe giocato un ruolo fondamentale nelle azioni per eliminare i miliziani palestinesi, indicando fino a 37.000 persone come

---

[279] Y.S. (2021), *The Human-Machine Team: How to Create Synergy Between Human and Artificial Intelligence That Will Revolutionize Our World*, Pubblicazione indipendente, pp. 198.

[280] Abraham Y., *'Lavender': The AI machine directing Israel's bombing spree in Gaza*, +972 Magazine e Local Call, 3 aprile 2024, in: https://www.972mag.com/lavender-ai-israeli-army-gaza/.

presunti appartenenti a Hamas e al gruppo Jihad islamico palestinese e le loro abitazioni come bersagli per *raid* aerei. L'impatto dell'intelligenza artificiale sulle decisioni operative è stato tale che le sue valutazioni sono state considerate al pari di decisioni umane. Durante le fasi iniziali del conflitto, in particolare, le Idf si sarebbero affidate in maniera rilevante a *Lavender*, accettando le sue raccomandazioni con un ridotto margine di verifica approfondita dei dati di *intelligence* utilizzati per l'attribuzione della qualifica di "obiettivo da colpire" e limitando il ruolo del personale umano a verificatore delle scelte del sistema, in particolare per la conferma dell'identità maschile degli obiettivi.

Oltre a ciò, le forze israeliane avrebbero adottato una *policy* di *targeting* orientata a colpire gli obiettivi identificati all'interno delle loro case, spesso di notte c in presenza delle loro famiglie, piuttosto che in situazioni di attività militare. Questo approccio è stato adottato perché, secondo le fonti di *intelligence*, è più semplice localizzare le persone nei loro ambienti domestici. Per questo scopo sono stati impiegati anche altri strumenti automatizzati di localizzazione, tra cui un sistema denominato *"Where is daddy?"*.

Le attività di elaborazione, designazione e azione operativa gestite da *Lavender* si sono sviluppate sul campo di battaglia nella Striscia secondo sei fasi. Vediamole.

Fase 1: designazione degli obiettivi. L'automazione ha portato a una notevole accelerazione nella designazione di obiettivi per attacchi, ampliando drasticamente il numero di individui considerati obiettivi militari. Con l'adozione del sistema *Lavender*, il processo di identificazione degli obiettivi si è spostato verso un approccio maggiormente automatizzato, segnando un notevole distacco dalle pratiche precedenti in cui un'accurata valutazione umana era considerata cruciale. *Lavender*, insieme al *software* di tracciamento "*Where is daddy?*", ha permesso di segnalare come potenziali obiettivi militari decine di migliaia di individui, basandosi su un'ampia gamma di dati e comportamenti rilevati attraverso la sorveglianza di massa. Questo ha significativamente ridotto il coinvolgimento umano nell'analisi e nella verifica, affidando al *software* l'onere di decidere autonomamente chi considerare un obiettivo. Questo cambiamento ha sollevato questioni sulla precisione e sull'etica di tali metodi, data la possibilità di errori e la conseguente potenziale perdita di vite di non combattenti.

Fase 2: collegamento degli obiettivi alla residenza. La procedura per identificare dove colpire gli obiettivi generati da *Lavender* avrebbe comportato attacchi sistematici alle case private degli obiettivi, spesso insieme alle loro famiglie. Questo metodo è stato in parte giustificato dalla difficoltà di distinguere i militanti dai non combattenti a causa della strategia di Hamas di posizionare risorse militari vicino o all'interno di strutture civili. Tuttavia, l'approccio avrebbe portato a un numero elevato di vittime civili, in contrasto con le dichiarazioni ufficiali tese ad affermare che gli attacchi sarebbero stati diretti esclusivamente verso obiettivi militari. La tecnologia di sorveglianza e i *software* automatici hanno facilitato l'identificazione dei momenti in cui gli obiettivi sarebbero stati nelle loro abitazioni, aumentando la probabilità di attacchi letali che però avrebbero colpito intere famiglie, inclusi donne e bambini, indipendentemente dalla loro partecipazione al conflitto. Questa strategia riflette un uso intensivo di sistemi di intelligenza artificiale per la designazione degli obiettivi e sottolinea le sfide etiche e legali nell'applicazione della tecnologia in contesti di guerra.

Fase 3: scelta di un'arma. Dopo che l'intelligenza artificiale identifica un obiettivo, il personale militare conferma la presenza dell'obiettivo nella propria abitazione, procedendo alla selezione del tipo di munizione per l'attacco, in genere munizionamento di precisione per obiettivi di medio-alto livello e bombe non guidate per obiettivi di basso rango al fine di risparmiare il munizionamento più costoso.

Fase 4: autorizzazione dei danni collaterali. Nelle prime settimane di conflitto la *policy* alla base dell'accettazione del rischio di danni collaterali avrebbe previsto un rischio accettabile di quindici civili per ogni membro di Hamas. Questo approccio basato ampiamente sull'intelligenza artificiale, che ha rappresentato un netto distacco dalle pratiche precedenti incentrate su un'analisi caso per caso e sul principio di proporzionalità del diritto internazionale, ha accelerato notevolmente l'identificazione e l'attacco ai bersagli. Tale strategia sarebbe la causa della maggior parte delle vittime tra i non combattenti e della distruzione di abitazioni civili, senza una verifica approfondita dell'identità del bersaglio.

Fase 5: calcolo dei danni collaterali. Il calcolo israeliano sui danni collaterali previsti in ogni attacco, basato sull'uso di strumenti automatizzati e non sempre precisi, ha apportato un significativo cambiamento rispetto alle procedure adottate nelle guerre precedenti. Un sistema, come riportato dal *New York Times*, ha raccolto dati dai cellulari a Gaza per stime in tempo reale sui movimenti della popolazione, colorando le aree in base alla densità di presenza umana. Questo approccio automatizzato, però, non sempre ha riflettuto la realtà effettiva dei presenti nelle abitazioni al momento degli attacchi poiché, invece di verificare la presenza all'interno delle abitazioni, il calcolo avrebbe ridotto proporzionalmente il numero di abitanti basandosi su chi presumibilmente avesse evacuato l'area, portando a stime non sempre accurate sul numero di civili coinvolti. Questo modello semplificato e automatizzato, volto a velocizzare i processi decisionali, ha sollevato questioni sull'accuratezza della valutazione dei danni collaterali.

Fase 6: bombardamenti sulle case. In alcuni casi, a seguito di un allarme fornito dai sistemi di tracciamento, l'esercito israeliano avrebbe condotto azioni di *targeting* su case private, con ciò provocando il danneggiamento o la distruzione di abitazioni e la perdita di vite civili. Le procedure di valutazione del danno post-attacco, che in passato prevedevano l'analisi dettagliata per verificare la presenza del bersaglio e un conteggio coerente delle vittime civili, sono state ridotte o eliminate, in particolare per i bersagli di basso rango identificati mediante intelligenza artificiale.

Nel complesso, l'applicazione degli algoritmi di *Lavender* si inserisce in un doppio sistema basato, da un lato, sulla comunicazione, volto ad ottenere lo sgombero dal campo di battaglia dei non combattenti (civili) e, dall'altro, sulla consapevolezza di operare con un margine di errore teoricamente elevato, pari a circa il dieci per cento. Quest'ultimo è il dato di riferimento più importante per una corretta valutazione sugli effetti della strategia israeliana, limitato ai non combattenti rimasti all'interno delle aree di operazione con una presenza complessiva non superiore al dieci per cento della popolazione iniziale; di fatto limitando le vittime a un dato inferiore all'uno per cento complessivo dei non evacuati.

Un mero calcolo numerico, al di là delle legittime considerazioni etiche, ci offre così un quadro tutt'altro che allarmistico in termini di vittime collaterali.

Dato il numero iniziale di abitanti all'interno della Striscia di Gaza, pari a 2,2 milioni, di cui solo il dieci percento presenti all'interno delle aree di operazioni, pari a 220.000, il numero di civili e miliziani di Hamas a rischio di uccisione in corso di operazioni ci offre un dato di 22.000 potenziali vittime (a fronte del dato non verificato di 31.000 vittime dichiarato da Hamas). Tenuto in considerazione un numero approssimativo di 40.000 miliziani di Hamas, dei quali oltre la metà caduti in combattimento, il risultato finale offrirebbe un dato teorico di vittime non combattenti pari a 12.000, oltre ai circa 20/25.000 miliziani palestinesi. Un dato non molto difforme dalle cifre non verificate diffuse dalla stessa organizzazione Hamas, ma estremamente basse se rapportate a qualunque altro conflitto contemporaneo. Ribadiamo, quello riferito è un dato puramente teorico che è però in grado di contestare, con concretezza, molte delle critiche all'impiego di *Lavender*, la cui applicazione è stata subordinata all'intensa attività di sgombero dei civili delle aree urbane colpite dagli attacchi israeliani. Un risultato, in termini di riduzione degli effetti collaterali, che segna un passaggio fondamentale nell'ambito della pianificazione e della condotta di operazioni militari in aree urbane; un caso studio che sarà un punto di riferimento di tutti gli stati maggiori degli eserciti occidentali.

L'incognita della contro-insurrezione

All'inizio di gennaio 2024, l'esercito israeliano avviò un ritiro parziale delle proprie forze dalla Striscia di Gaza, per un totale di cinque brigate. Una scelta operativa intesa, non come avvio della fase conclusiva dei combattimenti, bensì come prefigurazione di una nuova fase della lotta di Israele contro Hamas. Un'evoluzione del conflitto che, dall'iniziale guerra convenzionale si dimostrò coerente con la valutazione del rischio di una campagna di contro-insurrezione.[281]

Il cambio di schieramento e di postura operativa, con un progressivo disimpegno delle forze di manovra a livello di brigata e l'utilizzo di attacchi aerei su vasta scala avvenne concomitantemente con l'aumento di forze per operazioni speciali, attacchi di precisione e incursioni mirate; un'evoluzione che può essere letta come preparazione alla gestione di un campo di battaglia in termini contro-insurrezionali. A conferma di questa valutazione vi è il fatto che le forze di difesa israeliane abbiano operato per mantenere il controllo del territorio dopo aver eliminato la presenza dei combattenti di Hamas.

L'ex direttore della Cia David Petraeus, già comandante della *Coalizione* internazionale in Afghanistan e coautore del manuale di combattimento contro-insurrezionale FM 3-24 utilizzato dalle forze armate statunitensi, a dicembre 2023 esortò Israele ad adottare questa strategia a Gaza: «non cancellate e andate avanti»; riproponendo lo *slogan* che accompagnò lo sforzo contro-insurrezionale degli Stati Uniti in Iraq e in Afghanistan: "pulire, tenere e costruire" (*clean, hold and build*).[282]

Una lettura certamente autorevole quella di Petraeus, ma che lascia alcuni aspetti scoperti in termini di realizzazione che, come ha evidenziato Colin P. Clarke nel suo contributo sullo scenario contro-insurrezionale israeliano, «è più facile a dirsi che a farsi».[283] La ricerca sulle passate campagne contro-

---

[281] Idf, *Idf Reveals Massive Tunnel Network in Downtown Gaza*, 21 dicembre 2023, in: https://www.Idf.il/en/Idf-media-center/Idf-reveals-massive-tunnel-network-in-downtown-gaza/.

[282] South T., Myers M., *Petraeus says Israel should try U.S.-style counterinsurgency in Gaza*, Army Times, 7 dicembre 2023, in: https://www.armytimes.com/news/your-army/2023/12/07/petraeus-says-israel-should-try-us-style-counterinsurgency-in-gaza/.

[283] Clarke C.P., *The Counterinsurgency Trap in Gaza. Why Israel Cannot "Clear, Hold, and Build" Its Way to Victory*, Foreign Affairs, 5 febbraio 2024, in: https://www.foreignaffairs.com/israel/counterinsurgency-trap-gaza.

insurrezionali suggerisce che un tale approccio a Gaza rischierebbe di portare Israele in un pantano che potrebbe protrarsi per anni. Hamas, come abbiamo già avuto modo di evidenziare, ha dimostrato di sapersi adattare alla nuova realtà facendo affidamento sulla rete sotterranea di tunnel, utilizzando le infrastrutture distrutte a proprio vantaggio e sfruttando i vasti cumuli di macerie, presenti in tutte le aree urbane di Gaza, per nascondere i propri movimenti, le armi e gli equipaggiamenti. Hamas, insieme ad altri gruppi terroristici all'interno di Gaza, potrebbe poi dare avvio a una campagna di attacchi suicidi a danno dei soldati israeliani, sulla base dell'esperienza acquisita dalla rete del terrore in Iraq, Siria e Afghanistan.[284]

In altri termini, applicare la visione di Petraeus della contro-insurrezione a Gaza potrebbe portare a un risultato disastroso per le forze israeliane. *In primis* sul piano comunicativo, quello in cui Hamas ha dimostrato di essere particolarmente abile; il rischio è che i palestinesi, i loro sostenitori a livello globale, accuserebbero Israele di voler imporre un'occupazione permanente della Striscia di Gaza. In secondo luogo, sul piano operativo, dove le operazioni militari e l'attività di controllo da parte delle forze di Israele esacerberebbero l'atteggiamento della popolazione civile, accelerando il fenomeno di radicalizzazione *jihadista* e anti-israeliana in cui a rimetterci sarebbero le componenti moderate della popolazione *gazawi*, che verrebbero ancora più emarginate da Hamas; si verrebbe così a creare un ambiente particolarmente favorevole, sul piano locale, a un'insurrezione popolare di vasta portata dalle ampie e violente ripercussioni a danno sia dei soldati israeliani che dei civili palestinesi e, sul piano regionale, al rischio di quell'*escalation* orizzontale in cui l'Iran potrebbe essere coinvolto direttamente insieme ai suoi *proxy* regionali.[285]

Insomma, la condotta di una campagna contro-insurrezionale sarebbe molto probabilmente prodromica di un scenario di guerra a lungo termine,[286] così portando Israele a dover ripercorrere gli analoghi percorsi affrontati

---

[284] Bertolotti C. (2010), *Shahid. Analisi del terrorismo suicida in Afghanistan*, ed. FrancoAngeli, Milano.
[285] Idf, *Idf Reveals Massive Tunnel Network in Downtown Gaza*, 21 dicembre 2023. In: https://www.Idf.il/en/Idf-media-center/Idf-reveals-massive-tunnel-network-in-downtown-gaza/.
[286] Clarke C.P., *The Counterinsurgency Trap in Gaza. Why Israel Cannot "Clear, Hold, and Build" Its Way to Victory*, Foreign Affairs, 5 febbraio 2024. In: https://www.foreignaffairs.com/israel/counterinsurgency-trap-gaza.

dagli Stati Uniti in Vietnam, Iraq e Afghanistan, dove gli obiettivi iniziali di breve termine lasciarono il posto a obiettivi di lunga durata e impegno crescente, senza però raggiungere alcuno di questi e portando a una sostanziale mancata vittoria, pur senza essere sconfitti sul campo.[287] E Israele questo lo sa bene, non solo per aver analizzato le guerre combattute dagli Stati Uniti ma anche, e ancor di più, per aver vissuto un'analoga esperienza nella guerra del Libano nel 1982 quando, con l'obiettivo di eliminare i combattenti dell'Organizzazione per la Liberazione della Palestina (Olp), rimase impantanato per quasi due decenni, senza raggiungere l'obiettivo desiderato, rimuovere la minaccia dei militanti palestinesi ma, al contrario, creando le condizioni ideali per l'emergere di un nuovo antagonista: gli Hezbollah libanesi, una sfida con cui gli israeliani sono ancora oggi alle prese, che si sono imposti come comprimari nel conflitto Israele-Hamas per una questione d'onore piuttosto che di pragmatismo politico.

Guardando alla storia, le premesse sono tutt'altro che favorevoli. Come ha rilevato Colin P. Clarke insieme ai ricercatori della Rand Corporation, in riferimento alle settantuno guerre insurrezionali dell'epoca contemporanea, la durata media di queste è stata di dieci anni. Quando gli insorti godono del sostegno esterno di uno stato sponsor, come l'Iran nei confronti di Hamas, questo fattore spesso prolunga l'insurrezione perché il sostegno esterno è in grado di garantire il rifornimento di armi, equipaggiamento, addestramento e *intelligence* ai gruppi che combattono. Nella maggior parte dei conflitti insurrezionali degli ultimi settant'anni, il sostegno esterno è stato cruciale per la capacità degli insorti di continuare a combattere più a lungo di quanto avrebbero fatto senza di esso e, in molti casi, per prevalere. Questo è lo scenario che si prospetta per le Idf a fronte di una campagna duratura nella Striscia di Gaza.[288]

---

[287] Bertolotti C. (2019), *Afghanistan contemporaneo. Dentro la guerra più lunga*, ed. START InSight, Lugano.
[288] Idf, *Idf Reveals Massive Tunnel Network in Downtown Gaza*, 21 dicembre 2023. In: https://www.Idf.il/en/Idf-media-center/Idf-reveals-massive-tunnel-network-in-downtown-gaza/.

Una vittoria tattica e il rischio di una sconfitta strategica

«In questa tipologia di combattimento, il centro di gravità è la popolazione civile [...]. E se la si spinge tra le braccia del nemico, si sostituisce una vittoria tattica con una sconfitta strategica»[289], con questa parole il segretario alla Difesa degli Stati Uniti, Lloyd Austin, all'inizio di dicembre 2023 pose in evidenza le preoccupazioni di Washington in merito a una guerra prolungata nel tempo e al rischio di una permanenza delle forze militari israeliane a Gaza; un'opzione fortemente sconsigliata dall'amministrazione Biden, anche per ovvie ragioni di opportunità elettorale. Washington fece pressioni su Netanyahu per ridimensionare la campagna militare israeliana e per porre alla guida della Striscia di Gaza l'Autorità palestinese; pressione che, però, non ottenne l'effetto desiderato. A ciò si sommò la riluttanza dei paesi arabi a impegnare le proprie truppe come forza di mantenimento della pace.

Fattori, quelli evidenziati, prodromici di un'opzione di presenza a lungo termine degli israeliani a Gaza, di fatto delineando uno scenario di contrasto alla minaccia terroristica di Hamas e degli altri gruppi militanti palestinesi in un conflitto prolungato, a bassa intensità e caratterizzato da un fronte insurrezionale attivo in attacchi mordi e fuggi, imboscate, tiratori scelti operativi dalle macerie degli edifici danneggiati, ordigni esplosivi improvvisati e attentatori suicidi: tecniche, tattiche e procedure note e ampiamente utilizzate nei teatri di guerra iracheno, siriano e afghano ma rese maggiormente insidiose dall'ampio utilizzo dei tunnel a disposizione dei gruppi palestinesi.[290]

Allo scadere dei primi cento giorni di guerra, Israele avrebbe eliminato circa 9.000 combattenti di Hamas su una forza stimata in 40.000.[291] Un risultato certamente notevole a cui però si è contrapposto l'indiscusso mantenimento di una significativa capacità operativa di Hamas di lanciare

---

[289] Lloyd J.A., Segretario alla Difesa degli Stati Uniti, *A Time for American Leadership': Remarks by Secretary of Defense Lloyd J. Austin III at the Reagan National Defense Forum (As Delivered)*, 2 dicembre 2023, Department of Defense, in: https://www.defense.gov/News/Speeches/Speech/Article/3604755/a-time-for-american-leadership-remarks-by-secretary-of-defense-lloyd-j-austin-i/.
[290] Clarke C.P., *The Counterinsurgency Trap in Gaza*, cit.
[291] Idf, *Idf Reveals Massive Tunnel Network in Downtown Gaza*, 21 dicembre 2023, in: https://www.Idf.il/en/Idf-media-center/Idf-reveals-massive-tunnel-network-in-downtown-gaza/.

razzi su Israele. Ciò significa che, nonostante l'approccio del "pugno di ferro" volto prioritariamente a eliminare il maggior numero di miliziani, dopo quattro mesi dall'inizio della controffensiva, Israele ancora non era riuscito a raggiungere l'obiettivo di imporre una sconfitta significativa a Hamas che, al contrario, era ancora in grado di muovere le proprie pedine raggruppando nel nord di Gaza nuclei strutturati di combattenti. Guardando alla storia, come rilevato dalla Rand corporation e da Colin P. Clarke, le forze armate che hanno adottato l'approccio israeliano, prevalentemente incentrato sulla distruzione del nemico, ponendo in secondo piano l'ambiente sociale da cui proviene, hanno avuto successo in meno di un terzo di tutti i conflitti insurrezionali dalla fine della Seconda guerra mondiale alle guerre in Afghanistan e in Iraq.[292]

---

[292] Clarke C.P., *The Counterinsurgency Trap in Gaza*, cit.

Capitolo 6
Aspetti legali ed etici

Il Diritto Internazionale Umanitario (Diu), noto anche come diritto dei conflitti armati, stabilisce le regole giuridiche destinate a limitare gli effetti dei conflitti armati per motivi umanitari e protegge le persone che non partecipano più o che non hanno mai partecipato alle ostilità e limita i mezzi e i metodi di guerra. Gli elementi fondamentali del Diu includono cinque principi.

Primo, *principio di distinzione*. È il fulcro del Diu e impone di distinguere sempre tra civili e combattenti, nonché tra obiettivi civili e obiettivi militari, attaccando solo questi ultimi.

Secondo, *principio di proporzionalità*. Questo principio vieta attacchi che possano causare danni collaterali a civili o a beni di carattere civile sproporzionati rispetto al vantaggio militare concreto e diretto previsto.

Terzo, *principio di necessità militare*. Permette di adottare solo quelle misure non proibite dal Diu che sono necessarie per conseguire un obiettivo militare legittimo.

Quarto, *principio di umanità*. Richiede che si evitino sofferenze e distruzioni non necessarie.

Quinto, *principio di imparzialità*. Il soccorso deve essere portato a tutti i feriti e ai malati senza discriminazione.

Le Convenzioni adottate all'Aja sono state i primi strumenti giuridici internazionali a codificare le norme che i belligeranti devono osservare durante le ostilità, in particolare regolando l'impiego di armamenti, mezzi e metodi di guerra. Le Convenzioni di Ginevra del 1949 si propongono di salvaguardare soprattutto la popolazione civile, il personale militare fuori combattimento e le persone che non sono attivamente coinvolte nelle ostilità. La Prima e la Seconda Convenzione impegnano gli Stati firmatari a proteggere, in particolare, i feriti, i malati, i naufraghi, il personale medico, le ambulanze e gli ospedali. La Terza Convenzione di Ginevra regola il trattamento dei prigionieri di guerra. La Quarta Convenzione di Ginevra contiene norme a protezione dei civili che si trovano in mano nemica o in territorio occupato.

Nel 1977 sono stati approvati due Protocolli aggiuntivi alle Convenzioni del 1949: il Primo Protocollo integra la Quarta Convenzione di Ginevra con regole più precise sulla condotte belliche, quali il divieto di attaccare persone e installazioni civili e la limitazione dei mezzi e dei metodi autorizzati; il Secondo Protocollo aggiuntivo, relativo alla protezione delle vittime dei conflitti armati non internazionali, sviluppa e completa l'art. 3 comune alle Convenzioni di Ginevra e si applica a tutti i conflitti armati che non rientrano nella sfera di applicazione del Primo Protocollo.

Il Terzo Protocollo aggiuntivo, approvato nel 2005, introduce l'uso di un nuovo emblema, il Cristallo Rosso, che può essere utilizzato in tempo di guerra dalle organizzazioni internazionali umanitarie, in alternativa ai simboli tradizionali della Croce e Mezzaluna Rossa, e che ha la caratteristica di non essere collegato, né confondibile con simboli religiosi.

Il fatto che il nemico non mostri rispetto per il diritto internazionale non solleva dall'obbligo di rispettarlo. Tuttavia, un suo comportamento illegale può influenzare l'aspetto pratico di una risposta legittima.

Il 7 ottobre 2023, Hamas ha commesso atrocità estreme, inclusi crimini di guerra, crimini contro l'umanità e atti che potrebbero essere considerati genocidio. Da allora, ha continuato a commettere gravi crimini, inclusa la detenzione di ostaggi, il lancio di migliaia di razzi contro non combattenti e la messa in pericolo dei propri civili usati come scudi umani. Nonostante queste atrocità, Israele si è impegnato a condurre le proprie operazioni militari in conformità con il diritto internazionale, inclusa la normativa che governa la condotta delle ostilità (diritto dei conflitti armati o diritto umanitario internazionale).

Questi principi sono intrinsecamente parte dell'addestramento delle Idf, guidano i consiglieri legali che partecipano al processo di pianificazione operativa e alla stessa decisione operativa dei comandanti; principi che sono la base degli esami e delle indagini da parte di Israele su incidenti e presunte cattive condotte delle proprie forze. Come abbiamo descritto in più occasioni in questo libro, le azioni di messa in sicurezza della popolazione civile palestinese da parte delle Idf sono andate molto oltre i requisiti definiti dallo stesso diritto internazionale, ottenendo il duplice risultato di ridurre in maniera significativa le morti tra i non combattenti e di contrastare la propaganda denigratoria da parte di Hamas e dei *media* vicini al gruppo palestinese.

Diritto internazionale e guerra sotterranea

Il diritto internazionale consuetudinario definisce generalmente ciò che può essere qualificato come obiettivo militare in un conflitto armato internazionale. Il *Law of War Manual*[293] del Dipartimento della Difesa statunitense, ad esempio, definisce un obiettivo militare

«qualsiasi oggetto che per la sua natura, posizione, scopo o uso apporti un contributo effettivo all'azione militare e la cui distruzione, cattura o neutralizzazione totale o parziale, nelle circostanze vigenti in quel momento, offra un sicuro vantaggio militare».[294]

Questa definizione è ora ampiamente considerata come un riflesso del diritto internazionale consuetudinario e viene regolarmente applicata anche ai conflitti armati non internazionali.[295]

Nel contesto del conflitto di Gaza, non c'è dubbio che negare a Hamas l'uso del complesso di tunnel fornirebbe all'esercito israeliano un vantaggio significativo. Pertanto, la questione legale rilevante è se i tunnel di Gaza siano obiettivi militari a causa della loro "natura, posizione, scopo o uso".

Quali oggetti si qualifichino come oggetti militari per la loro "natura" è oggetto di dibattito. Interpretati in senso lato, tutto ciò che è destinato a scopi militari potrebbero essere qualificati come oggetti militari per loro natura. Il "Protocollo Addizionale I" al *Commentario del Comitato Internazionale della Croce Rossa* adotta lo stesso approccio, osservando che tali oggetti potrebbero includere armi, equipaggiamento, mezzi di trasporto, fortificazioni, depositi, edifici occupati da forze armate, quartier generali del personale, centri di comunicazione, ecc..[296] Al contrario, una lettura restrittiva della "natura" potrebbe limitare gli oggetti militari a quelli

---

[293] US Department of Defense (2015), *Department of Defense Law of War Manual*, Washington, in: https://media.defense.gov/2023/jul/31/2003271432/-1/-1/0/dod-law-of-war-manual-june-2015-updated-july%202023.pdf

[294] US Department of Defense (2015), *Department of Defense Law of War Manual*, cit., par. 5.6.3; vedi anche Protocollo aggiuntivo I, 52, n. 2.

[295] Wallace D., Reeves S., *Israel – Hamas 2023 symposium – targeting Gaza's tunnels*, in Articles of War, 14 novembre 2023, United States Military Academy, in: https://lieber.westpoint.edu/targeting-gazas-tunnels/.

[296] ICRC, *Protocol Additional to the Geneva Conventions of 12 August 1949, and relating to the Protection of Victims of International Armed Conflicts (Protocol I)*, 8 June 1977, International Humanitarian Law Databases, in: https://ihl-databases.icrc.org/en/ihl-treaties/api-1977/article-52/commentary/1987.

progettati esclusivamente per scopi militari, come un veicolo corazzato o un posto di comando.

John Spencer osserva che i tunnel di Gaza generalmente servano «come un complesso militare multiuso in grado di offrire a Hamas un vantaggio asimmetrico».[297] Daphnè Richemond-Barak, nel suo libro sulla guerra sotterranea intitolato *Underground Warfare*, suggerisce che considerare i tunnel, come quelli di Gaza, come un obiettivo militare a causa della loro natura è corretto. Scrive l'autrice:

> «I tunnel svolgono il ruolo di linee di comunicazione, quartier generale militare, mezzi di guerra offensiva o depositi di armi, assomigliano a basi militari, depositi di munizioni e altri oggetti che sono stati tradizionalmente considerati militari per natura. Non vedo alcun motivo per opporsi a una qualificazione come obiettivo militare per natura in tali circostanze».[298]

In questa prospettiva, considerare l'intera rete di tunnel a Gaza come un unico obiettivo militare per sua natura sarebbe giustificabile anche se l'uso militare non fosse il suo scopo originario al momento della sua costruzione. E anche i tunnel attualmente non utilizzati per scopi bellici si qualificherebbero come obiettivi militari in base a questa interpretazione, perché il loro collegamento al più ampio sistema di tunnel (militari) ne farebbe degli "obiettivi militari per scopo", vale a dire per il loro uso futuro prevedibile.[299] Ad esempio, è probabile che in futuro venga utilizzato un tunnel costruito inizialmente per il contrabbando ma collegato alla rete funzionale agli scopi militari. D'altra parte, è anche possibile che alcuni usi pratici (anche quelli non originariamente previsti al momento della costruzione delle gallerie) possano precludere la possibilità di considerarli come obiettivi militari legittimi; ad esempio, i tunnel utilizzati esclusivamente per scopi umanitari, per proteggere la popolazione dagli effetti delle operazioni di combattimento o la consegna di cibo e rifornimenti

---

[297] Spencer J., *Gaza's underground…*, cit.
[298] Richemond-Barak, D. (2018), *Underground Warfare* (New York; online edn, Oxford Academic, 18 Jan. 2018), pp. 178-179, in https://doi.org/10.1093/oso/9780190457242.001.0001, ultimo accesso 27 marzo 2024.
[299] US Department of Defense (2015), *Department of Defense Law of War Manual*, cit., cfr. Commentario al Protocollo addizionale I, par. 2022.

alla popolazione civile, sarebbero obiettivi civili per i quali sarebbe applicabile il diritto alla protezione dagli attacchi.[300]

Anche se può essere difficile localizzare le varie gallerie nella complessità del sistema, il principio di distinzione richiede tuttavia che gli obiettivi militari siano distinti dagli obiettivi civili prima che possano essere oggetto di attacco. Prendere di mira un'area perché si ritiene che esistano tunnel sottostanti potrebbe perciò essere considerata un'azione indiscriminata. Michael Schmitt, discutendo del duplice uso di *targeting*, osserva che strutture chiaramente distinte, anche se collegate, devono essere valutate in modo indipendente rispetto allo *standard* dell'obiettivo militare.[301] In quest'ottica, se discernere tra i tunnel è significativamente più difficile che distinguere tra gli edifici, trattare i tunnel come un insieme di potenziali obiettivi militari valutati in base al loro uso pratico o allo scopo previsto, piuttosto che come un unico vasto obiettivo, aiuterebbe a mitigare in modo appropriato il rischio per i civili come richiesto dal diritto internazionale umanitario.

La proporzionalità

Oltre a soddisfare il requisito della distinzione, la legge sui conflitti armati richiede che la perdita accidentale di vite civili, lesioni a civili e danni a obiettivi civili non debba essere eccessiva in relazione al vantaggio militare concreto e diretto che si prevede di ottenere da un attacco.[302] Gli attacchi che violano questo principio di proporzionalità sono indiscriminati e sono pertanto vietati dal diritto.[303]

Data la natura relativamente "ambigua" della guerra sotterranea, l'applicazione del principio di proporzionalità agli attacchi sotterranei e nelle gallerie richiede di considerare diversi potenziali effetti collaterali. Inoltre, a Gaza, la presenza di ostaggi nei tunnel ha complicato ulteriormente qualsiasi

---

[300] US Department of Defense (2015), *Department of Defense Law of War Manual*, cit., vedi Protocollo addizionale I, art. 51(7).

[301] Schmitt M. N., *Ukraine Symposium – Weaponizing civilians: Human shields in Ukraine*, Lieber institute at the United States Military Academy at West Point, 11 aprile 2022, in: https://lieber.westpoint.edu/weaponizing-civilians-human-shields-ukraine/.

[302] US Department of Defense (2015), *Department of Defense Law of War Manual*, cit., par. 5.12; vedi anche Protocollo aggiuntivo I, 51, paragrafo 5, lettera b), e articolo 57, paragrafo 2, lettera a), punto iii)

[303] Wallace D., Reeves S., *Israel – Hamas 2023 symposium*, cit.

analisi di proporzionalità. Tra i fattori che sono, o sarebbero, stati attentamente soppesati ci sono gli effetti prodotti dalle munizioni impiegate nel sottosuolo o in uno spazio ristretto come quello caratterizzante i tunnel.[304] Le forze militari che hanno familiarità con la misurazione e la mitigazione degli effetti delle armi in superficie devono essere attente ad adeguare le loro stime quando considerano lo stesso uso di armi in ambiente sotterraneo. Ad esempio, le granate che esplodono in superficie ottengono effetti diversi rispetto a quelle impiegate in un tunnel sotterraneo. Nel tunnel, è probabile che l'esplosione generi un'onda d'urto che percorra una distanza maggiore e potrebbe potenzialmente anche far crollare il tunnel stesso. Allo stesso modo, è probabile che il fumo di una munizione come il fosforo bianco, che può essere utilizzato per contrassegnare e illuminare i bersagli o per proteggere le forze dal rilevamento avversario, raggiunga distanze maggiori e rimanga più a lungo negli spazi chiusi di un ambiente sotterraneo. I comandanti e gli *staff* delle unità operative così come quelli degli stati maggiori che pianificano e ordinano gli attacchi devono pertanto valutare attentamente gli effetti collaterali sui non combattenti e sugli obiettivi civili in questo contesto.[305]

La guerra sotterranea aggiunge anche un'ulteriore dimensione all'analisi di proporzionalità. Come osserva Richemond-Barak, «i tunnel trasformano il campo di battaglia in una sfera, rendendo necessario che i soldati rimangano vigili non solo su ciò che è sopra e davanti a loro, ma anche su ciò che è dietro e sotto di loro».[306] Questa dimensione aggiuntiva deve essere presa in considerazione nel processo di *targeting* poiché la distruzione di un tunnel potrebbe generare effetti in superficie in grado di ferire o uccidere civili e danneggiare proprietà. Nel 2021, ad esempio, un condominio a Gaza venne distrutto e diversi civili morirono quando un attacco aereo israeliano fece crollare un tunnel di Hamas sotto la struttura. Una valutazione sulla proporzionalità dovrebbe considerare qualsiasi danno prevedibile e non troppo remoto quando si analizza il margine accettabile di perdita accidentale

---

[304] *Ibidem.*
[305] *Ibidem.*
[306] Richemond-Barak, D. (2018), *Underground Warfare*, cit., p. 185.

di vite civili o di proprietà che, come in questo caso, deve includere i danni in superficie.[307]

Vale la pena notare che i difensori, come gli attaccanti, in base alla legge dei conflitti armati hanno l'obbligo di distinguersi, rendendosi riconoscibili e, quando possibile, separare sé stessi e le loro attività dalla popolazione civile.[308] Di conseguenza, l'obbligo di dissociare il più possibile i tunnel utilizzati per scopi militari dalle infrastrutture civili in superficie deve essere applicato a Hamas.

Anche gli ostaggi devono essere presi in considerazione nell'analisi di proporzionalità. Sebbene alcuni ostaggi siano membri delle Idf, molti altri sono civili. Come dovrebbero essere valutati alla luce del principio di proporzionalità? Nei riguardi dei non combattenti impiegati come "scudi umani" involontari, le forze attaccanti sono obbligate a trattare questi ostaggi come civili nella fase di valutazione della proporzionalità di un attacco. Come ha spiegato Schmitt, un avversario potrebbe usare "scudi umani" nel tentativo di

«alterare il calcolo della proporzionalità del nemico aumentando il numero di vittime civili previste durante un attacco; oppure, indipendentemente da qualsiasi calcolo di proporzionalità, semplicemente tentare di indurre il nemico a esitare ad attaccare».[309]

Considerazioni che sono chiaramente valide e attuali nel conflitto Israele-Hamas.

Precauzioni in attacco

La parte attaccante deve prendere «precauzioni fattibili nella pianificazione e nella condotta di attacchi per ridurre il rischio di danni ai civili e ad altre persone e oggetti protetti dall'essere resi oggetto di attacco».[310] L'obbligo di prendere precauzioni nell'attacco riflette il diritto

---

[307] US Department of Defense (2015), *Department of Defense Law of War Manual*, cit., par. 5.12.1.3.

[308] Vedi U.S. Army, *Field Manual 6-27*, paragrafi da 1-38 a 1-41, in: https://armypubs.army.mil/epubs/dr_pubs/dr_a/pdf/web/arn19354_fm%206-27%20_c1_final_web_v2.pdf.

[309] Schmitt M. N., *Ukraine Symposium – Weaponizing civilians*, cit.

[310] US Department of Defense (2015), *Department of Defense Law of War Manual*, cit., par. 5.11; vedi anche Protocollo aggiuntivo I, art. 57.

internazionale consuetudinario nei conflitti armati internazionali e non internazionali.[311]

È importante sottolineare che l'obbligo dell'attaccante di prendere precauzioni è associato ad analogo obbligo da parte del difensore.[312] Come spiega Eric Talbot Jensen, «il difensore ha l'obbligo legale di separare la popolazione civile dalle operazioni militari e di proteggere quelle che non possono essere separate con la massima protezione possibile (cioè praticabile)».[313] In un ambiente urbano affollato come Gaza, costruire tunnel in modo da impedire la commistione di obiettivi militari con non combattenti e obiettivi civili è però molto difficile; ciò nondimeno l'adozione di misure precauzionali ragionevoli per evitare di mettere in pericolo la popolazione civile rimane un requisito primario. In tale senso, un difensore deve, ad esempio, astenersi dal collocare gli ingressi delle gallerie in luoghi protetti come precauzione passiva.[314]

Nel contesto dell'attacco, la fattibilità include la considerazione dei mezzi disponibili per verificare la natura dell'obiettivo, i metodi e i mezzi di guerra per attaccarlo, l'esistenza di eventuali obiettivi alternativi praticabili il cui attacco potrebbe ottenere l'effetto desiderato e la capacità dell'attaccante di emettere un avvertimento efficace nelle specifiche circostanze.

La scelta nella tipologia di armi da utilizzare è tra le precauzioni che possono essere prese in attacco; una volta che un tunnel è stato scoperto e determinato come obiettivo militare, ad esempio, vige l'obbligo di scegliere la tipologia di armi «[...] e munizioni di dimensioni e tipo appropriati, nonché punti di mira appropriati, offrendo allo stesso tempo un vantaggio militare uguale o superiore nel neutralizzare o distruggere un obiettivo militare può ridurre il rischio di danni ai civili e agli obiettivi civili».[315] In tale ottica, come abbiamo illustrato nei precedenti capitoli, le Idf hanno

---

[311] Dinstein Y. (2021), *Non-International Armed Conflicts in International Law*, Cambridge University Press, pp. 182, 284.

[312] ICRC, *Protocol Additional to the Geneva Conventions of 12 August 1949, and relating to the Protection of Victims of International Armed Conflicts (Protocol I)*, cit., Protocollo aggiuntivo I, art. 58, in: https://ihl-databases.icrc.org/en/ihl-treaties/api-1977/article-52/commentary/1987.

[313] Talbot Jensen E. (2023), *Ukraine and the Defender's Obligations*, Lieber Institute West Point, in https://lieber.westpoint.edu/ukraine-defenders-obligations/.

[314] Wallace D., Reeves S., *Israel – Hamas 2023 symposium*, cit.

[315] US Department of Defense (2015), *Department of Defense Law of War Manual*, cit., par. 5.11.6

sviluppato negli anni varie capacità per verificare la presenza di tunnel e ridurre i danni ai civili nella guerra sotterranea, tra cui attrezzature tecnologiche e l'istituzione di unità addestrate a combattere nei tunnel.[316]

Note conclusive: distinzione, proporzionalità, precauzione e divieto dell'uso di "scudi umani"

Senza dubbio, lo sviluppo e l'uso dei tunnel a Gaza da parte di Hamas ha creato sfide impegnative sul piano operativo e legale per le Idf. La difficoltà di bilanciare la necessità operativa di neutralizzare centinaia di chilometri di tunnel con l'obbligo legale di mitigare il rischio per i civili non è stata infatti sottovalutata. In tale quadro, l'approccio deliberato per colpire i tunnel di Gaza in aderenza alla legge del conflitto armato è stato nella maggior parte dei casi prudente.[317] Non sempre, per varie ragioni, di tempo, opportunità, capacità o per errore.

Il rispetto dei principi fondamentali del diritto internazionale umanitario – distinzione, proporzionalità, precauzione e il divieto dell'uso di "scudi umani" – costituisce infatti la pietra miliare per condurre operazioni militari in maniera etica e legale. La capacità di distinguere costantemente tra combattenti e obiettivi militari rispetto ai civili e ai loro beni assicura che le azioni belliche rimangano mirate e giustificate, preservando l'integrità umana e materiale di chi non partecipa al conflitto. La proporzionalità, valutando attentamente il rapporto tra il danno collaterale e il beneficio militare atteso, serve a prevenire l'*escalation* della violenza e a proteggere la vita dei non combattenti. L'adempimento dell'obbligo di precauzione, attraverso misure attente e ponderate, dimostra l'impegno a minimizzare i danni collaterali, rispecchiando un approccio umano e responsabile nei confronti della guerra. Infine, la ferma condanna dell'uso di "scudi umani" riflette il rifiuto categorico di sfruttare i civili come strumento di guerra. Questi principi, se rigorosamente applicati, non solo rendono possibile una condotta di guerra più etica, ma rafforzano anche la legittimità e l'accettazione internazionale delle operazioni militari, contribuendo a salvaguardare i valori fondamentali su cui si basa la comunità internazionale. Come si sono comportati in tal senso, le due parti in conflitto?

---

[316] Wallace D., Reeves S., *Israel – Hamas 2023 symposium*, cit.
[317] *Ibidem.*

Distinzione. La necessità di distinguere sempre tra combattenti e obiettivi militari da una parte e civili e beni civili dall'altra è stata rispettata *in toto* da Israele che ha impiegato personale militare con uniformi e insegne ben visibili; al contrario, Hamas ha operato nascondendo i suoi miliziani all'interno di contesti civili, senza uniformi, privi di insegne di riconoscimento e occultando le armi.

Proporzionalità. Gli attacchi non possono essere lanciati se si prevede che causino danni collaterali eccessivi rispetto al vantaggio militare diretto e concreto previsto. Israele ha cercato, più di qualunque altro Stato impegnato in guerra in aree ad alta densità di popolazione, di evitare azioni che potessero causare danni eccessivi ai civili, adottando concrete misure preventive e *standard* di sicurezza eccezionali.

Precauzione. L'obbligo di prendere tutte le precauzioni praticabili per evitare, o almeno minimizzare, i danni collaterali. Se Israele, come dimostrato, ha adottato il massimo *standard* di sicurezza per evitare il coinvolgimento di non combattenti in azioni belliche, Hamas ha operato in senso opposto, cercando di indurre la condotta delle operazioni militari all'interno delle aree urbane, anche in presenza di obiettivi sensibili come scuole, ospedali e luoghi di culto.

Scudi umani. La proibizione dell'uso di civili per proteggere obiettivi militari dal nemico. Hamas ha fatto dell'uso dei civili palestinesi come "scudi umani" la propria strategia militare, sia cinetica che mediatico-propagandistica.

Conclusioni
Analisi dei risultati e prospettive future

Lezioni apprese

Questo libro si è posto lo scopo di fornire uno sguardo esplorativo sul perché Hamas abbia scelto di impegnarsi nel complesso compito ingegneristico di costruire una rete di tunnel verso Israele, descrivere il processo di costruzione dei tunnel e valutare l'efficacia di questi tunnel come strategia nel conflitto di Hamas con Israele.

In linea con altri gruppi che storicamente hanno utilizzato i tunnel per impegnarsi in operazioni militari segrete (ad esempio, muoversi in maniera occulta, condurre attacchi a sorpresa, utilizzare strutture sotterranee come punto di stoccaggio sia per armi che per persone), Hamas ha intrapreso lo scavo sotto il territorio del nemico come mezzo per aumentare le proprie capacità operative.

E così abbiamo identificato le probabili motivazioni dietro la decisione di Hamas di impegnarsi nella costruzione di tunnel. La più rilevante trova le sue ragioni nel precedente storico dei tunnel, sebbene per scopi di contrabbando nella Striscia di Gaza. Dopo aver esaminato le complessità coinvolte nel processo di costruzione, la domanda che deve essere affrontata successivamente è se lo sviluppo della rete di tunnel da parte di Hamas sia stato un successo per il gruppo in termini di esecuzione del compito e di strategia – il successo, o la convinzione dell'importanza strategica dei tunnel, potrebbe dunque essere la seconda motivazione.

Traendo le nostre conclusioni dalla letteratura di fonti aperte, dai documenti di archivio delle forze di difesa israeliane e statunitensi, nonché dei documenti dottrinali militari di Israele, degli Stati Uniti e dell'*Alleanza Atlantica*, letti con approccio comparativo, riteniamo che Hamas abbia ottenuto un risultato efficace nell'esecuzione dell'infrastruttura sotterranea, e che abbia goduto di successo strategico attraverso l'impatto psicologico negativo instillato nei cittadini israeliani, negli stati maggiori militari e nei decisori politici. In termini di risultati complessivi nel condurre offensive di terra e infiltrazioni nel territorio israeliano – di nuovo, uno scopo indissolubilmente associato ai tunnel realizzati negli ultimi vent'anni –, Hamas ha avuto meno successo.

Il successo della costruzione dei tunnel

L'utilizzo di tunnel nelle guerre ha rappresentato una strategia difensiva efficace nel corso della storia, principalmente per le complessità legate all'individuazione e alla valutazione precisa delle estensioni delle infrastrutture sotterranee. Dalle analisi finora svolte, emerge che Hamas sia riuscito, nonostante alcuni cedimenti e crolli non dovuti ad azioni dirette da parte israeliana, a costruire e mantenere un'estesa rete di tunnel. Inoltre, anche nel caso di rilevamento dei tunnel da parte delle Idf, la loro demolizione complessiva non è scontata, poiché le azioni distruttive israeliane non sempre ottengono il crollo dell'intero complesso sotterraneo ma, il più delle volte, solamente di alcune sezioni o accessi. Parti di esso possono sopravvivere indenni all'esplosione di ordigni destinati a provocarne il crollo. Durante l'operazione *Protective Edge* (*Margine Protettivo*), condotta dalle Idf per neutralizzare i tunnel, Hamas ha sostenuto che i trenta tunnel distrutti dalle forze israeliane rappresentassero solo una frazione del loro intero arsenale sotterraneo diretto verso Israele.[318] Inoltre, sempre Hamas ha affermato che i tunnel che sono stati segnalati come distrutti dalle forze delle Idf non lo erano completamente e che è stato possibile ricostruire le sezioni crollate.[319] È però anche vero che non c'è garanzia che queste affermazioni non siano il prodotto della propaganda di Hamas.

Quel che si rileva, in conclusione, è che, indipendentemente da quanti tunnel Hamas abbia nel concreto mantenuto operativi, l'obiettivo di costruire infrastrutture sotterranee militari è complessivamente riuscita, data l'esistenza e l'estensione di un complesso e articolato sistema operativo sotterraneo ben equipaggiato che, da infrastruttura originariamente pensata per sostenere l'attività economica di contrabbando si è trasformata in uno strumento operativo per scopi militari. Una decisione – la trasformazione dei tunnel da infrastrutture di contrabbando a strumenti militari – che, come rilevano Watkins e Janes nel loro articolo *Digging into Israel: The*

---

[318] Yashar A., *Hamas says Idf didn't Destroy all Terror Tunnels*, Israel National News, 3 ottobre 2014, in: https://www.israelnationalnews.com/News/News.aspx/185778.
[319] Balousha H., *Undeterred by Closures, Hamas still boasts of Tunnel Advantage*, Al-Monitor, 8 febbraio 2016, in: https://www.al- monitor.com/pulse/originals/2016/02/gaza-hamas-strategic-weapon-tunnels-against- israel.html#.

sophisticated tunneling network of Hamas,[320] sarebbe il risultato di diversi fattori, ma che deriverebbe principalmente proprio dall'uso storico e dalla conoscenza della costruzione di tunnel di contrabbando. Nonostante il successo limitato associato all'uso dei tunnel d'attacco come strumento offensivo nel suo conflitto con Israele, Hamas è stato però molto efficace nella costruzione di questi tunnel sofisticati e nella conseguente capacità di instillare un certo grado di paura nel suo nemico.

Impatto psicologico negativo sui cittadini israeliani

Come rilevano Mai Stafford, Tarani Chandola e Michael Marmot nel loro articolo *Association Between Fear of Crime and Mental Health and Physical Functioning*,[321] si può ritenere che Hamas abbia avuto un successo meno diretto ma più consistente e dalle conseguenze a lungo termine attraverso l'effetto collaterale della paura prodotta tra i cittadini israeliani, specialmente i residenti vicino al confine di Gaza[322] e, di riflesso, sullo stato maggiore delle forze di difesa israeliane e sulla classe politica. La scoperta della complessità del sistema di tunnel è riuscita a suscitare grande preoccupazione nelle Idf e nei cittadini israeliani; diverse fonti[323] riferiscono dell'impatto emotivo e delle reazioni psicologiche negative dei civili israeliani alla scoperta dell'estesa rete sotterranea, derivanti dalla paura dei tunnel e di essere rapiti attraverso di essi come via di accesso a Israele e alle comunità israeliane. Una condizione che si pone coerentemente con i risultati consolidati della ricerca sulla paura della vittimizzazione e del crimine che afferma come «il rischio percepito, e non necessariamente il rischio effettivo, sia sufficiente per influenzare la paura delle persone di essere vittime».[324]

---

[320] Watkins N.J., James A.M. (2016), *Digging Into Israel*, cit.

[321] Stafford M., Chandola T., Marmot M., *Association Between Fear of Crime and Mental Health and Physical Functioning*, American Journal of Public Health, 97(11), (November 2007): 2076-2081.

[322] Lubell M., *Tunnel attack fear turn Gaza border kibbutzim into a ghost town*, Reuters, 22 luglio 2014, in: https://www.reuters.com/article/2014/07/22/us- palestinians-israel-tunnels-idUSKBN0FR1KV20140722.

[323] Rudoren J., *Tunnels Lead Right into the Heart of Israeli Fear*, NY Times, 28 luglio 2014, in: https://www.nytimes.com/2014/07/29/world/middleeast/tunnels- lead-right-to-heart-of-israeli-fear.html?_r=0.

[324] Stafford M., Chandola T., Marmot M., *Association Between Fear of Crime and Mental Health*, cit.

Questa considerazione è il risultato dello studio condotto da Stafford, Chandola e Marmot analizzando studenti universitari israeliani frequentatori di corsi di studio in un'area sottoposta a costanti attacchi di razzi nel 2008. Lo studio ha rivelato che il rischio effettivo di essere vittime di attacchi di razzi non è necessariamente un indicatore sulla base del quale vengono intraprese azioni precauzionali di sicurezza. Una conclusione che si basa sull'osservazione di due campioni a confronto – gli abitanti all'interno di aree soggette ad attacchi con razzi, appunto, e un campione di riferimento residente in aree non esposte al rischio degli attacchi; osservazione che ha rilevato come il campione di studenti residenti all'interno della zona colpita da attacchi avessero meno preoccupazioni legate al loro rischio personale e al prendere azioni precauzionali rispetto al campione al di fuori della zona sottoposta alla minaccia. Questa osservazione supporta l'idea che, indipendentemente dal rischio effettivo di essere attaccati, sia tramite attacchi con razzi che attraverso le infiltrazioni con i tunnel, il rischio percepito è sufficiente per produrre paura tra una popolazione, specialmente quando integrato con una copertura mediatica israeliana (e internazionale) diffusa sulla minaccia sotterranea. Pur riconoscendo la non correttezza nel mettere sullo stesso piano la "paura di essere vittima" con l'effettiva condizione di "essere vittima", gli autori dello studio evidenziano come anche solo la paura sia associata a una serie di risultati negativi, inclusi gli effetti dannosi sulla salute mentale e fisica, così come sulla qualità della vita in generale.[325]

Da questa prospettiva, i tunnel palestinesi costruiti sotto il confine israeliano e l'incertezza che creano e impongono sono potenzialmente una fonte di danno per Israele più di quanto qualsiasi singolo attacco di terra su postazioni delle Idf.[326]

Successo limitato nelle offensive terrestri

I tunnel sono stati utilizzati dai miliziani di Hamas in diverse operazioni di successo contro le forze israeliane, inclusi gli attacchi esplosivi sotto le posizioni delle Idf a Gaza o attacchi a sorpresa sulle posizioni delle Idf in

---

[325] *Ibidem.*
[326] Watkins N. J., James A. M. (2016), *Digging Into Israel: The Sophisticated Tunneling Network of Hamas*, Journal of Strategic Security, 9(1), 84–103, in https://www.jstor.org/stable/26465415.

Israele condotti da piccoli gruppi di Hamas. Diverse azioni portate a compimento vicino ai villaggi israeliani di Sufa e Nir Am e al posto di controllo israeliano Nahal Oz, nel luglio 2014, portarono alla morte di undici soldati delle Idf, a fronte di perdite significative da parte di Hamas.[327] In un altro attacco, nel 2013, i combattenti di Hamas travestiti da membri delle Idf uccisero due soldati dopo aver attaccato un'auto di pattuglia dell'esercito. Tuttavia, queste furono azioni limitate per portata e impatto.

Il rapimento di Gilad Shalit, nel giugno 2006, sembra essere l'evento maggiormente significativo in termini di successo, tra quelli che hanno richiesto l'utilizzo di un tunnel, ma sul piano politico e non su quello militare poiché cinque anni dopo, nel 2011, Shalit fu scambiato con Israele che accettò di liberare 1.027 prigionieri palestinesi. Un alto funzionario dell'*intelligence* israeliana ha descritto lo scambio come «uno degli eventi più disequilbrati della storia recente».[328]

Gli esempi di attacchi di successo qui riportati possono indurre a pensare che la rete di tunnel sia stata un fallimento operativo complessivo a causa del numero contenuto e della portata limitata di queste azioni, cioè il numero di membri delle Idf uccisi o feriti rispetto al numero di militanti di Hamas caduti in operazioni o in conseguenza di queste. Si potrebbe anche sostenere che il numero di civili di Gaza uccisi durante ciascuna risposta delle Idf, e il ripristino del blocco da parte di Israele,[329] in risposta al ritrovamento di un sistema di tunnel nell'ottobre 2013, sia ulteriore prova di questo insuccesso generale. Considerato da un punto di vista puramente razionale, il compito di costruire i tunnel non sarebbe quindi stato efficace nell'intento di condurre offensive terrestri di successo, o ripetere azioni simili a quelle che portarono al rapimento del soldato Shalit, poiché gli elevati costi associati alla costruzione e alle rappresaglie delle Idf sono superiori ai benefici realizzati dall'uso dei tunnel per scopi offensivi e difensivi.[330]

Tuttavia, non limitando l'analisi a un rigido calcolo di costi/benefici, potremmo sostenere che la rete di tunnel sia stata, al contrario, un successo

---

[327] *Ibidem.*
[328] Ciralsky A., *Did Israel Avert a Hamas Massacre?*, Vanity Fair, 21 ottobre 2014, in: https://www.vanityfair.com/news/politics/2014/10/gaza-tunnel-plot- israeli-intelligence.
[329] Rasha A.J., *Cement Shortage in Gaza Leaves Thousands Jobless*, Al-Monitor, 3 marzo 2014, int: https://www.al- monitor.com/pulse/originals/2014/03/cement-blockade-siege-israel-egypt-gaza- construction.html#.
[330] Watkins N. J., James A. M. (2016), *Digging Into Israel*, cit.

operativo alla luce dello squilibrio di potere iniziale. L'idea che Hamas sia stata capace di effettuare diverse offensive terrestri di successo contro postazioni militari delle Idf e infliggere vittime, indipendentemente dal numero, potrebbe essere considerata un successo per l'organizzazione e la sua causa, dato che la rete di tunnel non è mai servita per portare a un livello di parità lo scontro con Israele. L'idea che Hamas sia stato in grado di causare anche un danno minimo potrebbe essere ancora più significativa date le estese risorse impiegate da Israele nel mantenere un'operazione militare molto strutturata e sofisticata, comprese le consistenti risorse dedicate alla localizzazione e all'eliminazione dei tunnel.

Conclusioni (1)

La risposta israeliana ai tunnel di Gaza è un caso particolarmente esemplificativo di come l'attività politica sia indissolubilmente legata alle vicissitudini delle materialità e delle proprietà fisiche dell'ambiente. Questa realtà ibrida nasce dalla convergenza endemica delle pratiche materiali di confine e scavo, dei discorsi sulla sicurezza e del pericolo associato all'utilizzo dei tunnel per colpire i cittadini israeliani. Come rileva Ian Slesinger, sebbene appaia esagerato suggerire che i modelli di insediamento, le pratiche architettoniche e le infrastrutture nel Gaza-Negev occidentale e la conformazione territoriale siano le cause del conflitto Gaza-Israele, essi però contribuiscono in maniera intrinseca allo sviluppo e alle dinamiche tattiche, strategiche e geopolitiche del conflitto tra Hamas e Israele.[331]

Le dinamiche delle relazioni tra le attività umane che alterano la dimensione geofisica e le forze elementari del sottosuolo rendono percepibili i limiti delle capacità tecnico-scientifiche volte a ottenere una certa conoscenza cartografica del sottosuolo. La natura contingente della sovranità statale in relazione a un sottosuolo denso ed eterogeneo che sfida i tentativi di renderlo "conosciuto", richiede un lavoro costante da parte dei tecnici scientifici, dei militari e dell'*intelligence* al fine di garantire la sicurezza della dimensione sotterranea. Una pressione, dettata da un esigenza collettiva, che provoca quella che Slesinger chiama "ansia cartografica" sul «desiderio di rendere leggibile e quindi calcolabile lo spazio geografico».[332]

---

[331] Slesinger I. (2020), *A Cartography of the Unknowable*, cit.
[332] *Ibidem.*

Per attenuare questa "ansia", l'inscrutabilità cartografica del sottosuolo deve essere superata – rileva Slesinger – attraverso l'adozione di metodi innovativi per la raccolta di informazioni geografiche che siano adattati alle condizioni specifiche del terreno e possano sintetizzare frammenti di conoscenza parziale per produrre almeno una rudimentale "epistemologia dello spazio sotterraneo". Tuttavia, la limitata disponibilità di queste conoscenze spaziali e le forme sempre più indirette di rappresentazione generate per visualizzarle, riducono notevolmente le capacità di prevedere e gestire con precisione i rischi per la sicurezza da parte delle forze di difesa e sicurezza nazionali.

La capacità del suolo di condizionare negativamente i risultati delle tecniche di raccolta, analisi e utilizzo dei dati per prevedere future minacce, altera profondamente il calcolo attraverso cui opera la logica politica del rischio. E l'incapacità di anticipare il rischio mina l'autorità dello Stato agli occhi sia dei suoi cittadini che dei suoi avversari con la naturale conseguenza di destabilizzarne la legittimità in termini di fornitore di sicurezza. Questo è l'effetto negativo sul piano politico conseguente all'utilizzo delle tecnologie, con i loro limiti e le effettive capacità di descrivere e prevedere una minaccia, la cui criticità risiede proprio in un margine di errore indefinito che ha conseguenze dirette sulla capacità di azione politica.

Dinamiche in prospettiva e sfide del "giorno dopo"

Comprendere l'unicità del contesto israeliano, come abbiamo avuto modo di evidenziare in questo libro, fornisce elementi per capire la propensione israeliana ad agire in un certo modo e aiuta a perfezionare l'analisi delle scelte e dei risultati ottenuti, sia sul fronte politico che su quello militare. E, aspetto maggiormente rilevante, può anche impedire di trarre conclusioni errate sull'applicabilità delle risposte israeliane in altri contesti operativi, così come può aiutare a non valutare, o giudicare, le scelte israeliane sulla base di una visione o propensione estranea a quel contesto. Un avvertimento all'opinione pubblica occidentale che sempre più spesso è vittima della *cognitive warfare* di Hamas e dei gruppi terroristi e di opposizione armata sempre più consolidati all'interno dell'asse di opposizione anti-israeliano.

Conclusioni (2): il giorno dopo

Mentre l'alba del "giorno dopo" incombe all'orizzonte, ci si interroga su cosa porterà il futuro. "Il giorno dopo" non è solo una frase; è un bivio critico dove tutti i protagonisti dello scontro israelo-palestinese dovranno agire nelle difficoltà di un nuovo contesto politico e amministrativo. Al centro della scena c'è l'Anp, stretta nella morsa tra il suo mandato istituzionale e il profondo malcontento popolare legato agli eventi di Gaza: ha tenuto a bada le tempeste a Jenin e Nablus, ma per quanto tempo ancora?

Israele, dal canto suo, osserva con preoccupazione la possibilità che la scomparsa di Hamas lasci il campo libero a forze ancora più radicali, temendo un'*escalation* dovuta all'intromissione di attori esterni. In risposta, Gerusalemme guarda con favore all'esperienza delle "zone umanitarie" governate autonomamente da elementi palestinesi che promettono sicurezza e una gestione efficace degli aiuti umanitari. Ma il vero rompicapo si presenta nella gestione dei flussi finanziari destinati alla ricostruzione: come garantire che tali risorse non alimentino nuovamente le fazioni armate? La soluzione potrebbe risiedere in una nuova organizzazione internazionale, o forse in un *partner* locale affidabile, ma il dibattito è aperto.

Nel cuore di Gaza, i *clan* locali si trovano di fronte a un dilemma: collaborare con Israele e rischiare ritorsioni da parte di Hamas, o rimanere fedeli a una visione di una Palestina indissolubilmente legata a Fatah o Hamas? Questa *impasse* minaccia la sicurezza e complica ulteriormente le trattative per il ritorno degli sfollati palestinesi, mantenendo centinaia di migliaia di persone in uno stato di incertezza.

Mentre si riflette sul "giorno dopo", è chiaro che i palestinesi a Gaza continuano a pagare il prezzo più alto, intrappolati in una situazione disperata orchestrata da Hamas. E la riorganizzazione di Hezbollah, fortemente indebolito in conseguenza di una scelta di esporsi nel conflitto per questioni d'onore più che di pragmatismo politico, il quadro si complica ulteriormente. In questo contesto, il "giorno dopo" non è solo la fine delle ostilità, ma l'inizio di una fase ancora più sfidante nella ricerca di qualche forma di stabilità che, comunque sia, si collocherà in un futuro contesto geopolitico molto diverso da quello attuale.

Appendice

Sintesi degli eventi e delle principali operazioni militari

Sintesi cronologica degli eventi

1800-1914. Le origini del conflitto: l'emigrazione ebraica in Occidente e nella Palestina ottomana e la nascita del sionismo come soggetto politico e culturale.

1908-1916. Il crollo del Medio Oriente ottomano e l'area palestinese dopo la rivoluzione dei Giovani turchi.

1915-1936. Tra le due guerre mondiali: la Grande Guerra, le mutate relazioni internazionali, il mandato inglese, i moti del 1929 (e lo sviluppo del nazionalismo arabo), il rafforzamento dell'insediamento sionista, le prime tensioni e la grande rivolta del 1936.

1939-1948. L'esplosione del conflitto, la Seconda guerra mondiale e l'arrivo dei profughi alla base delle tensioni e l'inizio dell'ostilità aperta: la guerra civile tra *l'yishuv* e la comunità palestinese (dicembre 1947-maggio 1948), la nascita d'Israele e la seconda fase della guerra (14 maggio-11 giugno 1948), la terza fase della guerra (luglio 1948-febbraio 1949)

1949-1966. La Guerra fredda, il consolidamento dello Stato d'Israele, la diaspora palestinese, la guerra di Suez, la nascita di Fatah e la genesi dell'Organizzazione per la liberazione della Palestina (Olp).

1967-1986. La svolta: la guerra del 1967 e la conquista dei territori arabi, il piano Rogers, "Settembre nero", il "nuovo Egitto", la guerra del Yom Kippur, il conflitto libanese, l'Egitto e la «Pace fredda».

1982. Operazione *Pace per la Galilea*: Israele invade il Libano per contrastare i militanti palestinesi e affrontare Hezbollah.

1987-1993. *Prima Intifada*: periodo di crescente tensione e violenze tra la popolazione palestinese e le forze di sicurezza israeliane nei territori occupati. Il fallimento degli accordi di Oslo (I) e l'avvento del gruppo terrorista clandestino brigate *Izz ad-Din al-Qassam*.

1995. Accordi di Oslo (II): tentativo di ripresa dei negoziati, riconoscimento reciproco, ritiro israeliano da Gaza e dalla Cisgiordania e autogoverno palestinese (istituzione e nascita dell'Autorità Nazionale Palestinese).

2000-2005. *Seconda Intifada*: scaturita dalle tensioni a seguito della visita del *leader* israeliano Ariel Sharon alla Spianata delle Moschee a

Gerusalemme e caratterizzata da violenze e attacchi reciproci; ha coinvolto palestinesi e israeliani in un periodo di conflitto intenso con pesanti perdite umane e danni materiali. Operazione *Scheda Pulita* (2002, conosciuta anche come Operazione *Scudo Difensivo*): Israele invade la Cisgiordania in risposta ad attacchi terroristici durante la *Seconda Intifada* con l'obiettivo di contrastare il terrorismo palestinese e migliorare la sicurezza di Israele. Durante l'operazione, le forze israeliane hanno condotto incursioni e azioni contro organizzazioni e individui palestinesi ritenuti responsabili di attacchi terroristici, inclusi l'arresto di sospetti militanti, l'eliminazione di infrastrutture utilizzate per attività terroristiche e altre operazioni di sicurezza. La sua fine coincide con il ritiro israeliano dalla Striscia di Gaza (2005).

2006. Seconda guerra del Libano.

2005-2007. La lotta per il potere tra Hamas e Fatah e la violenta presa di potere di Hamas.

2008-2009, Operazione *Cast Lead (Piombo Fuso)*: Israele risponde ai razzi lanciati da Gaza durante il conflitto con Hamas. Sviluppata contro la Striscia di Gaza per contrastare i razzi lanciati da gruppi armati palestinesi e per fermare il traffico di armi attraverso i tunnel.

2012. Operazione *Defense Pillar (Pilastro di Difesa)*: otto giorni di conflitto (14-21 novembre) in risposta ai razzi lanciati dalla Striscia di Gaza su Israele. L'operazione ha mirato ai *leader* di gruppi armati palestinesi; l'*escalation* delle ostilità ha portato a un cessate il fuoco mediato dall'Egitto (14 novembre 2012).

2014. Operazione *Protective Edge (Margine Protettivo)*: Israele risponde a razzi e attacchi da Gaza. Una delle operazioni più intense: Israele ha cercato di distruggere i tunnel utilizzati da Hamas e altri gruppi.

2019. La *Marcia del Ritorno* (2018-2019): attacchi contro obiettivi del gruppo terrorista Jihad islamico palestinese (Pij) nella Striscia di Gaza. Israele ha risposto ai razzi lanciati da Gaza colpendo obiettivi militari. Successivamente è stato raggiunto un cessate il fuoco.

2021. Operazione *Wall Guardian (Guardiano delle Mura)*: conflitto "degli undici giorni" tra Israele e gruppi palestinesi, principalmente a Gaza. L'operazione è stata la risposta a lanci massicci di razzi dalla Striscia verso le città israeliane; ha incluso bombardamenti su obiettivi militari di Hamas. Anche in questa operazione è stato raggiunto un cessate il fuoco dopo diversi giorni di conflitto.

2022. Operazione *Roccia Indomabile*. Azioni militari contro Hezbollah in Libano in risposta a lanci di *droni*.

2023-in corso. Dall'operazione terrorista "Alluvione Al-Aqsa" all'offensiva israeliana *Iron Swords* nella Striscia di Gaza e il rischio di *escalation* regionale.

2024. (13-14 aprile) Attacco missilistico iraniano contro Israele in rappresaglia per un raid aereo israeliano sul consolato iraniano a Damasco.

2024. (28 settembre) Uccisione del *leader* di Hezbollah, Hassan Nasrallah, da parte di Israele e avvio delle operazioni terrestri israeliane nel Libano meridionale contro Hezbollah per garantire il rispetto della Risoluzione ONU 1701.[333]

2024. (7 dicembre) Crollo del regime di Bashar al-Assad in Siria; istituzione di un governo transitorio guidato dal gruppo islamista Hayat Tahrir al-Sham (HTS), al cui interno si impone una significativa componente jihadista. 10 dicembre: un attacco aereo israeliano distrugge l'arsenale strategico militare della Siria (composto principalmente da missili e armi chimiche) per impedirne la caduta nelle mani di fazioni insurrezionali e jihadiste.

2025. (19 gennaio) Cessate il fuoco tra Israele e Hamas accompagnato dall'avvio di uno scambio di prigionieri.

2025. (13 giugno) Operazione israeliana *Rising Lion* con un massiccio attacco aereo contro infrastrutture militari e nucleari iraniane.

---

[333] Nel 2015, secondo il *Washington Post*, gli agenti del Mossad riuscirono a far acquisire ai miliziani libanesi delle radio manipolate: all'interno, una *backdoor* per intercettare le comunicazioni e una micro-carica esplosiva. Sette anni dopo, nel 2022, vennero create società di copertura a Budapest e Sofia, con diramazioni in Oriente, che vendettero *beeper* modificati a un emissario di Hezbollah. L'ordigno in miniatura, occultato dentro batterie al litio, sfuggì a ogni controllo di sicurezza. Il congegno si basava su cinque elementi: fonte di energia, innesco, detonatore, esplosivo e custodia. Nella fase preparatoria, gli israeliani eliminarono un alto quadro della milizia sciita, insospettito da alcune anomalie. Hezbollah, temendo un'operazione sotto copertura, decise di inviare i dispositivi in Iran per verifiche approfondite. Secondo un'altra versione, invece, i controlli non rilevarono nulla di sospetto. Il 17 settembre 2024, il Mossad attivò i cercapersone, colpendo numerosi *leader* di Hezbollah e causando anche vittime civili. Un segnale inequivocabile della profonda infiltrazione israeliana tra i nemici.

La revisione dello statuto di Hamas del 2017

Il documento fondamentale che ha delineato le linee guida di Hamas è rimasto invariato fino al 2017, anno in cui il *leader* dell'organizzazione all'estero, Khaled Meshal, introdusse una revisione sostanziale attraverso la pubblicazione di un testo aggiornato. Quest'ultimo riprende alcune delle direttive del manifesto originario, integrandolo però con significative modifiche. Un'analisi approfondita di questa nuova versione è stata presentata nel 2020 da Khaled Hroub, docente di studi sul Medio Oriente presso la Northwestern University in Qatar e affiliato al Centro per gli studi islamici dell'Università di Cambridge.[334] Hroub evidenzia come il documento del 1988 fosse caratterizzato da un linguaggio religioso generico e da proclami utopici, mentre la versione più recente adotterebbe un approccio più pragmatico e aperto, offrendo a Hamas la possibilità di adattare la propria strategia alle dinamiche politiche, delle relazioni internazionali e conflittuali.

Il nuovo statuto di Hamas[335] presenta una posizione meno esplicita riguardo all'eliminazione dello Stato di Israele e della sua popolazione, identificando il sionismo piuttosto che l'ebraismo come avversario. Il documento sottolinea, in particolare, che il conflitto non è rivolto contro gli ebrei per la loro fede, ma contro i sionisti che occupano la Palestina. Inoltre, si allontana dalle precedenti citazioni religiose che invocavano la distruzione degli infedeli e condanna la persecuzione basata su nazionalismo o religione, attribuendo l'antisemitismo a un contesto storico europeo anziché arabo o musulmano.

Hamas, inoltre, tende a descrivere Israele come un pilastro del progetto sionista e un agente di aggressione, escludendo qualsiasi soluzione al conflitto che non contempli la liberazione totale della Palestina, "dal fiume al mare, dal sud al nord". Tuttavia, il documento apre a una potenziale soluzione politica che prevede la creazione di uno Stato palestinese sovrano e indipendente con Gerusalemme come capitale, non escludendo una soluzione basata sui confini del 4 giugno 1967, e il ritorno di rifugiati e

---

[334] Hroub K. (2017), *A Newer Hamas? The Revised Charter*, Journal of Palestine Studies, 46:4, 100-111, DOI: 10.1525/jps.2017.46.4.100.
[335] Hamas, *A document of general principles and policies*, sito ufficiale dell'organizzazione Hamas, in: https://hamas.ps/en/post/678/A-Document-of-General-Principles-and-Policies

sfollati. Questa posizione, secondo Hroub, riflette una certa apertura, almeno sul piano teorico, del movimento verso la formula dei due Stati e suggerisce una disponibilità a considerare soluzioni politiche praticabili. Claudio Vercelli, storico del conflitto israelo-palestinese, interpreta questa apertura come un passo intermedio verso l'obiettivo finale di "liberare" l'intero territorio, senza riconoscere il diritto all'esistenza di Israele o prendere posizioni esplicite contro la continuazione delle azioni terroristiche.[336] Come abbiamo visto, le dichiarazioni dello stesso Meshal del 17 gennaio 2024, con la condanna di qualunque soluzione che preveda l'opzione dei due Stati e l'esistenza stessa di Israele,[337] smentiscono nel complesso la lettura di Hroub e aprono all'opzione "finale" citata da Vercelli.

Si riporta integralmente lo Statuto di Hamas pubblicato nel 2017.[338]

Lode sia ad Allah, Signore di tutti i mondi. Possa la pace e le benedizioni di Allah essere su Maometto, Maestro dei Messaggeri e Capo dei mujahidin, e sulla sua famiglia e su tutti i suoi compagni.

Premessa

La Palestina è la terra del popolo arabo palestinese, dalla quale ha origine, alla quale è unito e appartiene, e sulla quale si propaga ed esprime.

La Palestina è una terra la cui posizione è stata elevata dall'Islam, una religione che la tiene in grande considerazione, che respira attraverso di essa il suo spirito e i giusti valori e che pone le basi per la dottrina della difesa e della protezione della stessa.

La Palestina è la causa di un popolo che è stato deluso da un mondo che non riesce a garantire i suoi diritti e a restituirgli ciò che gli è stato usurpato, un popolo la cui terra continua a subire una delle peggiori occupazioni al mondo.

La Palestina è una terra sequestrata da un progetto sionista razzista, disumano e coloniale, fondato su una falsa promessa (la Dichiarazione Balfour), sul riconoscimento di un'entità usurpatrice e sull'imposizione con la forza del fatto compiuto.

La Palestina simboleggia la resistenza che continuerà fino al raggiungimento della liberazione, fino al quando il ritorno non sarà avvenuto e fino all'istituzione di uno Stato pienamente sovrano con Gerusalemme come capitale.

---

[336] Vercelli C. (2020), *Storia del conflitto israelo-palestinese*, Laterza, Bari, pp. 248.

[337] ANSA, *Hamas conferma il suo no alla soluzione dei due Stati*, 17 gennaio 2024, cit.

[338] *Hamas in 2017: The document in full*, 2 maggio 2017, The Middle East Eye, in: https://www.middleeasteye.net/news/hamas-2017-document-full.

La Palestina è il vero sodalizio tra palestinesi di tutte le appartenenze per il sublime obiettivo della liberazione.

La Palestina è lo spirito della Ummah e la sua causa principale; è l'anima dell'umanità e la sua coscienza vivente.

Questo documento è il prodotto di profonde discussioni che ci hanno portato ad un forte consenso. Come movimento, concordiamo sia sulla teoria che sulla pratica della visione delineata nelle pagine che seguono. È una visione che poggia su basi solide e su principi consolidati. Questo documento svela gli obiettivi, le tappe fondamentali e il modo in cui l'unità nazionale può essere realizzata. Definisce inoltre la nostra comprensione comune della causa palestinese, i principi operativi che utilizziamo per promuoverla e i limiti di flessibilità utilizzati per interpretarla.

Il movimento

Articolo 1. Il Movimento di Resistenza Islamica "Hamas" è un movimento islamico di liberazione nazionale e di resistenza palestinese. Il suo obiettivo è liberare la Palestina e contrastare il progetto sionista. Il suo sistema di riferimento è l'Islam, che ne determina i principi, gli obiettivi e i mezzi.

La Terra di Palestina

Articolo 2. La Palestina, che si estende dal fiume Giordano a est al Mediterraneo a ovest e da Ras al-Naqurah a nord a Umm al-Rashrash a sud, è un'unità territoriale integrale. È la terra e la casa del popolo palestinese. L'espulsione e l'esilio del popolo palestinese dalla sua terra e l'insediamento dell'entità sionista al suo interno non annullano il diritto del popolo palestinese all'intero territorio e non conferiscono alcun diritto all'entità sionista usurpatrice.

Articolo 3. La Palestina è una terra arabo-islamica. È una terra sacra e benedetta che occupa un posto speciale nel cuore di ogni arabo e di ogni musulmano.

Il popolo palestinese

Articolo 4. I palestinesi sono gli arabi che hanno vissuto in Palestina fino al 1947, indipendentemente dal fatto che ne siano stati espulsi o che vi siano rimasti; e ogni persona nata da padre arabo palestinese dopo tale data, sia all'interno che all'esterno della Palestina, è un palestinese.

Articolo 5. L'identità palestinese è autentica e senza tempo; si trasmette di generazione in generazione. Le catastrofi che hanno colpito il popolo palestinese, come conseguenza dell'occupazione sionista e della sua politica di sfollamento, non possono cancellare l'identità del popolo palestinese, né possono negarla. Un palestinese non può perdere la sua identità nazionale o i suoi diritti acquisendo una seconda nazionalità.

Articolo 6. Il popolo palestinese è un unico popolo, composto da tutti i palestinesi, dentro e fuori la Palestina, indipendentemente dalla loro religione, cultura o affiliazione politica.

Islam e Palestina

Articolo 7. La Palestina è al centro della Ummah araba e islamica e gode di uno status speciale. In Palestina si trova Gerusalemme, i cui confini sono benedetti da Allah. La Palestina è la Terra Santa che Allah ha benedetto per l'umanità. È la prima Qiblah dei musulmani e la meta del viaggio notturno del Profeta Muhammad, la pace sia con lui. È il luogo da cui è asceso ai cieli superiori. È il luogo di nascita di Gesù Cristo, la pace sia con lui. Il suo suolo contiene i resti di migliaia di profeti, compagni e *mujahidin*. È la terra di persone determinate a difendere la verità – all'interno di Gerusalemme e nei suoi dintorni – che non si lasciano scoraggiare o intimidire da coloro che si oppongono a loro e da coloro che li tradiscono, e che continueranno la loro missione fino a quando la promessa di Allah non sarà compiuta.

Articolo 8. In virtù della sua vocazione giustamente equilibrata e della sua natura moderata, l'Islam – per Hamas – fornisce uno stile di vita completo e un ordine che è adatto allo scopo in ogni momento e in ogni luogo. L'Islam è una religione di pace e tolleranza. Fornisce una protezione per i seguaci di altri credi e religioni che possono praticare il loro credo in sicurezza. Hamas ritiene inoltre che la Palestina sia sempre stata e sarà sempre un modello di coesistenza, tolleranza e innovazione civile.

Articolo 9. Hamas crede che il messaggio dell'Islam sostenga i valori della verità, della giustizia, della libertà e della dignità e proibisca ogni forma di ingiustizia incriminando gli oppressori a prescindere dalla loro religione, razza, sesso o nazionalità. L'Islam è contro ogni forma di estremismo e bigottismo religioso, etnico o settario. È la religione che insegna ai suoi fedeli il valore della resistenza alle aggressioni e del sostegno agli oppressi; li motiva a donare generosamente e a fare sacrifici in difesa della loro dignità, della loro terra, dei loro popoli e dei loro luoghi sacri.

Gerusalemme

Articolo 10. Gerusalemme è la capitale della Palestina. Il suo status religioso, storico e civile è fondamentale per gli arabi, i musulmani e il mondo intero. I suoi luoghi sacri islamici e cristiani appartengono esclusivamente al popolo palestinese e alla Ummah araba e islamica. Non una sola pietra di Gerusalemme può essere ceduta o abbandonata. Le misure intraprese dagli occupanti a Gerusalemme, come l'ebraicizzazione, la costruzione di insediamenti e l'approvazione dei fatti sul terreno sono sostanzialmente nulle e senza valore.

Articolo 11. La benedetta Moschea di al-Aqsa appartiene esclusivamente al nostro popolo e alla nostra Ummah e l'occupazione non ha alcun diritto su di essa. I complotti, le misure e i tentativi dell'occupazione di giudaizzare al-Aqsa e di dividerla sono nulli, inesistenti e illegittimi.

Rifugiati e diritto al ritorno

Articolo 12. La causa palestinese, nella sua essenza, è la causa di una terra occupata e di un popolo sfollato. Il diritto dei rifugiati e degli sfollati palestinesi di ritornare alle loro case dalle quali sono stati cacciati o a cui è stato impedito di tornare – sia nelle terre occupate nel 1948 che in quelle occupate nel 1967 (cioè l'intera Palestina) – è un diritto naturale, sia individuale che collettivo. Questo diritto è confermato da tutte le leggi divine e dai principi fondamentali dei diritti umani e del diritto internazionale. Si tratta di un diritto inalienabile e non può essere soppresso da nessuna delle parti, sia essa palestinese, araba o internazionale.

Articolo 13. Hamas respinge tutti i tentativi di cancellare i diritti dei rifugiati, compresi i tentativi di collocarli fuori dalla Palestina e attraverso i progetti di patria alternativa. Il risarcimento dei profughi palestinesi per i danni subiti in seguito all'esilio e all'occupazione della loro terra è un diritto assoluto che va di pari passo con il loro diritto al ritorno. I profughi palestinesi devono ricevere un indennizzo al loro rientro e questo non nega o diminuisce il loro diritto al ritorno.

Il progetto sionista

Articolo 14. Il progetto sionista è un progetto razzista, aggressivo, coloniale ed espansionistico basato sull'appropriazione delle proprietà altrui; è ostile al popolo palestinese e alla sua aspirazione alla libertà, alla liberazione, al ritorno e all'autodeterminazione. L'entità israeliana è il giocattolo del progetto sionista e la base per la sua aggressione.

Articolo 15. Il progetto sionista non si rivolge solo al popolo palestinese, ma è nemico della Ummah araba e islamica e costituisce una grave minaccia alla sua sicurezza e ai suoi interessi. È anche ostile alle aspirazioni di unità, rinascita e liberazione della Ummah ed è stato la principale fonte dei suoi problemi. Il progetto sionista rappresenta anche un pericolo per la sicurezza e la pace internazionale e per l'umanità, i suoi interessi e la sua stabilità.

Articolo 16. Hamas afferma che il suo conflitto è con il progetto sionista e non con gli ebrei a causa della loro religione. Hamas non lotta contro gli ebrei perché sono ebrei, ma lotta contro i sionisti che occupano la Palestina. Eppure, sono i sionisti che identificano costantemente l'ebraismo e gli ebrei con il loro progetto coloniale e la loro entità illegale.

Articolo 17. Hamas rifiuta la persecuzione di qualsiasi essere umano o la soppressione dei suoi diritti per motivi nazionalistici, religiosi o settari. Hamas ritiene che il problema ebraico, l'antisemitismo e la persecuzione degli ebrei siano fenomeni principalmente legati alla storia europea e non alla storia degli arabi e dei musulmani o al loro patrimonio culturale. Il movimento sionista, che è riuscito con l'aiuto delle potenze occidentali ad occupare la Palestina, è la forma più pericolosa di occupazione coloniale che è già scomparsa in gran parte del mondo e deve scomparire dalla Palestina.

La posizione nei confronti dell'occupazione e le soluzioni politiche

Articolo 18. Sono considerati nulli e non validi: la Dichiarazione Balfour, il Documento del Mandato Britannico, la Risoluzione delle Nazioni Unite sulla spartizione della Palestina e tutte le risoluzioni e le misure che ne derivano o che sono simili ad esse. L'istituzione di "Israele" è del tutto illegale e contravviene ai diritti inalienabili del popolo palestinese e va contro la sua volontà e quella della Ummah; inoltre viola i diritti umani garantiti dalle convenzioni internazionali, primo fra tutti il diritto all'autodeterminazione.

Articolo 19. Non ci sarà alcun riconoscimento della legittimità dell'entità sionista. Qualsiasi cosa sia accaduta alla terra di Palestina in termini di occupazione, costruzione di insediamenti, giudaizzazione o modifica delle sue caratteristiche o falsificazione dei fatti è illegittima. I diritti non decadono mai.

Articolo 20. Hamas ritiene che nessuna parte della terra di Palestina debba essere compromessa o ceduta, indipendentemente dalle cause, dalle circostanze e dalle pressioni e a prescindere dalla durata dell'occupazione. Hamas rifiuta qualsiasi alternativa alla piena e completa liberazione della Palestina, dal fiume al mare. Tuttavia, senza compromettere il suo rifiuto dell'entità sionista e senza rinunciare ad alcun diritto palestinese, Hamas ritiene che l'istituzione di uno Stato palestinese pienamente sovrano e indipendente, con Gerusalemme come capitale secondo i confini del 4 giugno 1967, con il ritorno dei rifugiati e degli sfollati nelle loro case dalle quali sono stati espulsi, sia un principio di consenso nazionale.

Articolo 21. Hamas afferma che gli accordi di Oslo e le loro integrazioni contravvengono alle regole del diritto internazionale in quanto generano impegni che violano i diritti inalienabili del popolo palestinese. Pertanto, il Movimento rifiuta questi accordi e tutto ciò che ne deriva, come gli obblighi che sono dannosi per gli interessi del nostro popolo, in particolare il coordinamento della sicurezza (collaborazione).

Articolo 22. Hamas respinge tutti gli accordi, le iniziative e i progetti di insediamento che tendono a minare la causa palestinese e i diritti del nostro popolo palestinese. A questo proposito, qualsiasi posizione, iniziativa o programma politico non deve in alcun modo violare questi diritti e non deve contravvenire o contraddirli.

Articolo 23. Hamas sottolinea che la violenza contro il popolo palestinese, l'usurpazione della sua terra e l'esilio dalla sua patria non possono essere chiamati pace. Qualsiasi accordo raggiunto su questa base non porterà alla pace. La resistenza e il *jihad* per la liberazione della Palestina rimarranno un diritto legittimo, un dovere e un onore per tutti i figli e le figlie del nostro popolo e della nostra Ummah.

Resistenza e liberazione

Articolo 24. La liberazione della Palestina è un dovere del popolo palestinese in particolare e della Ummah araba e islamica in generale. Si tratta anche di un obbligo umanitario, reso necessario dai principi di verità e giustizia. Le organizzazioni che lavorano per la Palestina, siano esse nazionali, arabe, islamiche o umanitarie, si completano a vicenda e sono in armonia e non in conflitto tra loro.

Articolo 25. Resistere all'occupazione con tutti i mezzi e i metodi è un diritto legittimo garantito dalle leggi divine e dalle norme e leggi internazionali. Al centro di queste c'è la resistenza armata, che è considerata la scelta strategica per proteggere i principi e i diritti del popolo palestinese.

Articolo 26. Hamas respinge qualsiasi tentativo di minare la resistenza e le sue armi. Afferma inoltre il diritto del nostro popolo a sviluppare i mezzi e i meccanismi della resistenza. La gestione della resistenza, in termini di *escalation* o *de-escalation*, o in termini di diversificazione dei mezzi e dei metodi, è parte integrante del processo di gestione del conflitto e non dovrebbe andare a scapito del principio della resistenza.

Il sistema politico palestinese

Articolo 27. Un vero Stato di Palestina è uno Stato liberato. Non c'è alternativa a uno Stato palestinese pienamente sovrano sull'intero suolo nazionale palestinese, con Gerusalemme come capitale.

Articolo 28. Hamas crede e aderisce alla gestione delle relazioni con la Palestina sulla base del pluralismo, della democrazia, del partenariato nazionale, dell'accettazione dell'altro e dell'adozione del dialogo. L'obiettivo è quello di rafforzare l'unità dei ranghi e l'azione congiunta al fine di realizzare gli obiettivi nazionali e soddisfare le aspirazioni del popolo palestinese.

Articolo 29. L'Olp è una struttura nazionale per il popolo palestinese all'interno e all'esterno della Palestina. Pertanto, dovrebbe essere preservata, sviluppata e ricostruita su basi democratiche, in modo da assicurare la partecipazione di tutti i costituenti e le forze del popolo palestinese, in modo da salvaguardare i diritti dei palestinesi.

Articolo 30. Hamas sottolinea la necessità di stabilire le istituzioni nazionali palestinesi su solidi principi democratici, primo fra tutti quello di elezioni libere ed eque. Tale processo dovrebbe avvenire sulla base di un partenariato nazionale e in conformità con un programma e una strategia chiari che aderiscano ai diritti, compreso il diritto alla resistenza, e che soddisfino le aspirazioni del popolo palestinese.

Articolo 31. Hamas afferma che il ruolo dell'Autorità Palestinese dovrebbe essere quello di servire il popolo palestinese e salvaguardare la sua sicurezza, i suoi diritti e il suo progetto nazionale.

Articolo 32. Hamas sottolinea la necessità di mantenere l'indipendenza del processo decisionale nazionale palestinese. Non si deve permettere a forze esterne di intervenire. Allo stesso tempo, Hamas afferma la responsabilità degli arabi e dei musulmani e il loro dovere e ruolo nella liberazione della Palestina dall'occupazione sionista.

Articolo 33. La società palestinese è arricchita dalle sue personalità di spicco, dalle figure, dai dignitari, dalle istituzioni della società civile e dai gruppi di giovani, studenti, sindacalisti e donne che insieme lavorano per il raggiungimento degli obiettivi nazionali e la costruzione della società, perseguono la resistenza e raggiungono la liberazione.

Articolo 34. Il ruolo delle donne palestinesi è fondamentale nel processo di costruzione del presente e del futuro, così come lo è sempre stato nel processo di costruzione della storia palestinese. È un ruolo centrale nel progetto di resistenza, liberazione e costruzione del sistema politico.

La Ummah araba e islamica

Articolo 35. Hamas ritiene che la questione palestinese sia la causa centrale della Ummah araba e islamica.

36. Hamas crede nell'unità della Ummah con tutti i suoi diversi costituenti ed è consapevole della necessità di evitare qualsiasi cosa che possa frammentare la Ummah e minare la sua unità.

Articolo 37. Hamas crede nella cooperazione con tutti gli Stati che sostengono i diritti del popolo palestinese. Si oppone all'intervento negli affari interni di qualsiasi Paese. Rifiuta inoltre di essere coinvolto nelle dispute e nei conflitti che si verificano tra i diversi Paesi. Hamas adotta una politica di apertura verso i diversi Stati del mondo, in particolare verso gli Stati arabi e islamici. Cerca di stabilire relazioni equilibrate sulla base di una combinazione tra le esigenze della causa palestinese e gli interessi del popolo palestinese da un lato e gli interessi della Ummah, della sua rinascita e della sua sicurezza dall'altro.

L'aspetto umanitario e internazionale

Articolo 38. La questione palestinese ha aspetti umanitari e internazionali rilevanti. Sostenere e appoggiare questa causa è un obiettivo umanitario e di civiltà, richiesto dai presupposti di verità, giustizia e valori umanitari comuni.

Articolo 39. Dal punto di vista giuridico e umanitario, la liberazione della Palestina è un'attività legittima, è un atto di autodifesa ed è l'espressione del diritto naturale di tutti i popoli all'autodeterminazione.

Articolo 40. Nelle sue relazioni con le nazioni e i popoli del mondo, Hamas crede nei valori della cooperazione, della giustizia, della libertà e del rispetto della volontà dei popoli.

Articolo 41. Hamas accoglie con favore le posizioni di Stati, organizzazioni e istituzioni che sostengono i diritti del popolo palestinese. Rende omaggio ai popoli liberi del mondo che sostengono la causa palestinese. Allo stesso tempo, denuncia il sostegno concesso da qualsiasi soggetto all'entità sionista o i tentativi di coprire i suoi crimini e le sue aggressioni contro i palestinesi e chiede il perseguimento dei criminali di guerra sionisti.

Articolo 42. Hamas rigetta i tentativi di imporre l'egemonia sulla Ummah araba e islamica, così come respinge i tentativi di imporre l'egemonia sul resto delle nazioni e dei popoli del mondo. Hamas condanna anche tutte le forme di colonialismo, occupazione, discriminazione, oppressione e aggressione nel mondo.

Lo statuto originario di Hamas (1988)[339]

In nome di Allah, il Clemente, il Misericordioso.

"Voi siete la migliore comunità che sia stata suscitata tra gli uomini, raccomandate le buone consuetudini e proibite ciò che è riprovevole e credete in Allah. Se la gente della Scrittura credesse, sarebbe meglio per loro; ce n'è qualcuno che è credente, ma la maggior parte di loro sono empi. Non potranno arrecarvi male, se non debolmente; essi vi combatteranno, volteranno ben presto le spalle e non saranno soccorsi. Saranno avviliti ovunque si trovino, grazie a una corda di Allah o a una corda d'uomini. Hanno meritato la collera di Allah, ed eccoli colpiti dalla povertà, per aver smentito i segni di Allah, per aver ucciso ingiustamente i Profeti, per aver disobbedito e trasgredito" (Corano 3, 110-112).

"Israele sarà stabilito, e rimarrà in esistenza finché l'islam non lo ponga nel nulla, così come ha posto nel nulla altri che furono prima di lui" (parole dell'imam e martire Hassan al-Banna [fondatore dei Fratelli Musulmani, 1906-1949], possa Allah avere misericordia di lui).

"Veramente, il mondo islamico sta bruciando, ed è pertanto obbligatorio che ognuno si dia da fare per occuparsi dell'incendio per quanto può, senza aspettare che lo facciano altri" (shaykh Amjad al-Zahawi [eminente studioso irakeno della shari'a, 1883-1967], possa Allah avere misericordia di lui).

Introduzione

In nome di Allah, il Clemente, il Misericordioso, ogni lode sia ad Allah. Cerchiamo il Suo aiuto, il Suo perdono e la Sua guida, e in Lui confidiamo.

Inviamo pace e benedizioni sul Messaggero di Allah – la sua famiglia, i suoi compagni, coloro che lo seguono chiamati dal suo messaggio, i seguaci della sua via –, possano le benedizioni e la pace su di lui continuare tanto a lungo quanto durino i Cieli e la Terra. E oltre.

O Popolo:

Da un mondo in tormento, da un mare di sofferenza, dal battito di cuori credenti, da braccia cui è impedito di combattere, per senso del dovere e in risposta al decreto di Allah, è partito l'appello che ha riunito il popolo e lo ha spinto a seguire le vie di Allah, così che ciascuno possa corrispondere al suo ruolo nella vita, superare gli ostacoli, sormontare le difficoltà sulla via. La nostra preparazione è stata costante, e

---

[339] *Statuto del Movimento di Resistenza Islamico (Hamas) (18 agosto 1988)*, CESNUR – Center for Studies on New Religions, in:
https://www.cesnur.org/2004/statuto_hamas.htm#_ftn1

così la nostra disponibilità a sacrificare la vita e tutto quanto ci è caro per l'onore di Allah.

Così il seme di un movimento si è formato, e ha cominciato a viaggiare attraverso un mare tempestoso di speranze e di attese, desideri e aspirazioni, problemi e ostacoli, dolori e sfide, sia all'interno sia all'esterno della comunità.

Quando l'idea è maturata, il seme è cresciuto, e la pianta ha messo radici nella buona terra della realtà, lontano dalle emozioni passeggere e dalla fretta sprezzante, il Movimento di Resistenza Islamico è emerso per rispondere alla sua vocazione, che è quella di combattere per l'onore del Signore. Il movimento ha stretto la mano a tutti i combattenti che lottano per liberare la Palestina. L'anima dei suoi guerrieri si è unita alle anime di tutti i combattenti che hanno sacrificato le loro vite nella terra di Palestina fin da quando fu conquistata dai compagni del Messaggero di Allah – possano le preghiere e la pace di Allah rimanere con lui – fino ai giorni nostri.

Il patto del Movimento di Resistenza Islamico (Hamas) ha così preso forma, svelando la sua identità, precisando la sua posizione, chiarendo le sue attese, discutendo le sue speranze, e chiamando ad aiutare, sostenere e aggiungersi ai suoi ranghi. La nostra battaglia con gli ebrei è molto lunga e pericolosa, e chiede la dedizione di tutti noi. È una fase cui altre successive ne seguiranno, un battaglione che dovrà essere sostenuto da molti altri battaglioni del mondo arabo e islamico, oggi diviso, finché il nemico sia vinto e la vittoria di Allah sia sicura.

E vorremmo vedere questi battaglioni avvicinarsi quando guardiamo l'orizzonte.

"E tra qualche tempo ne avrete certamente notizia" (Corano 38, 88).

"Allah ha scritto: 'Invero vincerò, Io e i Miei messaggeri'. In verità Allah è forte, eccelso" (Corano 58, 21).

"Di': 'Ecco la mia via: invito ad Allah in tutta chiarezza, io stesso e coloro che mi seguono. Gloria ad Allah, non sono uno dei politeisti'" (Corano 12, 107).

Capitolo I. Introduzione al Movimento

Origini ideologiche

Articolo 1. La base del Movimento di Resistenza Islamico è l'islam. Dall'islam deriva le sue idee e i suoi precetti fondamentali, nonché la visione della vita, dell'universo e dell'umanità; e giudica tutte le sue azioni secondo l'islam, ed è ispirato dall'islam a correggere i suoi errori.

La relazione fra il Movimento di Resistenza Islamico e la Società dei Fratelli Musulmani

Articolo 2. Il Movimento di Resistenza Islamico è una delle branche dei Fratelli Musulmani in Palestina. Il movimento dei Fratelli Musulmani è un'organizzazione mondiale, uno dei più grandi movimenti islamici dell'era moderna. È caratterizzato dalla profonda comprensione, da nozioni precise, e da una totale padronanza di tutti i concetti islamici in tutti i settori della vita: nelle visioni e nelle credenze, in politica e in economia, nell'educazione e nella società, nel diritto e nella legge, nell'apologetica e nella dottrina, nella comunicazione e nell'arte, nelle cose visibili e in quelle invisibili, e comunque in ogni altra sfera della vita.

Struttura e formazione

Articolo 3. Il Movimento di Resistenza Islamico consiste di musulmani che si sono dedicati interamente ad Allah e che lo adorano in verità – "Ho creato gli spiriti e gli uomini solo per lo scopo dell'adorazione" (dice Allah) – e che hanno riconosciuto i loro obblighi di fronte a sé stessi, al loro popolo e alla loro terra. In tutto questo, hanno avuto timore di Allah e innalzato la bandiera del *jihad* di fronte agli oppressori, per liberare la terra e il popolo dall'immonda sporcizia, dall'impurità e dal male dell'oppressore.

"Invece no, scagliamo la verità sulla menzogna, che le schiacci la testa, ed ecco che essa scompare" (Corano 21, 18).

Articolo 4. Il Movimento di Resistenza Islamico accoglie tutti i musulmani che adottano il suo credo e la sua ideologia, compiono il suo programma, mantengono i suoi segreti, e desiderano unirsi alle sue fila per mantenere gli obblighi che si è assunto. Allah saprà ricompensarli.

La concezione del tempo e dello spazio del Movimento di Resistenza Islamico

Articolo 5. Poiché il Movimento di Resistenza Islamico adotta l'islam come il suo stile di vita, le sue concezioni storiche vanno indietro fino alla nascita del messaggio islamico, all'epoca dei pii antenati. Pertanto, Allah è il suo scopo, il Profeta è il suo modello, il Corano è la sua costituzione. La sua concezione dello spazio si estende ovunque i musulmani – coloro che adottano l'islam come il loro stile di vita – vivono, in ogni luogo sulla faccia della Terra. Di più: si estende fino alle profondità della Terra e alle sfere più alte dei Cieli.

"Non hai visto a cosa Allah paragona la buona parola? Essa è come un buon albero, la cui radice è salda e i cui rami [sono] *nel cielo, e continuamente dà frutti, col permesso di Allah. Allah propone metafore agli uomini, affinché riflettano"* (Corano 14, 24-25).

Unicità e indipendenza

Articolo 6. Il Movimento di Resistenza Islamico è un movimento palestinese unico. Offre la sua lealtà ad Allah, deriva dall'islam il suo stile di vita, e si sforza di innalzare la bandiera di Allah su ogni metro quadrato della terra di Palestina.

All'ombra dell'islam, è possibile per i seguaci di tutte le religioni coesistere nella sicurezza: sicurezza per le loro vite, le loro proprietà e i loro diritti. È quando l'islam è assente che nasce il disordine, che l'oppressione e la distruzione si scatenano, e che infuriano guerre e battaglie.

Come è stato eloquente il poeta musulmano Muhammad Iqbal [1877-1938, nato e vissuto nell'attuale Pakistan], quando ha scritto:

"Quando la fede è perduta, non c'è più sicurezza. Non c'è vita per coloro che non hanno fede. E chiunque è soddisfatto di una vita senza religione, egli avrà la caduta nel nulla come compagna per la vita".

L'universalità del Movimento di Resistenza Islamico

Articolo 7. A causa della distribuzione dei musulmani che hanno adottato la dottrina del Movimento di Resistenza Islamico in tutto il mondo, e che lavorano per sostenerlo, mantenere le sue posizioni e rafforzare il suo *jihad*, il movimento ha carattere universale. La sua chiamata è ampia a causa della chiarezza del suo pensiero, della nobiltà del suo scopo, dell'ampiezza dei suoi obiettivi.

È su queste basi che il movimento deve essere visto, valutato con equità e riconosciuto nel suo ruolo. Chiunque nega i suoi diritti, o si rifiuta di sostenerlo, o è così cieco da non vedere il suo ruolo, in verità sta sfidando il fato stesso. E chi chiude gli occhi alla realtà, intenzionalmente o meno, si sveglierà per ritrovarsi sopraffatto dagli eventi e non avrà scuse per giustificare la sua posizione. Il premio si dà a coloro che arrivano per primi.

L'oppressione da parte dei propri parenti e concittadini è più dolorosa per l'anima del taglio di una spada indiana.

"E su di te abbiamo fatto scendere il Libro con la Verità, a conferma della Scrittura che era scesa in precedenza e lo abbiamo preservato da ogni alterazione. Giudica tra loro secondo quello che Allah ha fatto scendere, non conformarti alle loro passioni allontanandoti dalla verità che ti è giunta. A ognuno di voi abbiamo assegnato una via e un percorso. Se Allah avesse voluto, avrebbe fatto di voi una sola comunità. Vi ha voluto però provare con quel che vi ha dato. Gareggiate in opere buone: tutti ritornerete ad Allah ed Egli vi informerà a proposito delle cose sulle quali siete discordi" (Corano 5, 48).

Il Movimento di Resistenza Islamico è uno degli anelli della catena del *jihad* nella sua lotta contro l'invasione sionista. È legato all'anello rappresentata dal martire 'Izz-Id-Din al-Qassam [1882-1935] e dai suoi fratelli nel combattimento, i Fratelli Musulmani del 1936 [che continuarono la lotta dopo che al-Qassam fu ucciso nel 1935]. E la catena continua per collegarsi a un altro anello, il *jihad* degli sforzi dei Fratelli Musulmani nella guerra del 1948, nonché le operazioni di *jihad* dei Fratelli Musulmani nel 1968 e oltre.

Benché gli anelli siano distanti l'uno dall'altro, e molti ostacoli siano stati posti di fronte ai combattenti da coloro che si muovono agli ordini del sionismo così da rendere talora impossibile il perseguimento del *jihad*, il Movimento di Resistenza Islamico ha sempre cercato di corrispondere alle promesse di Allah, senza chiedersi quanto tempo ci sarebbe voluto. Il Profeta – le preghiere e la pace di Allah siano con Lui – dichiarò: "L'Ultimo Giorno non verrà finché tutti i musulmani non combatteranno contro gli ebrei, e i musulmani non li uccideranno, e fino a quando gli ebrei si nasconderanno dietro una pietra o un albero, e la pietra o l'albero diranno: O musulmano, o servo di Allah, c'è un ebreo nascosto dietro di me – vieni e uccidilo; ma l'albero di Gharqad non lo dirà, perché è l'albero degli ebrei" (citato da al-Bukhari e da Muslim).

Il motto del Movimento di Resistenza Islamico
Articolo 8. Dio come scopo, il Profeta come capo, il Corano come costituzione, il *jihad* come metodo, e la morte per la gloria di Dio come più caro desiderio.

Capitolo II. Obiettivi

Motivazioni e obiettivi
Articolo 9. Il Movimento di Resistenza Islamico si è sviluppato in un tempo in cui l'islam si è allontanato dalla vita quotidiana. Così i giudizi sono stati rovesciati, i concetti sono diventati confusi e i valori sono stati trasformati; il male prevale, l'oppressione e l'oscurità infuriano, e i codardi si sono trasformati in tigri. Patrie sono state usurpate, popoli sono stati espulsi dalle loro terre o sono caduti riversi nell'umiliazione ovunque sulla Terra. Lo stato di verità è sparito, sostituito da uno stato di malvagità. Nulla è rimasto al suo posto, perché quando l'islam è assente dalla scena, tutto cambia. E queste sono le nostre motivazioni.

Quanto agli obiettivi: combattere il male, schiacciarlo, e vincerlo cosicché la verità possa prevalere; le patrie ritornino ai loro legittimi proprietari; la chiamata alla preghiera si oda dalle moschee, proclamando l'istituzione di uno Stato islamico. Così il popolo e le cose torneranno ciascuno al suo posto legittimo. E l'aiuto si chiederà ad Allah.

"Se Allah non respingesse alcuni per mezzo di altri, la Terra sarebbe certamente corrotta, ma Allah è pieno di grazia per le creature" (Corano 2, 251).
Articolo 10. Mentre il Movimento di Resistenza Islamico crea un suo specifico sentiero, offre sostegno ai miseri e difesa a tutti gli oppressi, con tutte le sue forze. Non risparmierà alcuno sforzo per stabilire la verità e sconfiggere la menzogna, in parole e opere, qui e dovunque possa arrivare ed esercitare la sua influenza.

Capitolo III. Strategie e mezzi

Strategie del Movimento di Resistenza Islamico: la Palestina è un sacro deposito per i musulmani

Articolo 11. Il Movimento di Resistenza Islamico crede che la terra di Palestina sia un sacro deposito (*waqf*), terra islamica affidata alle generazioni dell'islam fino al giorno della resurrezione. Non è accettabile rinunciare ad alcuna parte di essa. Nessuno Stato arabo, né tutti gli Stati arabi nel loro insieme, nessun re o presidente, né tutti i re e presidenti messi insieme, nessuna organizzazione, né tutte le organizzazioni palestinesi o arabe unite hanno il diritto di disporre o di cedere anche un singolo pezzo di essa, perché la Palestina è terra islamica affidata alle generazioni dell'islam sino al giorno del giudizio. Chi, dopo tutto, potrebbe arrogarsi il diritto di agire per conto di tutte le generazioni dell'islam fino al giorno del giudizio?

Questa è la regola nella legge islamica (*shari'a*), e la stessa regola si applica a ogni terra che i musulmani abbiano conquistato con la forza, perché al tempo della conquista i musulmani la hanno consacrata per tutte le generazioni dell'islam fino al giorno del giudizio.

E così avvenne che quando i capi delle armate musulmane conquistarono la Siria e l'Iraq, si rivolsero al [*secondo*] califfo dei musulmani, 'Omar ibn al-Khattab [591-644], chiedendo la sua opinione sulle terre conquistate: dovevano dividerle fra le loro truppe, lasciarla a chi se ne trovava in possesso, o agire diversamente? Dopo consultazioni e discussioni tra il califfo dei musulmani, 'Omar ibn al-Khattab, e i compagni del Messaggero di Allah – possano le preghiere e la pace di Allah rimanere con lui – decisero che la terra dovesse rimanere a chi ne era in possesso affinché beneficiasse di essa e della sua ricchezza. Quanto alla titolarità ultima della terra, e alla terra stessa, occorreva considerarla come *waqf*, affidata alle generazioni dell'islam fino al giorno del giudizio. La proprietà della terra da parte del singolo proprietario va solo a suo beneficio, ma il waqf durerà fino a quando dureranno i Cieli e la Terra. Ogni decisione presa con riferimento alla Palestina in violazione di questa legge islamica e nulla è senza effetto, e chi la prende dovrà un giorno ritrattarla.

"Questa è la certezza assoluta. Rendi dunque gloria al Nome del Tuo Signore e del Supremo!" (Corano 56, 95).

L'opinione del Movimento di Resistenza Islamico sulla patria e sul nazionalismo

Articolo 12. Secondo il Movimento di Resistenza Islamico, il nazionalismo è parte legittima del suo credo religioso. Nulla è più vero e profondo nel nazionalismo che combattere un *jihad* contro il nemico e affrontarlo a viso aperto quando mette piede sulla terra dei musulmani. Questo diventa un obbligo individuale per ogni uomo e donna musulmani: alla donna è permesso combattere il nemico anche senza l'autorizzazione del marito, e allo schiavo senza il permesso del padrone.

Nulla di simile si ritroverà in alcun altro sistema; questo è un fatto innegabile. Mentre altre forme di nazionalismo si basano su considerazioni materiali, umane o territoriali, il nazionalismo del Movimento di Resistenza Islamico accoglie in sé tutto questo, ma comporta in più fattori divini molto più importanti, che gli infondono spirito e vita, giacché e collegato alle origini stesse dello spirito di chi dà la vita, e leva nel cielo della patria una bandiera divina che collega la Terra al Cielo con un legame strettissimo. Quando Mosè si presenta e leva il suo bastone, in verità la magia e i maghi sono ridotti al silenzio.

"La retta via ben si distingue dall'errore. Chi dunque rifiuta l'idolo e crede in Allah, si aggrappa all'impugnatura più salda senza rischio di cedimenti. Allah è audiente, sapiente" (Corano 2, 256).

Pace, iniziative di pace e conferenze internazionali

Articolo 13. Le iniziative di pace, le cosiddette soluzioni pacifiche, le conferenze internazionali per risolvere il problema palestinese contraddicono tutte le credenze del Movimento di Resistenza Islamico. In verità, cedere qualunque parte della Palestina equivale a cedere una parte della religione. Il nazionalismo del Movimento di Resistenza Islamico è parte della sua religione, e insegna ai suoi membri ad aderire alla religione e innalzare la bandiera di Allah sulla loro patria mentre combattono il *jihad*.

"Allah ha il predominio nei Suoi disegni, ma la maggior parte degli uomini non lo sa" (Corano 12, 21).

Di tanto in tanto, si sente un appello a organizzare una conferenza internazionale per cercare una soluzione al problema palestinese. Alcuni accettano l'idea, altri la rifiutano per una ragione o per un'altra, domandando il rispetto di una o più condizioni come requisito per organizzare la conferenza o per parteciparvi. Ma il Movimento di Resistenza Islamico – che conosce le parti che si presentano alle conferenze e il loro atteggiamento passato e presente rispetto ai veri problemi dei musulmani – non crede che queste conferenze siano capaci di rispondere alle domande, o restaurare i diritti o rendere giustizia agli oppressi. Queste conferenze non sono nulla di più che un mezzo per imporre il potere dei miscredenti sui territori dei musulmani. E quando mai i miscredenti hanno reso giustizia ai credenti?

"Né i giudei né i nazareni saranno mai soddisfatti di te, finché non seguirai la loro religione. Dì: 'È la Guida di Allah, la vera Guida'. E se acconsentirai ai loro desideri dopo che hai avuto la conoscenza, non troverai né patrono né soccorritore contro Allah" (Corano 2, 120).

Non c'è soluzione per il problema palestinese se non il *jihad*. Quanto alle iniziative e conferenze internazionali, sono perdite di tempo e giochi da bambini. Il popolo palestinese è troppo nobile per mettere il suo futuro, i suoi diritti, e il suo destino nelle mani della vanità. Come afferma un nobile *hadith*: "Il popolo della Siria è la frusta di Allah sulla Terra. Con loro si prende la sua rivincita su chi vuole. Ai loro ipocriti è vietato regnare sui loro credenti, e muoiono nell'ansia e nel rimorso" (riferito da al-Tabarani, come rintracciabile attraverso una catena di fonti fino al Profeta, e da Ahmad, la cui catena di trasmissione è incompleta. Ma deve trattarsi di un vero *hadith*, perché queste storie sono credibili, e Allah è veridico).

I tre circoli

Articolo 14. La liberazione della Palestina è legata a tre circoli: il circolo palestinese, il circolo arabo e il circolo islamico. Ciascuno ha un ruolo da giocare nella lotta contro il sionismo, e ha specifici doveri da compiere. È un grave errore e un orribile atto di ignoranza dimenticare uno di questi circoli, perché la Palestina è terra islamica dove la prima *quibla* [luogo verso cui si volge la preghiera] e il terzo santuario più santo [la moschea di al-Aqsa] sono situati, così come il luogo in cui il Profeta – possano le preghiere e la pace di Allah rimanere con Lui – ascese al Cielo [il riferimento è al viaggio estatico notturno di Muhammad – *isrâ'* - a Gerusalemme, da dove partì la sua ascensione al Cielo – *mi'raj* - per mezzo di una scala celeste].

"Gloria a Colui che di notte trasportò il Suo servo dalla Santa Moschea alla Moschea remota di cui benedicemmo i dintorni, per mostrargli qualcuno dei Nostri segni. Egli è Colui che tutto ascolta e tutto osserva" (Corano 17, 1).

Considerando questa situazione, la liberazione della Palestina è un dovere individuale, obbligatorio per ciascun musulmano dovunque si trovi. È su queste basi che il problema della Palestina deve essere visto, e ogni musulmano deve saperlo

Quando il problema è affrontato su questa base, quando tutte le potenzialità dei tre circoli sono mobilitate, allora le circostanze presenti possono cambiare, e il giorno della liberazione si avvicina.

"Voi mettete nei loro cuori più terrore che Allah stesso, poiché invero è gente che non capisce" (Corano 59, 13).

Il *jihad* per la liberazione della Palestina è un obbligo individuale

Articolo 15. Quando i nemici usurpano un pezzo di terra musulmana, il *jihad* diventa un obbligo individuale per ogni musulmano. Di fronte all'usurpazione della Palestina da parte degli ebrei, dobbiamo innalzare la bandiera del *jihad*. Questo richiede la propagazione di una coscienza islamica tra il popolo a livello locale, arabo e islamico. È necessario diffondere lo spirito del *jihad* all'interno della umma, scontrarsi con i nemici, e unirsi ai ranghi dei combattenti.

Il processo educativo deve coinvolgere gli *'ulama* così come i professori e i maestri, gli uomini della pubblicità e dei mezzi di comunicazione così come i dotti, e specialmente la giovinezza dei movimenti islamici e loro docenti. Introdurre cambiamenti fondamentali nei programmi scolastici e universitari è obbligatorio, per ripulirli dalle tracce dell'invasione ideologica degli orientalisti e dei missionari. Questa invasione ha cominciato a sommergere il mondo arabo dopo la sconfitta delle armate crociate da parte del Saladino [1138-1993]. I crociati compresero che era impossibile sconfiggere i musulmani senza prepararsi prima attraverso un'invasione ideologica che confondesse il pensiero dei musulmani, rendesse impura la loro verità, e screditasse i loro ideali; solo in seguito un'invasione militare avrebbe potuto avere successo. L'invasione dell'ideologia prepara la strada all'invasione imperialista, e così il generale [inglese Edmund Henry Hynman] Allenby [1861-1936] poteva dichiarare entrando a Gerusalemme [il 9 dicembre 1917]: "Ora le Crociate sono finite." E il generale [francese] Gorot [sic: in realtà Henri-Joseph-Eugène Gouraud, 1867-1946], ritto di fronte alla tomba del Saladino, disse [nel 1918]: "Ecco, siamo ritornati, o Saladino". L'imperialismo ha aiutato l'avanzata dell'invasione ideologica e ha reso più profonde le sue radici; e continua a farlo. Tutto questo ha portato alla perdita della Palestina.

Dobbiamo instillare nelle menti di generazioni di musulmani l'idea che la causa palestinese è una causa religiosa, e deve essere affrontata su queste basi. La Palestina include santuari islamici come la moschea di al-Aqsa, che è collegata alla Santa Moschea della Mecca da un legame che rimarrà inseparabile fino a quando i Cieli e la Terra non passeranno, dal viaggio del Messaggero di Allah – possano le preghiere e la pace di Allah rimanere con Lui – fino alla stessa moschea di al-Aqsa, e alla sua ascensione da essa.

"Proteggere i musulmani dagli infedeli nella causa di Allah per un giorno è migliore del mondo intero e di tutto quanto è alla sua superficie, e un posto in Paradiso così piccolo come quello occupato dalla frusta di uno di voi è migliore del mondo intero e di tutto quanto sta sulla sua superficie; e il viaggio di un mattino o di una sera che il credente compie per la causa di Allah è migliore del mondo intero e di tutto quanto sta alla sua superficie (riferito da al-Bukhari, Muslim, al-Tirmidhi, e ibn Maya).

"Da colui nelle cui mani è la vita di Muhammad, amo essere ucciso – sulla via di Allah – poi essere resuscitato alla vita, quindi essere di nuovo ucciso e di nuovo richiamato alla vita, e ucciso ancora una volta" (riferito da al-Bukhari e Muslim).

Educazione delle giovani generazioni

Articolo 16. Dobbiamo offrire alle giovani generazioni islamiche nella nostra area un'educazione islamica fondata sull'applicazione dei nostri precetti religiosi, sullo studio coscienzioso del Libro Sacro, sullo studio della sunna e della storia ed eredità islamiche basato sulle sue fonti più affidabili, sotto la guida di esperti e studiosi musulmani, e usando programmi che inculchino nei musulmani un modo corretto di pensare e la fede. È anche necessario studiare con coscienza il nemico e il suo potenziale materiale e umano, identificare le sue debolezze e i suoi punti di forza, e riconoscere i poteri che lo sostengono e lo appoggiano. È anche necessario essere al corrente dei fatti del giorno, seguire le notizie e studiare le relative analisi e commenti, programmare il presente e il futuro ed esaminare ogni fatto nuovo, così che il combattente musulmano viva la sua vita consapevole dei suoi scopi, obiettivi, mezzi e di tutto quanto lo circonda.

"O figlio mio, anche se fosse come il peso di un granello di senape, nel profondo di una roccia o nei Cieli o sulla Terra, Allah lo porterà alla luce. Allah è dolce e ben informato. O figlio mio, assolvi all'orazione, raccomanda le buone consuetudini e proibisci il biasimevole e sopporta con pazienza quello che ti succede: questo è il comportamento da tenere in ogni impresa. Non voltare la tua guancia dagli uomini e non calpestare la terra con arroganza: in verità Allah non ama il superbo vanaglorioso" (Corano 31, 16-18).

Il ruolo della donna musulmana

Articolo 17. La donna musulmana ha un ruolo non minore di quello dell'uomo musulmano nella guerra di liberazione; è forgiatrice di uomini e ha un ruolo tra i più importanti nella guida e nell'educazione delle nuove generazioni. I nemici hanno compreso il suo ruolo; e credono che, se riusciranno a guidarla ed educarla come vogliono, allontanandola dall'islam, avranno vinto la guerra. Pertanto li vedete perseguire questo scopo attraverso i mezzi di comunicazione e il cinema, l'educazione e la cultura, utilizzando come intermediari i loro manutengoli che sono parte dell'organizzazione sionista e assumono vari nomi e forme, come la massoneria, i Rotary Club, e le cricche spionistiche, tutti covi di sabotatori e di sabotaggi. Queste organizzazioni sioniste hanno grandi risorse materiali, che permettono loro di svolgere la loro funzione nelle diverse società al servizio dei loro scopi sionisti, e di introdurre concetti che fanno il gioco del nemico. Queste organizzazioni operano laddove l'islam è assente ed è lontano dal popolo. Pertanto, i militanti islamici adempiono al loro obbligo quando si oppongono agli schemi di questi sabotatori. Dove l'islam riesce a controllare la vita dei musulmani, elimina queste organizzazioni, che sono ostili all'umanità e all'islam.

Articolo 18. La donna, nella casa e nella famiglia combattenti, si tratti di una madre o di una sorella, ha il suo ruolo più importante nell'occuparsi della casa e nell'allevare i figli secondo i concetti e i valori islamici, e nell'educare i figli a osservare i precetti religiosi preparandosi al dovere del *jihad* che li aspetta. Pertanto è necessario prestare attenzione alle scuole e ai programmi per le ragazze musulmane, così che si preparino a diventare buone madri, consapevoli del loro ruolo nella guerra di liberazione.

Le donne debbono avere la consapevolezza e le conoscenze necessarie per gestire la loro casa. La frugalità e la capacità di evitare gli sprechi nelle spese domestiche sono requisiti necessari perché ci sia possibile continuare la lotta nelle difficili circostanze in cui ci troviamo. Le donne dovranno sempre ricordare che il denaro equivale al sangue, che non deve scorrere se non nelle vene per assicurare la continuità della vita sia dei giovani sia dei vecchi.

"In verità i musulmani e le musulmane, i credenti e le credenti, i devoti e le devote, i leali e le leali, i perseveranti e le perseveranti, i timorati e le timorate, quelli che fanno l'elemosina e quelle che fanno l'elemosina, i digiunatori e le digiunatrici, i casti e le caste, quelli che spesso ricordano Allah e quelle che spesso ricordano Allah, sono coloro per i quali Allah ha disposto perdono ed enorme ricompensa" (Corano 33, 35).

Il ruolo dell'arte islamica nella guerra di liberazione

Articolo 19. L'arte ha regole e criteri attraverso i quali si può determinare se si tratta di arte islamica o miscredente. Uno dei problemi della liberazione islamica è che ha bisogno di un'arte islamica che possa elevare lo spirito, e non si concentri su un solo aspetto umano a detrimento degli altri, ma valorizzi tutti gli aspetti in modo uguale e armonioso.

L'uomo è un essere strano e miracoloso, fatto di un pugno di terra e del soffio dello spirito. L'arte islamica si rivolge all'uomo su queste basi, mentre l'arte miscredente si rivolge al corpo e considera centrali gli elementi di terra. Quindi tutti questi libri, articoli, bollettini, discorsi, opuscoli, canzoni, poesie, inni, spettacoli teatrali e quant'altro che contengono le caratteristiche dell'arte islamica sono necessari per la mobilitazione ideologica, per il continuo nutrimento sulla via, e per il ristoro dell'anima. La strada è lunga e la sofferenza è grande, e l'anima rischia di stancarsi: ma l'arte islamica rinnova il vigore, ravviva il movimento, e fa nascere ampi concetti e corretta condotta. "Nulla corregge meglio l'anima quanto accompagnarla da una situazione all'altra".

Si tratta di cose serie, non di un gioco, perché la umma che combatte il *jihad* non conosce giochi.

Solidarietà sociale

Articolo 20. La società musulmana è una società solidale. Il Messaggero – possano la preghiera e la pace di Allah rimanere con lui – disse: "Che persone meravigliose sono gli Ashariti. Quando si trovavano in difficoltà, sia a casa loro sia in viaggio, mettevano insieme tutte le loro proprietà e le dividevano tra loro in parti uguali".

È questo spirito islamico che dovrebbe prevalere in ogni società musulmana. Una società che ha di fronte un nemico malvagio e nazista nella sua condotta, che non fa differenza tra uomini e donne, giovani e vecchi, deve essere la prima ad adornarsi di questo spirito islamico. Il nostro nemico usa il metodo della punizione collettiva, rubando al popolo la sua terra e le sue proprietà, cacciandolo in esilio e confinandolo nei campi. È arrivato a spezzare ossa, a sparare su donne, bambini e vecchi, con o senza ragione, e a gettare migliaia e migliaia di persone nei campi di prigionia dove devono vivere in condizioni inumane. Questo in aggiunta a distruggere case, rendere orfani bambini, e pronunciare sentenze ingiuste contro migliaia di giovani, che passeranno i migliori anni della loro vita nel buio delle prigioni. Il nazismo degli ebrei se la prende anche con le donne e i bambini; terrorizza tutti. Questi ebrei rovinano la vita delle persone, rubano il loro denaro, e minacciano il loro onore. Nelle loro orribili azioni trattano la gente come i peggiori criminali di guerra. La deportazione lontano dalla propria patria è una forma di omicidio.

Per opporsi a queste azioni, il popolo deve unirsi nella solidarietà sociale e affrontare il nemico nell'unità, così che, se uno dei suoi organi è colpito, il resto del corpo risponda con prontezza e fervore.

Articolo 21. Solidarietà sociale significa aiutare chi è nel bisogno, sia materiale sia morale, e portare effettivo aiuto. È un dovere dei membri del Movimento di Resistenza Islamico prendersi cura degli interessi del popolo nello stesso modo in cui si occupano dei loro personali interessi, senza risparmiare alcuno sforzo. Devono evitare di fare qualunque cosa che possa mettere in pericolo il futuro della società o delle giovani generazioni. Il popolo è parte del movimento e per il movimento; il suo potere è il potere del popolo e il suo futuro è il futuro del popolo. I membri del Movimento di Resistenza Islamico devono condividere le gioie e i dolori del popolo, rispondere alle sue domande e fare quanto è in loro potere per soddisfare il suo interesse, che è anche quello del movimento. Con questo spirito, il movimento e il popolo diventeranno migliori compagni di strada, la cooperazione e la compassione prevarranno, l'unità sarà stabilita, e si diventerà più forti di fronte al nemico.

I poteri che sostengono il nemico

Articolo 22. Il nemico ha programmato per lungo tempo quanto è poi effettivamente riuscito a compiere, tenendo conto di tutti gli elementi che hanno storicamente determinato il corso degli eventi. Ha accumulato una enorme ricchezza materiale, fonte di influenza che ha consacrato a realizzare il suo sogno. Con questo denaro ha preso il controllo dei mezzi di comunicazione del mondo, per esempio le agenzie di stampa, i grandi giornali, le case editrici e le catene radio-televisive. Con questo denaro, ha fatto scoppiare rivoluzioni in diverse parti del mondo con lo scopo di soddisfare i suoi interessi e trarre altre forme di profitto. Questi nostri nemici erano dietro la Rivoluzione francese e la Rivoluzione russa, e molte delle rivoluzioni di cui abbiamo sentito parlare, qua e là nel mondo. È con il denaro che hanno formato organizzazioni segrete nel mondo, per distruggere la società e promuovere gli interessi sionisti. Queste organizzazioni sono la massoneria, il Rotary Club, i Lions Club, il B'nai B'rith, e altre. Sono tutte organizzazioni distruttive dedite allo spionaggio. Con il denaro, il nemico ha preso il controllo degli Stati imperialisti e li ha persuasi a colonizzare molti paesi per sfruttare le loro risorse e diffondervi la corruzione. A proposito delle guerre locali e mondiali, ormai tutti sanno che i nostri nemici hanno organizzato la Prima guerra mondiale per distruggere il Califfato islamico. Il nemico ne ha approfittato finanziariamente e ha preso il controllo di molte fonti di ricchezza; ha ottenuto la Dichiarazione Balfour [del 2 novembre 1917, che sostiene "il diritto degli ebrei a costituire un focolare nazionale in Palestina" e prende il nome dall'allora ministro degli esteri britannico e già primo ministro Lord Arthur James Balfour, 1858-1930], e ha fondato la Società delle Nazioni come strumento per dominare il mondo. Gli stessi nemici hanno organizzato la Seconda guerra mondiale, nella quale sono diventati favolosamente ricchi grazie al commercio delle armi e del materiale bellico, e si sono preparati a fondare il loro Stato. Hanno ordinato che fosse formata l'Organizzazione delle Nazioni Unite, con il Consiglio di Sicurezza all'interno di tale Organizzazione, per mezzo della quale dominano il mondo. Nessuna guerra è mai scoppiata senza che si trovassero le loro impronte digitali.

"Ogni volta che accendono un fuoco di guerra, Allah lo spegne. Gareggiano nel seminare il disordine sulla Terra, ma Allah non ama i corruttori" (Corano 5, 64).

I poteri imperialisti sia nell'Ovest capitalista sia nell'Est comunista sostengono il nemico con tutta la loro forza, in termini materiali e umani, alternandosi in questo ruolo. Quando l'islam si risveglia, le forze della miscredenza si uniscono per combatterlo, perché la nazione dei miscredenti è una.

"O voi che credete, non scegletevi confidenti al di fuori dei vostri, farebbero di tutto per farvi perdere. Desidererebbero la vostra rovina; l'odio esce dalle loro

bocche, ma quel che i loro petti secerne è ancora peggio. Ecco che vi manifestiamo i segni, se potete comprenderli" (Corano 3, 118).

Non è invano che il verso precedente finisce con le parole di Allah: *"se potete comprenderli"*.

Capitolo IV. La nostra posizione su alcuni punti specifici

A. I movimenti islamici

Articolo 23. Il Movimento di Resistenza Islamico considera gli altri movimenti islamici con rispetto e ammirazione. Anche quando si trova in disaccordo con loro su un particolare aspetto o punto di vista, rimane d'accordo con loro su altri aspetti e punti di vista. Considera questi movimenti come compresi nella categoria dello *ijtihad* [cioè dell'interpretabile], fin quando hanno buone intenzioni, rimangono devoti ad Allah, e la loro condotta rimane nei confini del circolo islamico. Ogni *mujtahid* [cioè chi è capace di interpretare la legge divina] ha la sua ricompensa.

Il Movimento di Resistenza Islamico considera tutti questi movimenti come suoi, e chiede che Allah guidi e ispiri retta condotta a tutti. Non mancherà di continuare a innalzare la bandiera dell'unità, e a sforzarsi di realizzarla sulla base del Libro e dell'insegnamento del Profeta.

"Aggrappatevi tutti insieme all'accordo di Allah e non dividetevi tra voi e ricordate la grazia che Allah vi ha concesso: quando eravate nemici è Lui che ha riconciliato i cuori vostri e per grazia Sua siete diventati fratelli. E quando eravate sul ciglio di un abisso di fuoco, è Lui che vi ha salvati. Così Allah vi manifesta i segni Suoi affinché possiate guidarvi" (Corano 3, 103).

Articolo 24. Il Movimento di Resistenza Islamico non permette l'offesa o la diffamazione di individui o gruppi, perché un credente non diffama né insulta. Tuttavia, è necessario differenziare tra l'insulto e le posizioni e modi di condotta di individui e di gruppi. Pertanto, quando una posizione o condotta non è corretta, il Movimento di Resistenza Islamico ha il diritto di sottolineare l'errore, di mettere in guardia contro di esso, di insistere nel sottolineare la verità e nel giudicare il problema cui si trova di fronte con imparzialità. La sapienza è lo scopo del credente, e vi si deve aggrappare dovunque la trovi.

"Allah non ama che venga conclamato il male, eccetto da parte di colui che lo ha subito. Allah tutto ascolta e conosce. Che facciate il bene pubblicamente o segretamente o perdoniate un male, Allah è indulgente, onnipotente" (Corano 4, 148-149).

B. Movimenti nazionalisti nell'arena palestinese

Articolo 25. Hamas rispetta i movimenti nazionalisti, comprende le condizioni in cui si trovano e i fattori che li influenzano e li circondano. Li sostiene, nella misura in cui essi non si alleano con l'Est comunista o con l'Ovest crociato. Rassicura coloro che ne sono membri o simpatizzanti che il Movimento di Resistenza Islamico è un movimento di *jihad* morale, responsabile nella sua visione della vita e nelle sue azioni verso gli altri. Ha in orrore l'opportunismo e vuole solo il bene degli altri, che si tratti di individui o di gruppi. Non ricerca il guadagno materiale o la fama personale, né chiede premi per sé al popolo. Si affida alle sue stesse risorse, per quanto siano disponibili, così come è scritto: "*Preparate, contro di loro, tutte le forze che potrete*" (Corano 8, 60). Tutto è fatto per compiere il proprio dovere e conquistarsi il favore di Allah. Non ha ambizioni al di fuori di questa.

Tutte le correnti nazionaliste che operano nell'arena palestinese per la liberazione della Palestina possono essere sicure che Hamas è, definitivamente e irrevocabilmente, una fonte di aiuto e di assistenza per esse, nella parola e nell'azione, nel presente e nel futuro. È qui per unire, non per dividere; per conservare, non per disperdere; per mettere insieme, non per frammentare. Valorizza ogni parola gentile, ogni sforzo devoto e opera buona. Chiude la porta ai dissensi marginali e non ascolta le voci e i pettegolezzi, per quanto al tempo stesso si riservi il diritto all'autodifesa. Tutto quanto sembra essere contrario o contraddire questi orientamenti è propaganda diffusa dal nemico o da coloro che lo aiutano, allo scopo di seminare confusione, dividere le fila e trascinarci in controversie marginali.

"*O credenti, se un malvagio vi reca una notizia, verificatela, affinché non portiate, per disinformazione, pregiudizio a qualcuno e abbiate poi a pentirvi di quel che avrete fatto*" (Corano 49, 6).

Articolo 26. Per quanto il Movimento di Resistenza Islamico veda con favore quei movimenti nazionalisti palestinesi che non sono leali all'Est, né all'Ovest, si riserva il diritto di discutere gli eventi, sia locali sia internazionali, che riguardano il problema palestinese. Questo dibattito obiettivo mette alla luce in quale misura questi eventi coincidano con l'interesse nazionale, ovvero lo danneggino, alla luce di un punto di vista islamico.

C. L'Organizzazione per la Liberazione della Palestina

Articolo 27. L'Organizzazione per la Liberazione della Palestina (Olp) ci è più vicina di ogni altra organizzazione: comprende i nostri padri, fratelli, parenti e amici. Come potrebbe un buon musulmano respingere suo padre, suo fratello, il suo parente o il suo amico? La nostra patria è una, la nostra tragedia è una, il nostro destino è uno, e il nemico è comune.

A causa delle circostanze in cui è avvenuta la formazione dell'Olp, e la confusione ideologica che prevale nel mondo arabo a causa dell'invasione ideologica che lo ha colpito dopo le Crociate e che è proseguita con l'orientalismo, il lavoro dei missionari e l'imperialismo, l'Olp ha adottato l'idea di uno Stato laico, ed ecco quello che ne pensiamo. L'ideologia laica è diametralmente opposta al pensiero religioso. Il pensiero è la base per tutte le posizioni, i modi di comportamento e le decisioni.

Pertanto, nonostante il nostro rispetto per l'Olp – e per quello che potrà diventare in futuro –, e senza sottovalutare il suo ruolo nel conflitto arabo-israeliano, ci rifiutiamo di servirci del pensiero laico per il presente e per il futuro della Palestina, la cui natura è islamica. La natura islamica della questione palestinese è parte integrante della nostra religione, e chi trascura una parte integrante della sua religione certamente è perduto.

"Chi altri avrà dunque in odio la religione di Abramo, se non colui che coltiva la stoltezza nell'animo suo?" (Corano 2, 130).

Quando l'Olp avrà adottato l'islam come il suo sistema di vita, diventeremo i suoi soldati e la legna per i suoi fuochi che bruceranno i nemici. Fino a quando questo non avvenga – ma preghiamo Allah perché avvenga presto – la posizione del Movimento di Resistenza Islamico rispetto all'Olp è quella di un figlio di fronte al padre, di un fratello di fronte al fratello, di un parente di fronte al parente che soffre per il dolore dell'altro quando una spina gli si è conficcata addosso, che sostiene l'altro nella sua lotta con il nemico e gli augura di essere ben guidato e giusto.

I fratelli, i fratelli! Colui che non ha fratello è come chi va in battaglia senza armi. Un cugino per un uomo svolge il ruolo delle migliori ali, e forse il falco si leva in volo senza ali?

D. Gli Stati e governi arabi e islamici

Articolo 28. L'invasione sionista è veramente malvagia. Non esita a prendere ogni strada e a ricorrere ai mezzi più disonorevoli e ripugnanti per compiere i suoi desideri. Nelle sue attività di infiltrazione e spionistiche, si affida ampiamente alle organizzazioni clandestine che ha fondato, come la massoneria, il Rotary Club e i Lions Club, e altri gruppi spionistici. Tutte queste organizzazioni, siano segrete o aperte, operano nell'interesse del sionismo e sotto la sua direzione. Il loro scopo è demolire le società, distruggere i valori, violentare le coscienze, sconfiggere la virtù, e porre nel nulla l'islam. Sostengono il traffico di droga e di alcol di tutti i tipi per facilitare la loro opera di controllo e di espansione.

Ai paesi arabi che confinano con Israele chiediamo di aprire i loro confini ai combattenti, ai figli dei popoli arabi e islamici, per permettere loro di svolgere il loro ruolo, e di unire i loro sforzi a quelli dei loro fratelli, i fratelli musulmani della Palestina. Come minimo, gli altri Stati arabi e islamici devono aiutare i combattenti concedendo loro libertà di movimento.

Non dobbiamo mancare di ricordare a ogni musulmano che, quando gli ebrei hanno conquistato la nobile Gerusalemme nel 1967, di fronte alle porte della benedetta moschea di al-Aqsa, gridavano con gioia: "Muhammad è morto, e ha lasciato dietro di sé solo donnicciole".

Israele, in quanto Stato ebraico, e i suoi ebrei sfidano l'islam e tutti i musulmani. "Così gli occhi dei codardi non dormono".

E. Associazioni nazionaliste religiose, istituzioni intellettuali del mondo arabo e islamico

Articolo 29. Il Movimento di Resistenza Islamico spera che le associazioni nazionaliste religiose lo sosterranno a tutti i livelli, lo aiuteranno, adotteranno le sue posizioni, promuoveranno le sue attività e azioni, e solleciteranno per esso ulteriore aiuto, così trasformando i popoli islamici nei suoi amici e sostenitori, e aiutandolo a entrare in tutti i campi umani e materiali così come nei mezzi di comunicazione, nel tempo e nello spazio. Questo scopo potrà essere ottenuto organizzando conferenze di solidarietà e pubblicando dichiarazioni di chiarificazione, articoli di sostegno, e opuscoli religiosi che rendano le masse consapevoli del problema palestinese, di che cosa il movimento ha di fronte e di quanto si complotta contro di esso. Dovranno pure mobilitare i popoli islamici dal punto di vista ideologico, educativo e culturale, così che possano svolgere il loro ruolo in questa decisiva guerra di liberazione, così come svolsero il loro ruolo nello sconfiggere le Crociate, mettere in fuga i tartari, e salvare la civiltà umana. E tutto questo non è difficile per Allah.

"Allah ha scritto: 'Invero vincerò, Io e i Miei messaggeri'. In verità Allah è forte, eccelso" (Corano 58, 21).

Articolo 30. Gli scrittori, gli intellettuali, gli operatori dei mezzi di comunicazione, i predicatori, gli insegnanti e gli educatori, e tutti i diversi settori del mondo arabo e islamico, tutti sono chiamati a svolgere il loro ruolo e a compiere il loro dovere di fronte alla ferocia dell'invasione sionista, alla sua infiltrazione in molti paesi, e al suo controllo di ricchezze e di mezzi di comunicazione, con tutto quel che ne consegue, nella maggioranza dei paesi del mondo.

Il *jihad* non è limitato a portare le armi e affrontare militarmente il nemico. La parola buona, l'articolo eccellente, il libro utile, sostengono e aiutano dal canto loro il *jihad* per la gloria di Allah, fino a quando le intenzioni sono sincere e si intende fare della bandiera di Allah il vessillo più alto.

"Chiunque offre l'equipaggiamento a un cavaliere per la gloria di Allah, è come se fosse cavaliere egli stesso. E chiunque ha aiutato efficacemente il cavaliere rimanendo con la sua famiglia, davvero è stato egli stesso cavaliere" (riferito da al-Bukhari, Muslim, Abu-Dawud, e al-Tirmidhi).

F. I membri di altre religioni

Articolo 31. Il Movimento di Resistenza Islamico è un movimento umanistico. Si occupa dei diritti umani, e si impegna a mantenere la tolleranza islamica nei confronti dei seguaci di altre religioni. È ostile solo a coloro che mostrano ostilità nei riguardi dell'islam, si mettono di traverso al suo cammino per arrestarlo o ostacolano i suoi sforzi.

All'ombra dell'islam, è possibile ai seguaci delle tre religioni – islam, cristianesimo ed ebraismo – coesistere in pace e sicurezza. Anzi, pace e sicurezza sono possibili solo all'ombra dell'islam, e la storia antica e quella recente sono le migliori testimoni di questa verità.

I seguaci di altre religioni devono smettere di combattere l'islam a proposito del dominio di questa regione. Perché se fossero loro a dominare, non ci sarebbero altro che lotta, torture ed esilio; sarebbero disgustati gli uni degli altri al loro interno, per non parlare dei seguaci di altre religioni. Il passato e il presente sono pieni di prove di questa verità.

"*Vi combatteranno uniti solo dalle loro fortezze o dietro le mura. Grande è l'acrimonia che regna fra loro. Li ritieni uniti, e invece i loro cuori sono discordi: è gente che non ragiona*" (Corano 59, 14).

L'islam concede a ciascuno i suoi diritti, e impedisce l'aggressione contro i diritti degli altri.

Le pratiche naziste dei sionisti contro il nostro popolo non dureranno neppure per il tempo della loro invasione. "*Perché lo stato di oppressione dura soltanto un'ora, mentre lo stato di giustizia dura fino al giorno del giudizio*".

"*Allah non vi proibisce di essere buoni e giusti nei confronti di coloro che non vi hanno combattuto per la vostra religione e che non vi hanno scacciato dalle vostre case, poiché Allah ama coloro che si comportano con equità*" (Corano 60, 8).

Il tentativo di isolare il popolo palestinese

Articolo 32. Il sionismo mondiale e le forze imperialiste hanno tentato, attraverso astute manovre e un'attenta programmazione, di rimuovere gli Stati arabi, uno dopo l'altro, dal circolo del conflitto con il sionismo, così da trovarsi di fronte al popolo palestinese da solo. L'Egitto è già stato rimosso dal circolo del conflitto, in gran parte attraverso gli accordi traditori di Camp David, e ha cercato di trascinare altri Stati arabi in accordi simili, per rimuovere anche loro dal circolo del conflitto.

Il Movimento di Resistenza Islamico chiama i popoli arabi e islamici a fare uno sforzo serio e incessante per prevenire la realizzazione di questo orribile piano e per rendere le masse consapevoli del pericolo di ritirarsi dal circolo del conflitto con il sionismo. Oggi si tratta della Palestina, domani di uno o più altri paesi. Perché lo schema sionista non ha limiti, e dopo la Palestina cercherà di espandersi dal Nilo all'Eufrate. Quando avrà digerito la regione di cui si è cibato, guarderà avanti verso un'ulteriore espansione, e così via. Questo è il piano delineato nei Protocolli degli Anziani di Sion, e il comportamento presente del sionismo costituisce la migliore testimonianza di quanto era stato affermato in quel documento.

Abbandonare il circolo del conflitto con il sionismo è alto tradimento e risulterà in una maledizione sul colpevole.

"Chi in quel giorno volgerà loro le spalle – eccetto il caso di stratagemma per [meglio] combattere o per raggiungere un altro gruppo – incorrerà nella collera di Allah e il suo rifugio sarà l'Inferno. Qual triste rifugio!" (Corano 8, 16).

Dobbiamo mettere insieme le nostre forze e capacità per affrontare questa invasione malvagia, nazista e tartara. Altrimenti, perderemo le nostre patrie, i loro abitanti perderanno le loro case, la corruzione si diffonderà sulla Terra, tutti i valori religiosi saranno distrutti. Che ognuno sappia che ne sarà responsabile di fronte ad Allah.

"Chi avrà fatto [anche solo] il peso di un atomo di bene lo vedrà, e chi avrà fatto [anche solo] il peso di un atomo di male lo vedrà" (Corano 99, 7-8).

All'interno del circolo del conflitto con il sionismo, il Movimento di Resistenza Islamico si considera la punta di lancia o l'avanguardia. Si unisce a tutti coloro che sono attivi nell'arena palestinese. Quello che rimane da fare è un'azione continua da parte dei popoli arabi e islamici, e delle organizzazioni islamiche nel mondo arabo e musulmano, perché sono queste a essere meglio preparate per la prossima fase della lotta contro gli ebrei, i mercanti di guerre.

"Abbiamo destato tra loro odio e inimicizia fino al giorno della resurrezione. Ogni volta che accendono un fuoco di guerra, Allah lo spegne. Gareggiano nel seminare disordine sulla Terra, ma Allah non ama i corruttori" (Corano 5, 64).

Articolo 33. Il Movimento di Resistenza Islamico parte da questi concetti generali, che sono coerenti con norme universali e seguono il corso del destino nel confronto e nella lotta con il nemico in difesa dell'essere umano musulmano, della civiltà islamica, e dei santuari islamici, primo fra i quali è la benedetta moschea di al-Aqsa. Chiede con urgenza ai popoli arabi e islamici, ai loro governi, e alle loro associazioni popolari e ufficiali di mostrare timore di Allah nel loro atteggiamento di fronte al Movimento di Resistenza Islamico e di essere, secondo la volontà di Allah, i suoi sostenitori e partigiani, garantendogli l'aiuto e l'assistenza finché il dominio di Allah sia assicurato. Così ogni fila seguirà l'altra, i combattenti del *jihad* seguiranno altri combattenti del *jihad*, e le masse sorgeranno da ogni parte del mondo islamico in risposta all'appello al dovere, ripetendo: Venite al *jihad*! Questo appello squarcerà le nubi nei cieli, e risuonerà finché la liberazione non sia realizzata, gli invasori siano vinti, e la vittoria di Allah sia assicurata.

"Allah verrà in aiuto di coloro che sostengono [la Sua religione]. *In verità Allah è forte e possente"* (Corano 22, 40).

Capitolo V. La testimonianza della storia

Il confronto con gli aggressori nel corso della storia

Articolo 34. Fin dall'alba della storia, la Palestina è stata l'ombelico della Terra, il centro dei continenti, e l'oggetto dell'avidità per gli avidi. Il Messaggero – possano le preghiere e la pace di Allah rimanere con lui – sottolinea questo fatto in un suo nobile hadith, in cui si rivolge al suo venerabile compagno Mu'az bin Jabal [?-640], dicendo: *"O Mu'az, Allah conquisterà la Siria per te, quando sarò morto, da al-'Arish all'Eufrate. I suoi uomini, donne e schiavi diventeranno guardie di frontiera fino al giorno della resurrezione. Se qualcuno di voi sceglierà di rimanere nelle pianure siriane o palestinesi, rimarrà sempre in stato di jihad fino al giorno della resurrezione"*.

Gli avidi hanno posto gli occhi sulla Palestina più di una volta, e la hanno invasa in armi perseguendo le loro aspirazioni. Fu invasa da orde di crociati, che portavano con sé la loro fede e alzavano la loro croce. Riuscirono a vincere i musulmani per un momento, e per circa due decenni i musulmani non riuscirono a rialzare la testa, finché si riunirono all'ombra della loro bandiera religiosa, furono capaci di unirsi, resero gloria al loro Signore e partirono per il *jihad* sotto la guida del Saladino. Così venne l'ovvia vittoria, le Crociate furono sconfitte, e la Palestina liberata.

"Di' ai miscredenti: 'Presto sarete sconfitti. Sarete radunati nell'Inferno. Che infame giaciglio!'" (Corano 3, 12).

Questa è l'unica via alla liberazione. La testimonianza della storia non lascia dubbi. È una delle regole dell'universo, è una delle leggi dell'esistenza. Solo il ferro può spezzare il ferro, solo la vera fede dell'islam può sconfiggere la loro credenza falsa e corrotta. La fede può essere combattuta solo dalla fede. In ultimo, la vittoria appartiene alla verità, perché la verità non può essere che vittoriosa.

"Già la Nostra Parola pervenne agli inviati Nostri servi. Saranno loro a essere soccorsi, e le Nostre schiere avranno il sopravvento" (Corano 37, 171-173)

Articolo 35. Il Movimento di Resistenza Islamico considera seriamente la sconfitta dei crociati per opera del Saladino e la liberazione della Palestina da loro, così come la disfatta dei tartari a 'Ain Jalut [il 3 settembre 1260], quando la loro schiena fu spezzata per mano di [Sayf al-Din] Qutuz [?-1260, sultano dell'Egitto dal 1259 al 1260] e al-Zahir Baybars [1223-1277, generale del sultano Qutuz, poi – dopo avere assassinato Qutuz – sultano dell'Egitto dal 1260 al 1277] e il mondo arabo fu riscattato dal flagello dei tartari, che aveva distrutto tutti gli aspetti della civiltà umana. Il movimento trae le sue lezioni e i suoi esempi da questi eventi. L'invasione sionista dei nostri giorni è stata preceduta dall'invasione crociata dall'Ovest, e – tra l'altro – dalle invasioni tartare dall'Est. Così come i musulmani hanno fatto fronte a queste invasioni e hanno concepito piani per combatterle e sconfiggerle, così ora possono affrontare l'invasione sionista e batterla. Questo non è certo difficile per Allah se le nostre intenzioni sono pure, se la nostra determinazione è sincera, se i musulmani traggono lezioni utili dall'esperienza passata, se si liberano delle vestigia dell'invasione ideologica occidentale, e se mettono a frutto l'esperienza dei loro predecessori.

Conclusione. Il Movimento di Resistenza Islamico e i suoi soldati

Articolo 36. Mentre continua la sua avanzata, il Movimento di Resistenza Islamico ricorda incessantemente a tutti i figli del nostro popolo, e ai popoli arabi e islamici, che non ricerca per se stesso fama, guadagno materiale, o avanzamento sociale. Il movimento non si dirige contro alcun membro del nostro popolo per competere con lui o per prendere il suo posto. Non c'è nulla di simile. Non sarà mai contro alcun figlio di musulmani, né contro i non musulmani che mantengono nei suoi confronti intenzioni pacifiche, qui o altrove. Sosterrà solo le associazioni e organizzazioni che operano fattivamente contro il nemico sionista e i suoi manutengoli.

Il Movimento di Resistenza Islamico accetta l'islam come uno stile di vita. È la sua vita e il suo standard normativo. Chiunque concepisce l'islam come uno stile di vita, qui o in altri paesi, che si tratti di un gruppo, un'organizzazione, uno Stato, ogni altra realtà, troverà all'interno del Movimento di Resistenza Islamico i suoi soldati, nulla di meno.

Chiediamo ad Allah di guidarci, e di guidare altri verso di noi, e di essere giudice fra noi e il nostro popolo con verità. *"O Signore nostro, giudica secondo verità, tra noi e il nostro popolo; Tu sei il Migliore dei giudici"* (Corano 7, 89). La nostra ultima preghiera è che sia lode ad Allah, il Signore dell'universo.

Glossario dei termini

Approccio manovriero (voci correlate: manovra, perno di manovra, *mission command*). Filosofia o dottrina operativa che enfatizza la flessibilità, l'agilità e l'inganno, con l'obiettivo di disorientare e destabilizzare l'avversario per ottenere un vantaggio decisivo. Questo approccio cerca di sfruttare la velocità, il movimento e la sorpresa, spostando rapidamente le forze per colpire i punti deboli dell'avversario, evitando i suoi punti di forza, e creando opportunità per infliggere danni critici o costringere il nemico alla resa. Al centro dell'approccio manovriero c'è l'intento di vincere non solo distruggendo fisicamente le forze nemiche, ma soprattutto colpendo la sua coesione, la sua volontà di combattere e la sua capacità di comandare e controllare. Ciò comporta una comprensione profonda dell'ambiente operativo, del nemico e delle proprie forze, utilizzando tutte le dimensioni disponibili – terra, aria, mare, spazio e informazioni – per ottenere un vantaggio competitivo. L'approccio manovriero richiede quindi una grande enfasi sulla *leadership*, sulla decisione decentrata (o *mission command*, vedi voce correlata), sull'iniziativa a tutti i livelli e sull'adattabilità. Le unità sono incoraggiate a essere proattive, a prendere iniziative coerenti all'intento del comandante e a sfruttare le opportunità emergenti sul campo di battaglia, con l'obiettivo finale di rendere il ritmo delle operazioni troppo rapido e confuso affinchè l'avversario possa effettivamente reagire.

Area di Operazioni (*Area of operations*). Porzione di un'area necessaria per la condotta delle operazioni militari.

Arte militare (Arte della guerra). Il complesso delle discipline e delle tecniche relative alla condotta e alla esecuzione delle operazioni militari".

Attività militare. Rappresentano l'insieme delle azioni che possono essere compiute dalle unità durante una campagna e sono realizzate attraverso l'assegnazione di compiti alle unità stesse.

Battaglia. Insieme di combattimenti fra loro correlati, tipicamente di maggiore durata temporale e che coinvolge forze consistenti operanti contemporaneamente su più ambienti operativi di riferimento (terrestre, aereo, marittimo, informativo, spaziale, cibernetico). Gli esiti di una battaglia hanno normalmente ripercussioni dirette sull'andamento della campagna/operazione.

Campagna (*Campaign*). Serie di operazioni militari pianificate e condotte per conseguire un obiettivo strategico in un tempo e un'area geografica stabiliti, generalmente con il coinvolgimento di forze marittime, terrestri e aeree.

Capacità di combattimento. Esprime l'efficacia delle forze terrestri nell'impiegare la forza militare, ovvero nel minacciarne l'uso in maniera credibile. Essa si sostanzia attraverso tre componenti: fisica, cognitiva e morale.

Centro di gravità. In ambito militare, il "centro di gravità" è un concetto chiave definito dalla dottrina della guerra come la fonte di potere che fornisce forza morale o fisica, libertà di azione, o la volontà di agire. È quel punto dove colpire il nemico avrà l'effetto più grande e decisivo. Identificare e colpire il centro di gravità dell'avversario è fondamentale per indebolirne la capacità di combattere o resistere. Il concetto è stato originariamente introdotto da Carl von Clausewitz, un importante teorico militare del XIX secolo, nel suo classico trattato sulla guerra, *"Della guerra"* (*"Vom Kriege"*). Clausewitz descrive il centro di gravità come il fulcro di tutte le forze o il punto su cui poggiano tutte le forze, la cui caduta causa inevitabilmente quella dell'avversario. In pratica, il centro di gravità può variare a seconda del contesto e può essere identificato a vari livelli, dall'operativo allo strategico. Può riferirsi a elementi concreti come unità militari chiave, strutture logistiche, o *leadership* politica e militare, oppure può riguardare aspetti più astratti come il morale delle truppe o il sostegno della popolazione civile. L'identificazione accurata del centro di gravità dell'avversario permette ai comandanti di concentrare le proprie risorse e sforzi in modo più efficace, massimizzando l'impatto delle loro azioni e aumentando le possibilità di successo nel conseguire gli obiettivi strategici.

Combat power. La totalità dei mezzi di forza distruttiva e/o dirompente che un'unità/formazione militare può applicare contro l'avversario in un dato momento.

Combattimento. Scontro armato di breve durata tra forze opponenti che, a seconda della tipologia, prevede un'ampia varietà di azioni possibili.

Complesso tattico. Unità terrestre organizzata per il combattimento. In relazione alla situazione, al compito e al livello ordinativo può assumere composizione variabile e inglobare forze appartenenti a più armi e/o specialità.

Conduct exploitation. Un'operazione offensiva che di solito segue un attacco riuscito e mira a disorganizzare il nemico in profondità.

Counter insurgency. Sforzi civili e militari intrapresi per sconfiggere un'insurrezione e per affrontare qualsiasi motivo di fondo del malcontento.

Dottrina (*Doctrine*). Complesso di principi fondamentali che informano le azioni condotte dalle forze armate per il conseguimento di obiettivi. La dottrina ha carattere autorevole ma la sua applicazione richiede capacità di giudizio.

End state (**Stato finale**). Situazione politica e/o militare che si intende conseguire al completamento di un'operazione; esso indica che l'obiettivo è stato raggiunto. Nel contesto politico-militare, *"End State"* si riferisce alla condizione finale desiderata che si intende raggiungere al termine di un'operazione o conflitto. Questo concetto comprende una visione chiara e definita degli obiettivi strategici, delle condizioni politiche, economiche, sociali e di sicurezza che un governo, un'organizzazione o un'alleanza militare aspira a stabilire attraverso l'uso della forza militare o di altre forme di intervento. L'*"End State"* orienta la pianificazione e l'esecuzione delle operazioni, garantendo che tutte le azioni intraprese siano dirette verso il raggiungimento di quello specifico risultato finale. Questo approccio aiuta a garantire che le operazioni siano guidate da obiettivi chiari e misurabili, e che vi sia una comprensione condivisa tra tutti i partecipanti riguardo a cosa si intende realizzare.

Fissaggio *(Fix)*. Impedire al nemico di muovere qualsiasi parte delle sue forze da una località specificata per un periodo di tempo determinato.

Formazione (*Formation*). Disposizione di truppe e/o veicoli ordinata per uno specifico scopo.

Funzione operativa. Attività militari a carattere omogeneo che, combinate con altre attività, compongono un'operazione. L'individuazione delle funzioni operative è finalizzata a: agevolare la pianificazione; fornire precise indicazioni sulla composizione, articolazione ed equipaggiamenti dei complessi di forze destinati a condurre le operazioni; configurare in maniera più specifica le attività addestrative propedeutiche.

Insurrezione (*Insurgency*). Azioni di un gruppo o movimento organizzato, spesso motivato ideologicamente, che cerca di effettuare o impedire cambiamenti politici o di rovesciare un'autorità governativa all'interno di un Paese o di una regione, focalizzate sul persuadere o costringere la popolazione attraverso l'uso della violenza e della sovversione.

Interforze (*Joint/multiservice*). Aggettivo usato per descrivere attività, operazioni e organizzazioni alle quali partecipano elementi di almeno due forze armate.

Interoperabilità (*Interoperability*). Capacità di operare in sinergia nello svolgimento dei compiti assegnati.

***Irregular activity*.** L'uso o la minaccia dell'uso della forza da parte di forze irregolari, gruppi o individui, spesso motivati ideologicamente o criminalmente, per effettuare o impedire cambiamenti come sfida.

***Key point*.** Un sito concentrato o un'installazione, la cui distruzione o cattura inciderebbe gravemente sullo sforzo bellico o sul successo delle operazioni.

Livello di responsabilità (Livelli delle operazioni). Identifica la collocazione degli obiettivi e delle responsabilità, nonché le relazioni reciproche che legano gli obiettivi alle attività destinate al loro conseguimento. Si distinguono in: livello strategico (al quale una Nazione o un gruppo di Nazioni che formano un'Alleanza/coalizione individuano obiettivi politici strategici di sicurezza nazionale o comuni e mettono a disposizione le risorse necessarie per raggiungerli); livello operativo (che rappresenta l'anello di congiunzione tra l'impiego tattico delle forze e gli obiettivi strategici); livello tattico (al quale si concepiscono, organizzano e conducono le attività tattiche finalizzate).

Livello strategico (*Strategic level*). Il livello in cui una nazione o un gruppo di nazioni determina gli obiettivi di sicurezza nazionali o multinazionali e dispiega risorse nazionali, incluse quelle militari, per raggiungerli.

Livello operativo (*Operational level*). Il livello in cui le campagne e le principali operazioni sono pianificate, condotte e sostenute per realizzare obiettivi strategici all'interno di teatri o aree di operazioni.

Livello tattico (*Tactical level*). Il livello in cui le attività, le battaglie e gli scontri sono pianificati ed eseguiti per conseguire gli obiettivi militari assegnati alle formazioni e alle unità tattiche.

Manovra (voci correlate: approccio manovriero, *mission command*, perno di manovra). Impiego delle forze sul campo di battaglia per posizionare truppe, veicoli ed equipaggiamenti in una posizione vantaggiosa rispetto al nemico. È una componente fondamentale della strategia e delle tattiche militari, che mira a massimizzare l'efficacia del proprio potere di combattimento, riducendo al minimo l'esposizione al rischio. La manovra può includere il movimento di truppe, il cambio di formazioni, l'avanzamento o il ritiro, con l'obiettivo di guadagnare un vantaggio tattico, come la sorpresa o la posizione dominante, per influenzare l'esito di un conflitto.

Minaccia asimmetrica (*Asymmetric threat*). Minaccia derivante dalla possibilità di utilizzare mezzi o metodi dissimili per aggirare o neutralizzare le resistenze del nemico, sfruttando le sue debolezze per ottenere un risultato sproporzionato.

Minaccia ibrida (*Hybrid threat*). Un tipo di minaccia che combina attività convenzionali, irregolari e asimmetriche nel tempo e nello spazio.

***Mission command* (voci correlate: approccio manovriero, manovra, perno di manovra).** Approccio al comando e al controllo nelle operazioni militari che enfatizza l'uso dell'intento del comandante, l'iniziativa dei sottoposti, la fiducia reciproca e la comprensione del contesto operativo. Questo approccio consente ai *leader* a tutti i livelli di esercitare giudizio e prendere decisioni all'interno del quadro dell'intento del comandante superiore, al fine di raggiungere gli obiettivi della missione. Il "*mission command*" incoraggia una *leadership* flessibile e adattabile, consentendo alle unità di rispondere rapidamente ai cambiamenti sul campo di battaglia e sfruttare le opportunità tattiche nel modo più efficace. Questa filosofia si basa sulla comunicazione chiara degli obiettivi, sulla condivisione delle informazioni e sulla delega dell'autorità decisionale, promuovendo al tempo stesso la responsabilità individuale e di gruppo nell'ottenimento dei risultati.

Nuovo terrorismo insurrezionale (*New insurrectional terrorism*, NIT). Il "Nuovo Terrorismo Insurrezionale" (NIT, dall'inglese "New Insurrectional Terrorism") è un fenomeno fluido, dinamico e multidimensionale. Questo modello riflette un'evoluzione del terrorismo che combina approcci ibridi con tattiche di guerriglia e operazioni militari adattate alla guerra urbana. Include elementi come *commando* suicidi e attacchi tattici di squadra. Il "Nuovo Terrorismo Insurrezionale" non ha legami con il terrorismo politico degli anni Settanta e Ottanta. Questa forma di terrorismo ha preso piede in Medio Oriente dopo l'invasione statunitense dell'Iraq nel 2003 e ha guadagnato attenzione internazionale nel 2014, in seguito ai successi sul campo di battaglia in Iraq e Siria, e successivamente in Afghanistan. Benché lo Stato Islamico (IS), principale gruppo affiliato ancora in lotta in Afghanistan, abbia perso gran parte dei territori e delle risorse conquistate negli ultimi dieci anni, il suo richiamo mediatico rimane forte. Il NIT si distingue per l'uso di violenza, o la minaccia di essa, intenzionale e auto-giustificata, al fine di raggiungere obiettivi politici, religiosi e ideologici. La sua natura è complessa, imprevedibile, rivoluzionaria, sovversiva e mira alla creazione di una realtà proto-statale per ottenere il "monopolio della forza" all'interno di un'area geografica, integrando aspetti politici, socio-economici e religiosi. Il NIT è descritto come "strattico", dato che la sua natura strategica è veicolata tramite tattiche non necessariamente interconnesse e si caratterizza per essere "glocale", transnazionale, senza confini, basato su flessibilità e adattabilità. I suoi bersagli includono combattenti politici, civili, militari, religiosi e simbolici, oltre a non combattenti. Il NIT promuove la "terziarizzazione" della violenza, sostenuta da effetti emulativi, e come risposta alla "chiamata al *jihad*". Questo fenomeno si manifesta chiaramente nella riemergente minaccia dello Stato Islamico, che trova nuove energie dopo il ritiro degli Stati Uniti dall'Afghanistan, proponendosi come una minaccia alla sicurezza tramite una nuova forma di terrorismo contemporaneo, capace di adattarsi e evolversi senza un obiettivo definito temporalmente o geograficamente. Il NIT mira a imporre un nuovo modello sociale (il Califfato) abbattendo le alternative, e utilizza il simbolismo associato alla guerra afghana per esaltare la "vittoria dell'Islam".

Operating environment. Una combinazione delle condizioni, circostanze e influenze che incidono sull'impiego delle capacità e hanno un impatto sulle decisioni del comandante.

Perno di manovra (voci correlate: approccio manovriero, manovra, *mission command*). In ambito militare, il termine "perno di manovra" (*pivot of maneuver*) si riferisce a un punto o un'unità sul campo di battaglia attorno al quale le forze possono manovrare per ottenere un vantaggio tattico o strategico.

Questo concetto è centrale nella guerra di manovra, in cui l'obiettivo è sfruttare la mobilità e la flessibilità delle proprie forze per sorprendere il nemico, attaccando i suoi punti deboli e creando opportunità per infliggere una sconfitta decisiva. Il perno di manovra può essere un'unità specifica, una posizione geografica o un insieme di forze che fungono da fulcro per le manovre offensive o difensive. Attraverso il movimento coordinato attorno a questo punto, le forze possono effettuare attacchi laterali, avvolgimenti o altre manovre che mettono il nemico in una posizione svantaggiosa, costringendolo a reagire in condizioni meno favorevoli. L'utilizzo efficace del perno di manovra richiede una pianificazione accurata e la capacità di adattarsi rapidamente alle condizioni dinamiche del campo di battaglia. Questo approccio enfatizza l'importanza dell'agilità, del tempismo e della sorpresa, piuttosto che affidarsi esclusivamente alla forza bruta o al confronto diretto delle forze.

Pianificazione operativa. Insieme delle attività di pianificazione propedeutiche all'impiego di complessi di forze esistenti o appositamente costituiti per l'assolvimento di specifiche missioni.

Potere impeditivo intrinseco. Il Potere impeditivo intrinseco di un oggetto o sistema di difesa, come un campo minato, una trincea, un fiume o una particolare conformazione del terreno, si riferisce alla capacità intrinseca e naturale di tali strutture o condizioni ambientali di rallentare, ostacolare o impedire il movimento e l'avanzata delle truppe in offensiva senza necessità di intervento attivo o controllo diretto da parte di forze umane. Questo concetto abbraccia la nozione che certe caratteristiche fisiche o ostacoli costruiti possono servire come deterrenti o barriere effettive contro operazioni militari nemiche, basando la loro efficacia sulla loro semplice esistenza o posizionamento strategico nel paesaggio. Il potere impeditivo intrinseco è quindi una componente fondamentale nella pianificazione della difesa, sfruttando le condizioni naturali o artificiali per creare vantaggi tattici e strategici che proteggono e preservano le risorse senza il bisogno di azione diretta durante un conflitto.

Problema militare. La discrepanza fra le condizioni esistenti e quelle desiderate, che rende pertanto necessaria l'adozione di particolari misure per l'eliminazione dello scostamento.

Punto Decisivo. Momento temporale, punto nello spazio o nell'ambiente informatico a partire dal quale un centro di gravità amico o ostile può essere neutralizzata.

Regole di ingaggio (*Rules of engagement, Roe*). Direttive di responsabilità politica diramate dalle competenti autorità militari che specificano le circostanze e le limitazioni secondo cui le forze potranno iniziare e/o continuare il combattimento con le forze incontrate.

Saliente. In ambito militare si riferisce a una parte del fronte di battaglia che sporge verso il territorio nemico, formando una sorta di "punta" o avamposto all'interno delle linee avversarie. Questa configurazione può essere sia vantaggiosa che rischiosa: da un lato, offre la possibilità di attaccare il nemico da diverse direzioni, ma dall'altro lato rende il saliente vulnerabile all'accerchiamento e all'attacco da più fronti. Un saliente si forma spesso quando le forze attaccanti riescono a fare breccia nelle linee nemiche in specifici punti, avanzando più rapidamente in quelle aree rispetto ad altre. La gestione di un saliente richiede attenzione strategica, poiché il territorio può essere difficile da difendere e richiede un costante supporto logistico e militare per mantenere la posizione avanzata.

Scaglione. Suddivisione organizzativa delle forze armate in termini di dimensione e funzione tattica, disposta in modo da permettere una sequenza graduale e organizzata di movimenti o azioni militari. Gli scaglioni possono essere disposti in maniera che ciascuno abbia una funzione specifica all'interno di un'operazione più grande, operando con differenti tempi e obiettivi. Ci sono tre modi principali in cui gli scaglioni possono essere utilizzati. (1) Scaglioni temporali: riferendosi al tempo, uno scaglione può indicare l'ordine sequenziale in cui diverse unità o gruppi entrano in azione; per esempio, lo scaglione avanzato può iniziare l'attacco o la ricognizione, seguito da scaglioni di supporto che forniscono fuoco di copertura, rinforzi, o supporto logistico. (2) Scaglioni spaziali: questi si riferiscono alla disposizione fisica delle truppe su un campo di battaglia; ad esempio, uno scaglione frontale può essere la prima linea di combattimento, seguito da uno o più scaglioni posteriori che possono intervenire come riserve o per sfruttare successivi sviluppi tattici. (3) Scaglioni funzionali: ogni scaglione può avere specifiche responsabilità funzionali, come combattimento, supporto, logistica, o comando e controllo; questa divisione consente di gestire meglio le risorse e di coordinare le azioni in maniera più efficace durante operazioni complesse. La disposizione e l'uso degli scaglioni permettono alle forze militari di mantenere la flessibilità e di reagire a situazioni impreviste, migliorando la resilienza e l'efficacia complessiva delle operazioni militari.

Sforzo principale (*Main effort*). Concentrazione delle forze e del fuoco e dell'ostacolo predisposta e/o attuata da un Comandante per lo sviluppo della manovra da condurre con le proprie unità, al fine di conseguire un favorevole rapporto di potenza in relazione al compito ricevuto e agli obiettivi da perseguire.

***Sweep and clear* (Bonifica e sgombero).** Il termine "*sweep and clear*", utilizzato per descrivere un tipo di operazione militare, si traduce in italiano con "bonifica e sgombero" o "pulizia e controllo". Queste operazioni consistono nel controllare meticolosamente un'area per identificare e neutralizzare eventuali minacce, come nemici nascosti, ordigni esplosivi improvvisati o altre insidie, al fine di rendere l'area sicura.

Targeting. Attività con la quale avviene la scelta degli obiettivi e del tipo e dei mezzi di risposta, in funzione delle esigenze e delle possibilità operative.

Teatro Operativo (o Teatro di Operazioni – *Theatre of Operations*). Area geografica di estensione continentale o sub-continentale comprendente una superficie terrestre e/o marittima e lo spazio aereo sovrastante affidato all'autorità di un unico Comandante. È definito di norma sin dal tempo di pace per affermare l'interesse strategico a un eventuale intervento militare – diretto o indiretto – da parte del soggetto – Stato o Alleanza – che lo ha definito in funzione dei lineamenti della propria politica estera e conformemente ai principi della dottrina strategica. Può anche articolarsi in sotto-aree (sotto-teatri operativi) con criteri di unitarietà geostrategica.

Bibliografia

AA.VV. *The Army Engineer in Vietnam* (non datato), The U.S. Army Engineer School, Fort Belvoir, VA.

AA.VV., (2024), *Gaza's Tunnel Phenomenon: The Unintended Dynamics of Israel's Siege*, JSTOR. Ultima consultazione 4 gennaio 2024, in https://www.jstor.org/stable/10.1525/jps.2012.XLI.4.6.

AA.VV., *Beneath the Surface: Engineering Resilience in the Tunnels of Gaza*, Skilling, Mining Review, 24 ottobre 2023, in: https://skillings.net/engineering-resilience-in-the-tunnels-of-gaza/.

AA.VV., *Hamas in 2017: The document in full*, 2 maggio 2017, The Middle East Eye, in: https://www.middleeasteye.net/news/hamas-2017-document-full.

Abraham Y., *'Lavender': The AI machine directing Israel's bombing spree in Gaza*, +972 Magazine e Local Call, 3 aprile 2024, in: https://www.972mag.com/lavender-ai-israeli-army-gaza/.

Adams N. (1993), *Architecture as the target*, The Journal of Architectural Historians, 52(4), 389, in: http://www.jstor.org/stable/990864

Agamben G. (1998), In Wellbery D., Hamacher W. (Eds.), *Homo sacer: Sovereign power and bare life* [Homo Sacer: Il potere sovrano e la nuda vita] (D. Heller-Roazen Trans.). (1st ed.). Standford, California: Stanford University Press. doi:9780804732185.

Agamben G. (2005), *State of exception*, United States of America: University of Chicago Press.

Agiers M. (2002), *Between war and city: Towards an urban anthropology of refugee camps*. Ethnography, 3(17), 317-341. doi:10.1177/146613802401092779

Ahmad N.N. (2011), *Gaza: a case study of urban destruction through military involvement*, The Temple University Graduate Board, p. 51-53, in: https://scholarshare.temple.edu/bitstream/handle/20.500.12613/645/Ahmad_te mple_0225M_10714.pdf?sequence=1&isAllowed=y.

Al-Mughrabi N., *Exclusive: Hamas fighters show defiance in Gaza tunnel tour*, Reuters, 19 agosto 2014, in https://www.reuters.com/assets/print?aid=USKBN0GJ1HS20140819.

Amer A., *Tunnel May Signal Shift in Hamas-Israel Conflict*, Al-Monitor, 22 ottobre 2013, in http://www.al- monitor.com/pulse/originals/2013/10/gaza-tunnel-israel-shift-hamas-war.html#.

Amos H. (2008), *Analysis/Idf plans to use disproportionate force in next war*. Ha'Aretz.

Ansa, *Hamas conferma il suo no alla soluzione dei due Stati*, 17 gennaio 2024, in: https://www.ansa.it/sito/notizie/mondo/2024/01/17/hamas-conferma-il-suo-no-alla-soluzione-dei-due-stati_2f3daf57-5820-4358-a558-19fac483c626.html.

Anti-defamation League, "*Operation Protective Edge: July-August 2014*," 2015, available at: http://www.adl.org/israel-international/israel-middleeast/content/AG/operation-protective-edge.html.

Armao F. (1994), *Capire la guerra*, FrancoAngeli, Milano, pp. 350.

Armitage J. (2020), *Paul Virilio: From Modernism to Hypermodernism and Beyond*, London: SAGE, p. 105.

Aroon P. (2009), *Underground economies*, 15 maggio 2009, in: https://www.freedom24.org/rationalpost/2009/01/15/underground-economies/

Balousha H., *Undeterred by Closures, Hamas still boasts of Tunnel Advantage*, Al-Monitor, 8 febbraio 2016, in: https://www.al-monitor.com/pulse/originals/2016/02/gaza-hamas-strategic-weapon-tunnels-against- israel.html#.

Batchelor J., *Hamas' attack tunnels are transforming war with Israel*, Al-Jazeera, 29 luglio 2014, in: http://america.aljazeera.com/opinions/2014/7/gaza- tunnels-hamasisraelIdf.html.

Berger C., Ben-Shalom U., Gold N., Antonovskye A., *Psychophysiological Predictors of Soldier Performance in Tunnel Warfare: A Field Study on the Correlates of Optimal Performance in a Simulation of Subterranean Combat*, Military Medicine, 188, 3/4:e711, 2023.

Berlinger J., *The 'Gaza metro': The mysterious subterranean tunnel network used by Hamas*, CNN, 28 ottobrc 2023. In: https://edition.cnn.com/2023/10/28/middleeast/hamas-tunnels-gaza-intl.

Berman L., *Tunnels still intact, say Hamas, Al-Jazeera*, The Times of Israel, 8 agosto 2014, in http://www.timesofisrael.com/tunnels-still-intact-say-hamas-commander-al-jazeera/.

Bernard V., Policinski E., *Interview with Eyal Weizman*, International Review of the Red Cross (2016), 98 (1), 21-35.

Berti B. (2013), *Armed Political Organizations: From Conflict to Integration*, Johns Hopkins University Press, pp. 239.

Bertolotti C. (2010), *Shahid. Analisi del terrorismo suicida in Afghanistan*, ed. FrancoAngeli, Milano.

Bertolotti C. (2019), *Afghanistan contemporaneo. Dentro la guerra più lunga*, ed. START InSight, Lugano.

Betz D., *Peering into the past and future of urban warfare in Israel*, Commentary War on the Rocks, 17 dicembre 2015, in https://warontherocks.com/2015/12/peering-into-the-past-and-future-of-urban-warfare-in-israel/.

Bonci G. (2019), *Controguerriglia. Un'analisi di casi storici*, Leg ed., Gorizia.

Breccia G. (2022), *L'arte della guerriglia*, Il Mulino, Bologna.

Brenner N. (1999), *Beyond state-centrism? Space, territoriality, and geographical scale in globalization studies*, Theory and Society, 28(1), pp. 39-78.

Bressan M., Cuzzelli G. (2022), *Da Clausewitz a Putin: la guerra nel XXI secolo*, Ledizioni srl, Milano, pp. 190.

Brignone M., *La versione di Hamas*, Fondazione Oasis, 21 gennaio 2024, in https://www.oasiscenter.eu/it/la-versione-di-hamas

Brown H., *What You Need To Know About The Tunnels That Bring Life — And Death — Into Gaza*, Think Progress, July 2014, available at: http://thinkprogress.org/world/2014/07/18/3461742/inside-the-tunnels-that-bringlife-and-death-into-gaza/a.

Bush G. (2001), *Address to a joint session of congress and the american people*. Washington D.C.

Central Intelligence Agency. *The world factbook*, 31 gennaio 2024, in: https://www.cia.gov/the-world-factbook/countries/gaza-strip/.

Cerino Badone G. (2013), *Potenza di fuoco. Eserciti, tattica e tecnologia nelle guerre europee dal Rinascimento all'Età della Ragione*, edizioni Libreria Militare, Milano, pp. 224.

Ciralsky A., *Did Israel Avert a Hamas Massacre?*, Vanity Fair, 21 ottobre 2014, in: https://www.vanityfair.com/news/politics/2014/10/gaza-tunnel-plot- israeli-intelligence.

Clarke C.P., *The Counterinsurgency Trap in Gaza. Why Israel Cannot "Clear, Hold, and Build" Its Way to Victory*, Foreign Affairs, 5 febbraio 2024, in: https://www.foreignaffairs.com/israel/counterinsurgency-trap-gaza.

Cohen G., *Where Did the Cement Come From? Leak Leads to Discovery of Mega-tunnel From Gaza to Israel*, October 23, 2013, available at: http://www.haaretz.com/news/diplomacy-defense/.premium-1.552162.

Cohen R. S., Johnson D. E., Thaler D. E., Allen B., Bartels E. M., Cahill J., Efron S. (2017), *Lessons from Israel's Wars in Gaza*, Santa Monica, CA: RAND Corporation, in https://www.rand.org/pubs/research_briefs/RB9975.html.

Collins L, Spencer J. (2022), *Understanding Urban Warfare*, Howgate Publishing Limited.

Coward M. (2006), *Against anthropocentrism: The destruction of the built environment as a distinct form of political violence*, Review of International Studies, 32(3), 419-437.

Demirjian K., *Gaza tunnel smugglers cut through Egypt's wall*, NZHerald, 23 luglio 2010, in https://www.khaleejtimes.com/world/gaza-tunnel-smugglers-cutting-through-egypts-wall.

Demirjian K., *Gaza tunnel smugglers cut through Egypt's wall*, NZHerald, 23 luglio 2010, in: https://www.khaleejtimes.com/world/gaza-tunnel-smugglers-cutting-through-egypts-wall.

Dinstein Y. (2021), *Non-International Armed Conflicts in International Law*, Cambridge University Press, pp. 380

Dinstein Y. (2021), *Non-International Armed Conflicts in International Law*, Cambridge University Press, pp. 182, 284.

Eizenkot G. (Tenente Generale, Capo di Stato Maggiore delle Forze di Difesa di Israele), *The Idf strategy*, 2015, in: https://www.inss.org.il/he/wp-content/uploads/sites/2/2017/04/Idf-Strategy.pdf.

Eldar S., *Gaza tunnels take Idf by surprise*, Al-Monitor, 20 luglio 2014, in: https://www.al-monitor.com/pulse/originals/2014/07/israel-Idf-tunnels-gaza-underground-network-failure-welfare.html.

Eldar S., *Hamas Spends Downtime Digging Tunnels*, Al-Monitor, 15 ottobre 2013, in http://www.al-monitor.com/pulse/originals/2013/10/hamas-gaza- tunnels-israel-jihad.html.

Elmo D., Mitelman A. (2023), A *Case Study of Thin Concrete Wall Elements Subjected to Ground Loads*, Buildings, 13, 713, in: https://doi.org/10.3390/buildings13030713.

Federman J. (2008), *Israel-hamas truce to begin thursday: Report*, The Huffington Post, 17 giugno 2008.

Flynn D., *Inside the tunnels of Gaza. The scale, and the sophistication, of Hamas' tunnel network*, Reuters, in: https://www.reuters.com/graphics/israel-palestinians/gaza-tunnels/gkvldmzorvb/.

Fraser C. (2009), *Egypt starts building steel wall on Gaza strip border*. Retrieved August 25, 2010, 2010, from http://www.refworks.com.libproxy.temple.edu/refworks2/default.aspx?r=references|

Freeman C., *Inside Gaza's secret smuggling tunnels, the underground route to riches or death*, The Telegraph, 27 settembre 2008, in https://www.telegraph.co.uk/news/worldnews/middleeast/israel/3089367/Inside Gazas-secret-smuggling-tunnels-the-underground-route-to-riches-or-to-death.html.

Frykberg M. (2010, April 15, 2010). Gaza border tension sparks security concerns. IPS, Retrieved from http://ipsnews.net/news.asp?idnews=51057

Ginsburg M., *How Hamas Dug its Gaza 'Terror Tunnel' and How the Idf Found it*, The Times of Israel, 16 ottobre 2013, in http://www.timesofisrael.com/how-the-tunnels-in-gaza-are-dug-and-detected/.

Goldstone R. (2009), *Report of the united nations fact-finding mission in Gaza conflict*, (Advanced Edited Version No. A/HRC/12/48), New York: United Nations.

Goonewardena K., Kipfer S. (2007), *Colonization and the new imperialism: On the of urbicide today*, Theory & Event, 10(2).

Graham S. (2002), *Bulldozers and bombs: The latest palestinian-israeli conflict as asymmetric urbicide Antipode*, 34(4), 642-649.

Graham S. (2004), *Postmortem city: Towards and urban geopolitics*, City, 8(2), 165-196. doi:10.1080/1360481042000242148

Graham S. (2011), *Cities Under Siege: The New Military Urbanism*, Paperback, Verso Books, pp. 432.

Graham, S (2011), *Cities Under Siege: The New Military Urbanism*, Verso Books, pp. 432

Guolo R. (2002), *Il fondamentalismo islamico*, Ed. Laterza, Roma-Bari, pp. 225.

Gutiérrez Garrido Ó., Pita A., *The weak points of Israel's thesis: Why Hamas is not the same as ISIS*, El Pais, 22 novembre 2023, in: https://english.elpais.com/international/2023-11-22/the-weak-points-of-israels-thesis-why-hamas-is-not-the-same-as-isis.html.

Halevi J., *Hamas' Attack Tunnels: Analysis and Initial Implications*, Jesusalem Center for Public Affairs, 22 luglio 2014, in https://jcpa.org/hamas- attack-tunnels/.

Hamas, *A document of general principles and policies*, sito ufficiale dell'organizzazione Hamas. In: https://hamas.ps/en/post/678/A-Document-of-General-Principles-and-Policies

Hanafi, S. (2004). *Spacio-cide: Colonial politics, invisibility and rezoning in palestinian territory*. Contemporary Arab Affairs, 2(1) doi:10.1080/17550910802622645.

Harel A., *With the Troops in the Strip, In Gaza Israel's Facebook generation fights well*, Haaretz, 26 July 2014, ultimo accesso 8 gennaio 2024, in: https://www.haaretz.com/2014-07-26/ty-article/.premium/israels-facebook-generation-fights/0000017f-e5ba-dea7-adff-f5fbb3820000.

Hari J. (2008, December 29ᵗʰ, 2008). *The true story behind this war is not the one that Israel* is telling. The Independent.

Harris E., *The Long History of the Gaza Tunnels*, NPR, 26 luglio 2014, in http://www.npr.org/sections/parallels/2014/07/26/335332220/the-long-history-of- the-gaza-tunnels.

Harris S., *Extensive Hamas Tunnel Network Points to Israeli Intelligence Failure*, Foreign Policy, 31 luglio 2014, in https://foreignpolicy.com/2014/07/31/extensive-hamas-tunnel-network-points-to- israeli-intelligence-failure/.

Heilig D.M., *Subterranean Warfare: A Counter to U.S. Airpower*, Air University, April, 2000: 1-34, in: https://www.specwar.info/taktika-strategie/podzemneoperacie-v-mestskom-prostredi/subterranean-warfare-a-counter-to-us-airpower.pdf.

Hewitt K. (1983), *Place annihilation: Area bombing and the fate of urban places*, Annals of the Association of American Geographers, 73(2), 257-284. doi:10.1111/j.1467

Hofmann F., *How Israel is training for urban warfare*, Deutsche Welle, 18 ottobre 2023, in https://www.dw.com/en/how-israel-is-training-for-urban-warfare/a-67134424.

Hroub K. (2017), *A Newer Hamas? The Revised Charter*, Journal of Palestine Studies, 46:4, 100-111, DOI: 10.1525/jps.2017.46.4.100.

Human Rights Watch (2002), *Jenin: Idf military operations*, (Report No. 14 (3)), New York: Human Rights Watch.

Human Rights Watch (2009), *Rain of fire: Israel's illegal use of white phosphorous in Gaza*, No. 1-56432-458-3).

Human Rights Watch (2010), *I lost everything*, No. 1-56432-630-6). New York City, New York.

Huntington S. (1998), *The clash of civilizations and the remaking of world order*, Simon & Schuster. doi:9780684844411

ICRC, *Protocol Additional to the Geneva Conventions of 12 August 1949, and relating to the Protection of Victims of International Armed Conflicts (Protocol I)*, 8 giugno 1977, International Humanitarian Law Databases, in: https://ihl-databases.icrc.org/en/ihl-treaties/api-1977/article-52/commentary/1987.

ICRC, Protocol Additional to the Geneva Conventions of 12 August 1949, and Relating to the Protection of Victims of International Armed Conflicts, I, (1977).

Idf Media Center, *Combat in Khan Yunis: 98th Brigade Operations Above and Below Ground*, Idf Press Release, in: https://www.idf.il/en/mini-sites/idf-press-releases-regarding-the-hamas-israel-war/january-24-pr/combat-in-khan-yunis-98th-brigade-operations-above-and-below-ground/.

Idf Media Center, *Everything You Need to Know About Hamas' Underground City of Terror*, Israel Defense Forces, 31 luglio 2014, in https://www.Idf.il/en/mini-sites/the-hamas-terrorist-organization/everything-you-need-to-know-about-hamas-underground-city-of-terror/.

Idf Media Center, *From the Eyes of a Search and Rescue Soldier: The Terrorist Tunnels Under Shifa Hospital*, 15 novembre 2023. In: https://www.Idf.il/en/mini-sites/hamas-israel-war-24/all-articles/from-the-eyes-of-a-search-and-rescue-soldier-the-terrorist-tunnels-under-shifa-hospital/.

Idf Media Center, *Idf Reveals Massive Tunnel Network in Downtown Gaza*, 21 dicembre 2023, in: https://www.Idf.il/en/Idf-media-center/Idf-reveals-massive-tunnel-network-in-downtown-gaza/.

Idf Media Center, *This is the Idf's Plan to Combat Hamas Terrorist Tunnels*, Israel Defense Forces, 27 novembre 2016, in https://www.Idf.il/en/mini-sites/the-hamas-terrorist-organization/this-is-the-Idf-s-plan-to-combat-hamas-terror-tunnels/.

Innocenti C.W. (2002), *Intelligence Analysis for Urban Combat*, School of Advanced Military Studies, United States Army Command and General Staff College, Fort Leavenworth, Kansas. In: https://apps.dtic.mil/sti/tr/pdf/ADA403530.pdf.

Israel Ministry of Foreign Affairs, *The War Against Hamas: Answering Your Most Pressing Questions*, 15 dicembre 2023, in: https://www.idf.il/en/mini-sites/hamas-israel-war-24/all-articles/the-war-against-hamas-answering-your-most-pressing-questions/#3.

Israel Ministry of Foreign Affairs. (1947). In United Nations Secretary General (Ed.), 1947 UN partition plan

Israel Ministry of Foreign Affairs. (2009). The operation in gaza - factual and legal aspects. Retrieved March 17 http://www.mfa.gov.il/MFA/Terrorism+Obstacle+to+Peace/Hamas+war+again st+Israe//Operation_in_GazaFactual_and_Legal_Aspects.htm

Kais R., *Hamas fighter: We have more weapons, can hit more Israeli cities*, Ynet News, 7 agosto 2014, in https://www.ynetnews.com/articles/0,7340,L-4555937,00.html.

Karouny M., *Hamas calls on Hezbollah to unite fight against Israel*, Al Arabiya News, January 22, 2015, in: http://english.alarabiya.net/en/News/middle-east/2015/01/22/Hamas-calls-on- Hezbollah-to-unite-fight-against-Israel.html.

Kilcullen D. (2015), *Out of the Mountains: The Coming Age of the Urban Guerrilla*, Oxford University Press, pp. 352.

Laqueur W. (2002), *Il nuovo terrorismo*, ed. Corbaccio, Milano, pp. 380.

Laub K. (2010, July 5th, 2010), *Israel to allow most goods into Gaza*, The Washington Times, in: https://www.washingtontimes.com/news/2010/jul/5/israelredefines-rules-its-gaza-blockade/

Lazaroff T. (2010, June 25th, 2010), *Idf will boost trucks to gaza by 200%*, The Jerusalem Post, in: https://www.jpost.com/Israel/Article.aspx?id=179482

Leonhardt D., *The Decline of Deaths in Gaza*, The New York Times, 22 gennaio 2024, in https://www.nytimes.com/2024/01/22/briefing/israel-gaza-war-death-toll.html.

Lloyd J.A., Segretario alla Difesa degli Stati Uniti, *A Time for American Leadership': Remarks by Secretary of Defense Lloyd J. Austin III at the Reagan National Defense Forum (As Delivered)*, 2 dicembre 2023, Department of Defense. In: https://www.defense.gov/News/Speeches/Speech/Article/3604755/a-time-for-american-leadership-remarks-by-secretary-of-defense-lloyd-j-austin-i/.

Lubell M., *Tunnel attack fear turn Gaza border kibbutzim into a ghost town*, Reuters, 22 luglio 2014, in http://www.reuters.com/article/2014/07/22/us-palestinians-israel-tunnels-idUSKBN0FR1KV20140722.

Maringuella C. (1969), *Minimanual do Guerrilheiro Urbano* (titolo in inglese: Minimanual of the Urban Guerrilla), Foreign Languages Press, Utrecht.

McCoy T., *How Hamas uses its tunnels to kill and capture Israeli soldiers*, 21 luglio 2014, in http://www.washingtonpost.com/news/morning-mix/wp/2014/07/21/how-hamas-uses-its-tunnels-to-kill-and-capture-israeli-soldiers/.

Mele, P. *La Rete finanziaria di Hamas, chi finanzia il terrorismo? Intervista ad Andrea Molle*, RaiNews, 10 ottobre 2023, in https://www.rainews.it/articoli/2023/10/la-rete-finanziaria-di-hamas-chi-finanzia-il-terrorismo-56a53eb2-b14d-497a-a5b9-a02a9016dc62.html.

Miller E., *From tunnels to R-160s, a primer on Hamas and its deadly capabilities*, The Times of Israel, 31 luglio 2014, in http://www.timesofisrael.com/from-tunnels-to-r-160s-a-primer-on-hamas-and-its-de adly-capabilities/.

Mishal S., Sela A. (2000), *The Palestinian Hamas: vision, violence, and coexistence*, Columbia University Libraries, New York.

Moerbe W.A. (2016), *Seven Times Around a City: The Evolution of Israeli Operational Art in Urban Operations*, School of Advanced Military Studies United States Army Command and General Staff College Fort Leavenworth, Kansas.

Molle A. (2023), *Measuring the impact of climate change on security*, START InSight ed. Lugano.

Molle A. (2022), *The Implications of Climate Change on International Security*, START InSight ed. Lugano.

Morag N., *Urban Warfare: The Recent Israeli Experience*, Journal of Strategic Security 16, no. 3 (2023): 78-99. DOI: https://doi.org/10.5038/1944-0472.16.3.2084. In: https://digitalcommons.usf.edu/jss/vol16/iss3/6.

Mourenza A., *Hamas Ltd: The financial muscle of the Palestinian Islamist militia*, El Pais, 09 gennaio 2024, in: https://english-elpais-com.cdn.ampproject.org/c/s/english.elpais.com/international/2024-01-09/hamas-ltd-the-financial-muscle-of-the-palestinian-islamist-militia.html?outputType=amp.

Newman M., *Hamas said to have executed dozens of tunnel diggers*, The Times of Israel, 11 agosto 2014, in http://www.timesofisrael.com/hamas-said-to- have-executed-dozens-of-tunnel-diggers/?fb_comment_id=754502417921880_755631041142351#f1d7925a8c.

Nitsan A. (2016), *Operational Challenges in Ground Operations in Urban Areas: An Idf Perspective*, Vanderbilt Journal of Transnational Law, VOL. 51:737.

O'Loughlin T., *Hamas exploits boom in Gaza smuggling tunnels*, The Guardian, 8 ottobre 2008, in https://www.guardian.co.uk/world/2008/oct/22/hamasgaza-tunnels-smuggling-egypt.

Official Strategy of the Israel Defense Forces, Belfer Center for Science and International Affairs Harvard Kennedy School, Cambridge, in https://www.belfercenter.org/sites/default/files/files/publication/Idf%20doctrine%20translation%20-%20web%20final2.pdf.

Ortal E., *Going on the Attack: The Theoretical Foundation of the Israel Defense Forces' Momentum Plan*, Dado Center Journal, 1 ottobre 2020, in https://www.Idf.il/en/mini-sites/dado-center/vol-28-30-military-superiority-and-the-momentum-multi-year-plan/going-on-the-attack-the-theoretical-foundation-of-the-israel-defense-forces-momentum-plan-1/.

Pape R. (2007), *Morire per vincere. La logica strategica del terrorismo suicida*, Il Ponte, Bologna, pp. 334.

Petraeus D. H., Mattis J. N. (2006), *FM 3-24 Counterinsurgency*, Headquarters, Department of the Army, Washington, DC Fleet Marine Force Manual No. 3-24 Headquarters Marine Corps Combat Development Command Department of the Navy Headquarters United States Marine Corps Washington, DC, in https://irp.fas.org/doddir/army/fm3-24fd.pdf.

RaiNews24, *Il presidente Usa Biden parla agli ebrei americani: "Hamas è il male puro". L'avvertimento all'Iran*, 11 ottobre 2023, in: https://www.rainews.it/video/2023/10/il-presidente-usa-biden-parla-agli-ebrei-americani-hamas-e-il-male-puro-lavvertimento-alliran-9fb2b1f7-a9db-4889-afe2-352beaa8296a.html.

Ramadan A. (2009), *Destroying nahr el-bared: Sovereignty and urbicide in the space of exception*. Political Geography, 28(3), 153-63.

Rasha A.J., *Cement Shortage in Gaza Leaves Thousands Jobless*, Al-Monitor, 3 marzo 2014, in: https://www.al- monitor.com/pulse/originals/2014/03/cement-blockade-siege-israel-egypt-gaza- construction.html#.

Ravid B. (2008a), *Disinformation, secrecy and lies: How the gaza offensive came about*, Ha'Aretz, 27 dicembre 2008.

Ravid B. (2008b), *In 2006 letter to bush, haniyeh offered compromise with Israel*, Ha'Artez, 14 novembre 2008.

Reece A. D., *A Historical Analysis of Tunnel Warfare and the Contemporary Perspective*, School of Advanced Military Studies, December 18, 1997: 1-63, available at: https://www.dtic.mil/dtic/tr/fulltext/u2/a339626.pdf.

Reinhart T. (2003), *The penal colonies*, in: https://globalresearch.ca/articles/206A.html

Reuters, *Israel's Netanyahu says military pressure needed to free hostages*, 25 dicembre 2023, in: https://www.reuters.com/world/middle-east/israels-netanyahu-says-military-pressure-needed-free-hostages-2023-12-25/.

Richemond-Barak, D. (2018), *Underground Warfare* (New York; online edn, Oxford Academic, 18 Jan. 2018), pp. 296, in https://doi.org/10.1093/oso/9780190457242.001.0001, accessed 27 Mar. 2024.

Rubenstein D., *Hamas' tunnel network: A massacre in the making*, Jerusalem Center for Public Affairs, in https://jcpa.org/hamas-tunnel-network/.

Rudoren J., *Tunnels Lead Right into the Heart of Israeli Fear*, NY Times, 28 luglio 2014, in: https://www.nytimes.com/2014/07/29/world/middleeast/tunnels- lead-right-to-heart-of-israeli-fear.html?_r=0.

Schalit A., *Hidden tunnels, ambushes and explosives in walls: the Israel-Hamas war enters a precarious new phase*, The Conversation, 23 novembre 2023, in https://theconversation.com/hidden-tunnels-ambushes-and-explosives-in-walls-the-israel-hamas-war-enters-a-precarious-new-phase-216830.

Schmitt M. N., *Ukraine Symposium – Weaponizing civilians: Human shields in Ukraine*, Lieber institute at the United States Military Academy at West Point, 11 aprile 2022, in: https://lieber.westpoint.edu/weaponizing-civilians-human-shields-ukraine/.

Scott J.C. (1998), *The high-modernist city: An experiment and a critique*. In [*Like a State: How Certain Schemes to Improve the Human Condition Have Failed*], pp. 103-146.

Shachtaman N., *Gaza's tunnels re-open, with Hamas in charge*, Wired, 20 maggio 2010, in https://www.wired.com/dangerroom/2009/01/hamas-takes-con

Sherwood H., *Inside the tunnels Hamas built: Israel's struggle against new tactic in Gaza war*, The Guardian, 2 agosto 2014. In: https://www.theguardian.com/world/2014/aug/02/tunnels-hamas-israel-struggle-gaz a-war.

Shlomi E., *Hamas focuses on rebuilding tunnels as Gazans Suffer*, Almonitor, 5 marzo 2015, in https://www.al- monitor.com/pulse/originals/2015/05/hamas-digging-tunnels-attack-israel-blockade- gaza-strip.html.

Shoval L., *How the Idf's canine unit rushed to the scene on its own initiative – and saved lives*, Israel Hayom, 26 ottobre 2023, in https://www.israelhayom.com/2023/10/26/how-the-Idfs-canine-unit-rushed-to-the-scene-on-its-own-initiative-and-saved-lives/.

Slesinger I. (2020), *A Cartography of the Unknowable: Technology, Territory and Subterranean Agencies in Israel's Management of the Gaza Tunnels*, Geopolitics, 25:1, 17-42, DOI: 10.1080/14650045.2017.1399878, in: https://doi.org/10.1080/14650045.2017.1399878.

Solomon A. B., *Exclusive: US Intelligence source claims Hamas has many more tunnels than Israel says*, Mabat USA, 25 luglio 2014, in https://mabatusa.com/evan/exclusive-us-intelligence-source-claims-hamas-has-many- more-tunnels-than-israel-says-by-ariel-ben-solomon/.

South T., Myers M., *Petraeus says Israel should try U.S.-style counterinsurgency in Gaza*, Army Times, 7 dicembre 2023, in: https://www.armytimes.com/news/your-army/2023/12/07/petraeus-says-israel-should-try-us-style-counterinsurgency-in-gaza/.

Spencer J. (2021), *The Eight Rules of Urban Warfare and Why We Must Work to Change Them*, Modern War Institute at West Point, (West Point, NY: United States Military Academy, January 12, 2021), in: https://mwi.usma.edu/the-eight-rules-of-urban-warfareand-why-we-must-work-to-change-them/

Spencer J. (2023), *Underground nightmare: Hamas tunnels and the wicked problem facing the Idf*, Modern War Institute at West Point, in: https://mwi.westpoint.edu/underground-nightmare-hamas-tunnels-and-the-wicked-problem-facing-the-Idf/.

Spencer J. (2024a), *Gaza's underground: Hamas's entire politico-military strategy rests on its tunnels*, Modern War Institute at West Point, 18 gennaio 2024, in: https://mwi.westpoint.edu/gazas-underground-hamass-entire-politico-military-strategy-rests-on-its-tunnels/.

Spenser J. (2024b), *Israel Has Created a New Standard for Urban Warfare. Why Will No One Admit It?*, Opinion, Newsweek, 25 marzo 2024, in https://www.newsweek.com/israel-has-created-new-standard-urban-warfare-why-will-no-one-admit-it-opinion-1883286.

Srivastava M., Rathbone J.P., Jalabi R., *Military briefing: How Hamas fights*, Financial Times, 31 ottobre 2023, in: https://www.ft.com/content/913d366e-0ace-4463-a004-d293aa49c673.

Stafford M., Chandola T., Marmot M., *Association Between Fear of Crime and Mental Health and Physical Functioning*, American Journal of Public Health, 97(11), (November 2007): 2076-2081.

START InSight (2023), *L'informazione "dettata" da Hamas: la guerra cognitiva dei terroristi. Dal commento di C. Bertolotti a Start (SKY TG24)*, 19 ottobre 2023, in: https://www.startinsight.eu/linformazione-dettata-da-hamas-bertolotti-tocci/.

Swaminathan S., *Israeli canine unit 'Oketz' helped rescue 200 lives, neutralise 10 Hamas terrorists*, 15 ottobre 2023, in: https://www.israelhayom.com/2023/10/26/how-the-Idfs-canine-unit-rushed-to-the-scene-on-its-own-initiative-and-saved-lives/.

Talbot J.E. (2023), *Ukraine and the Defender's Obligations*, Lieber Institute West Point, in https://lieber.westpoint.edu/ukraine-defenders-obligations/.

Tiron R., *Israeli Defense Forces Trying to Perfect Urban Combat Tactics*, Techniques, National Defense Magazine, 1 agosto 2004, in: https://www.nationaldefensemagazine.org/articles/2004/8/1/2004august-israeli-defense-forces-trying-to-perfect-urban-combat-tactics-techniques.

U.S. Department of State, *Foreign Terrorist Organizations*, (Washington, D.C.: US Department of State) in: http://www.state.gov/j/ct/rls/other/des/123085.html.

United Nations Convention on Prohibitions Or Restrictions on the use of Certain Conventional Weapons which may be Deemed to be Excessively Injurious Or to have Indiscriminate Effects. Protocol III, (1980).

United Nations Development Program (2005), *Rubble removal from settlement areas in the Gaza strip*. (Project description and Cost New York: United Nations).

United Nations Development Program (2010), G*aza: One year after early recovery and reconstruction needs assessment*, (Assessment Jerusalem: United Nations Development Program.

US Army Corps of Engineers, *Historical Vignette 062 - How Army Engineers Cleared Viet Cong Tunnels*, Gennaio 2003, in: https://www.usace.army.mil/About/History/Historical-Vignettes/Military-Construction-Combat/062-Viet-Cong-Tunnels/.

US Department of Defense (2015), *Department of Defense Law of War Manual*, Washington, in: https://media.defense.gov/2023/jul/31/2003271432/-1/-1/0/dod-law-of-war-manual-june-2015-updated-july%202023.pdf.

Vercelli C. (2020), *Storia del conflitto israelo-palestinese*, Laterza, Bari, pp. 248.

Vick K., *Hamas in Gaza takes war against Israel underground*, literally, Time, 26 marzo 2014, in https://time.com/38627/hamas-gaza-tunnels-israel/.

Virdis A., *Maxi tunnel Hamas a Gaza, l'esperto: "Costato milioni di euro, fiumi di soldi da fondi dirottati. Intervista a C. Bertolotti del 20 dicembre 2023*, ADNKRONOS, in: https://www.adnkronos.com/internazionale/esteri/israele-hamas-tunnel-gaza-quanto-costano_5uYVmMOYhyyvuw3v08gv4Z.

Wallace D., Reeves S., *Israel – Hamas 2023 symposium – targeting Gaza's tunnels*, in Articles of War, Nov 14, 2023, United States Military Academy, in: https://lieber.westpoint.edu/targeting-gazas-tunnels/.

Watkins N. J., James A. M. (2016), D*igging Into Israel: The Sophisticated Tunneling Network of Hamas*, Journal of Strategic Security, 9(1), 84–103, in https://www.jstor.org/stable/26465415.

Weizman E. (2012), *Hollow Land: Israeli's architecture of occupation*, Verso Books, pp. 318.

Winograd E. (2012), *Winograd Commission: Final Report*, Jewish Virtual Library, in https://www.jewishvirtuallibrary.org/winograd-commission-final-report-january-2008.

Wyner A. (2024), *How the Gaza Ministry of Health Fakes Casualty Numbers. The evidence is in their own poorly fabricated figures*, The Tablet, 7 marzo 2024, in https://www.tabletmag.com/sections/news/articles/how-gaza-health-ministry-fakes-casualty-numbers.

Xinhua, *Tunnel cave-in kills five Hamas militants in Gaza: security officials*, Globaltimes, 19 giugno 2014, in: https://www.globaltimes.cn/content/866651.shtml; e "Hamas Operative Killed in Fourth Gaza Tunnel Collapse in Recent Weeks."

Y.S. (2021), *The Human-Machine Team: How to Create Synergy Between Human and Artificial Intelligence That Will Revolutionize Our World*, Pubblicazione indipendente, pp. 198.

Yashar A., *Hamas says Idf didn't Destroy all Terror Tunnels*, Israel National News, 3 ottobre 2014, in: https://www.israelnationalnews.com/News/News.aspx/185778.

Yonah J.B., *Israel indicts Hamas tunnel engineer*, The Jerusalem Post, November 11, 2014, in: http://www.jpost.com/Arab-Israeli-Conflict/Israel- indicts-Hamas-tunnel-engineer-381466.

Youssef N.A., Malsin J., Keller-Lynn C., *Hamas Toll Thus Far Falls Short of Israel's War Aims*, U.S. Says, The Wall Street Journal, 21 gennaio 2024, in: https://www.wsj.com/world/middle-east/hamas-toll-thus-far-falls-short-of-israels-war-aims-u-s-says-d1c43164.

www.ingramcontent.com/pod-product-compliance
Lightning Source LLC
LaVergne TN
LVHW010311200726
843507LV00010B/1210